# TOURENÜBERBLICK

| Tour | | | Km | | Hm | | | | | | | |
|---|---|---|---|---|---|---|---|---|---|---|---|---|
| 1 | ● | Rund um den Eibsee | 7,0 | 2.00 | 30 | • | | • | • | • | • | • |
| 2 | ● | Zu den Kuhfluchtfällen von Farchant | 4,5 | 1.30 | 150 | | | • | | | | • |
| 3 | ● | Zum Ferchen- u. Lautersee bei Mittenwald | 11,5 | 3.15 | 300 | • | • | • | • | • | • | • |
| 4 | ● | Zwischen Krün und Wallgau | 14,0 | 4.15 | 450 | • | • | | | • | | • |
| 5 | ● | Die Halbinsel Zwergern im Walchensee | 9,0 | 2.30 | 50 | • | • | • | • | • | • | • |
| 6 | ● | Um den Bad Bayersoiener See | 6,0 | 2.00 | 50 | • | • | • | • | • | • | • |
| 7 | ● | Zwischen Saulgrub und Altenau | 10,0 | 3.00 | 200 | • | • | | | | | • |
| 8 | ● | Durch das Murnauer Moos | 8,0 | 2.30 | 80 | • | | • | • | • | | • |
| 9 | ● | Über die Aidlinger Höhe | 7,5 | 2.15 | 200 | • | | • | | | • | • |
| 10 | ● | Habacher Feldwege | 7,5 | 2.00 | 50 | • | | • | • | • | • | • |
| 11 | ● | Rund um die Osterseen | 12,0 | 3.00 | 40 | • | • | • | | • | • | • |
| 12 | ● | Im Blütenrausch der Hardtwiesen | 10,0 | 3.00 | 50 | • | • | • | | • | | • |
| 13 | ● | Die Bernrieder Klosterweiher | 13,0 | 3.45 | 150 | • | • | | • | • | • | • |
| 14 | ● | Von Degerndorf an den Starnberger See | 12,0 | 3.15 | – | • | • | | • | | • | • |
| 15 | ● | Von Bad Heilbrunn auf den Buchberg | 12,0 | 3.30 | 250 | • | | | • | • | | • |
| 16 | ● | Von Benediktbeuern nach Kochel | 9,5 | 2.30 | 20 | • | • | | | • | • | • |
| 17 | ● | Bad Tölz und seine Isarauen | 11,0 | 3.30 | 180 | • | • | • | • | • | • | • |

# EINFACH GLÜCKLICH WANDERN

## BAYERISCHE VORALPEN

LISA & WILFRIED BAHNMÜLLER

BRUCKMANN

# INHALT

# Tour

| Nr. | | Tour | Länge in km | Gehzeit in Std. | Höhenunterschied in Hm | Einkehr | Sehenswürdigkeiten | kindergeeignet | wintergeeignet | viel Sonne | Bademöglichkeit | öffentliche Verkehrsmittel |
|---|---|---|---|---|---|---|---|---|---|---|---|---|
| 18 | mittel | Von Bad Tölz nach Fischbach | 15,0 | 4.30 | 250 | ● | ● | | ● | | | ● |
| 19 | mittel | Zur Denkalm | 7,0 | 2.15 | 400 | ● | | ● | ● | | ● | ● |
| 20 | leicht | Von Dietramszell zum Hackensee | 11,0 | 2.45 | 150 | ● | ● | | | | ● | ● |
| 21 | leicht | Runde um den Seehamer See | 6,5 | 2.00 | 60 | ● | | ● | ● | | ● | ● |
| 22 | leicht | Nach Kleinhöhenrain | 10,0 | 2.45 | 150 | ● | ● | ● | ● | ● | | ● |
| 23 | leicht | Zum Vogelherd | 8,0 | 2.30 | 200 | ● | ● | ● | ● | | | ● |
| 24 | mittel | Tegernseer Höhenwege | 11,0 | 3.15 | 450 | ● | ● | ● | ● | | ● | ● |
| 25 | leicht | Durch die Weißach | 4,8 | 2.30 | – | ● | ● | ● | | | ● | ● |
| 26 | leicht | Um den Schliersee | 9,5 | 2.30 | 300 | ● | ● | ● | ● | ● | ● | ● |
| 27 | leicht | Vom Spitzingsee zur Albert-Link-Hütte | 8,0 | 3.00 | 250 | ● | ● | ● | ● | ● | ● | ● |
| 28 | mittel | Bergblicke im Leitzachtal | 13,5 | 3.30 | 250 | ● | ● | | | | | ● |
| 29 | mittel | Durch das Jenbachtal zur Wirtsalm | 10,0 | 3.30 | 330 | ● | | ● | | | ● | ● |
| 30 | leicht | Zur Dandlbergalm | 3,0 | 1.10 | 100 | ● | | ● | ● | | | ● |
| 31 | leicht | Über die Käseralm | 8,5 | 3.00 | 300 | ● | | ● | | ● | | ● |
| 32 | mittel | Vom Hechtsee zum Thiersee | 13,0 | 4.00 | 500 | ● | ● | ● | | | ● | ● |

- ● leicht
- ● mittel
- ● schwer
- Länge in km
- Gehzeit in Std.
- Höhenunterschied in Hm
- Einkehr
- Sehenswürdigkeiten
- kindergeeignet
- wintergeeignet
- viel Sonne
- Bademöglichkeit
- öffentliche Verkehrsmittel

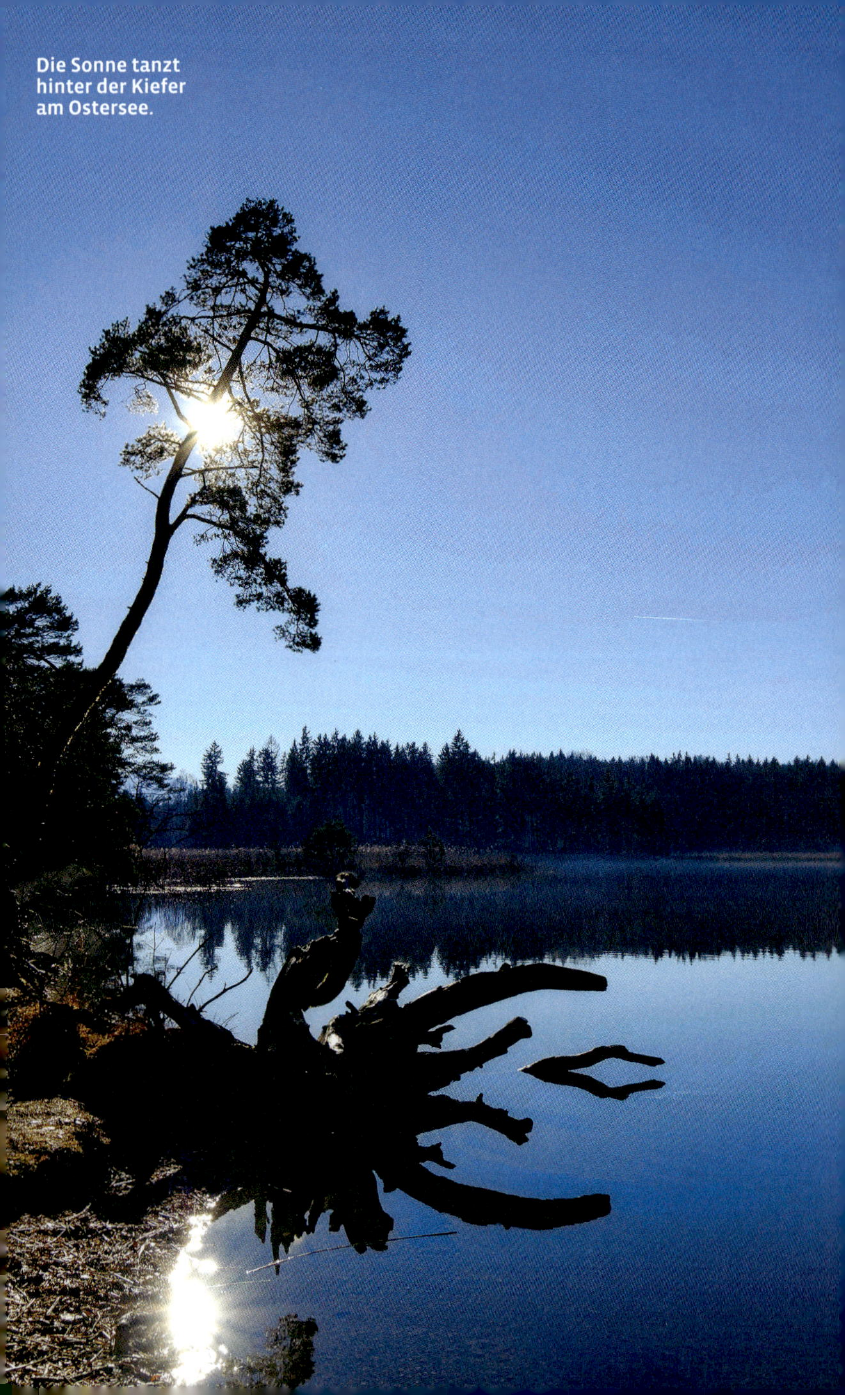

Die Sonne tanzt hinter der Kiefer am Ostersee.

# EINFACH GLÜCKLICH WANDERN

**Haben Sie mal wieder Lust** auf einen Tag an der frischen Luft? In freier Natur? Um bei einer entspannten Wanderung Glückshormone zu versprühen und zu sich zu kommen? Wir sind dabei! Denn sobald der Körper sich in Bewegung setzt, kommt der Geist zur Ruhe und die Seele kann schwingen. Beim Gehen finden Körper und Geist den gleichen Rhythmus. Wir haben Zeit, uns um unser Inneres zu kümmern. Da uns nichts aus dem Alltag ablenkt, empfinden wir vieles intensiver. Unser Kopf wird frei und auf einmal ist da viel Platz, um das Rauschen der Bäume im Wald wahrzunehmen auf unserer Wanderung, den Ruf eines Vogels, den Tanz einer Libelle, die Vielfalt der Pflanzen am Wegesrand oder die gewaltigen Wolken- und Wetterstimmungen.

**Das ist eigentlich** ein ganz einfaches Rezept zum Glücklichsein. Und natürlich ist das Ganze in einer schönen Umgebung, inmitten der Natur viel leichter als im Stadtpark. Die Natur schenkt uns freigiebig Kraft, Energie und gleichzeitig Ruhe – wir müssen sie nur in uns aufnehmen. John Muir, ein Naturphilosoph des 19. Jahrhunderts, formulierte dieses wunderbare Erleben so: »Mit jedem Schritt in die Natur bekommt man weit mehr, als man sucht.«

In diesem Sinne wünschen wir Ihnen höchsten Wandergenuss.

*Lisa und Wilfried Bahnmüller*

# ENTSPANNT UNTERWEGS

Für dieses Buch haben wir einige der schönsten Wege im Alpenvorland ausgesucht. Manche füllen einen ganzen Tag, andere sind kürzer und einzelne gleichen einem Spaziergang. Einige sind mit Höhenmetern verbunden und andere wiederum führen gemütlich über fast ebene Wege. Egal, welches Tempo Sie anschlagen – die Touren sind mit Sicherheit mit einer kleinen Grundkondition spielend leicht zu schaffen. Und allesamt bieten sie wunderbaren Genuss: Das eine Mal wandern wir vielleicht ganz ohne Hast und Uhr, ein anderes Mal verwöhnt unsere Route intensiv alle Sinne. Womöglich bieten sich auf unserem Weg auch ganz besondere Gaumen-

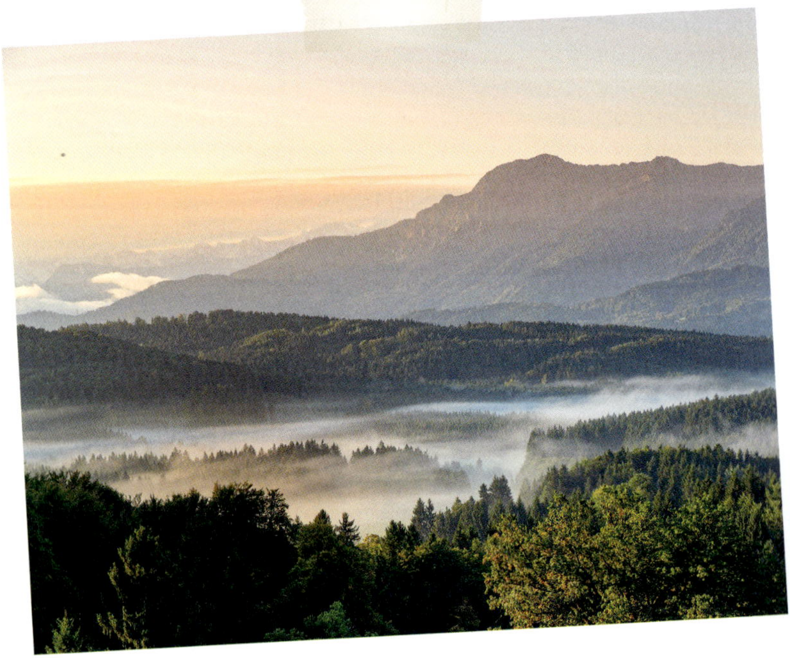

↑ **Sonnenaufgang auf der Aidlinger Höhe**

freuden oder wir finden außergewöhnliche Ruhe vor. Nach diesen vier Gesichtspunkten haben wir die Touren eingeteilt, doch natürlich sind die Grenzen fließend und manch Unternehmung beinhaltet mehrere dieser Aspekte. Wir haben uns bei der Zuordnung an dem unserer Meinung nach hervorstechendsten Merkmal orientiert.

Wandern macht uns glücklich und dabei gilt der Spruch des Konfuzius: »Der Weg ist das Ziel.« Es muss nicht immer der Gipfel sein, Hauptsache, der Weg macht Spaß. Ein paar Regeln sollten wir beim Wandern aber beherzigen.

### SICHERHEIT

Keine der hier vorgestellten Wanderungen führt über schwer zu gehende Wege. Aber natürlich sind die meisten Wege naturbelassen, das heißt, sie können nach Regen aufgeweicht und matschig sein, im Sommer von Gras bewachsen oder im Herbst rutschig durch das feuchte Laub. Wenn es wirklich irgendwo diffizil wird, haben wir es beim Tourencharakter erwähnt.

Sinnvoll für den Notfall ist die Mitnahme eines Handys, für das man mittlerweile zuverlässigen flächendeckenden Empfang hat. Wichtig bereits vor der Tourenplanung ist die Berücksichtigung des Wetters. Unvorhersehbare Wetterumschwünge gibt es immer wieder. Vor allem im Sommer müssen wir besonders am Nachmittag mit Gewittern rechnen.

## Farbsystem

Die Wanderungen in diesem Buch sind in vier Rubriken unterteilt und entsprechend farblich gekennzeichnet: »Tour für die Sinne«, »Tour der Stille«, »Tour für den Genuss« sowie »Tour ohne Uhr« – je nachdem, welche ganz besonderen Glücksmomente im Vordergrund stehen. Viele unserer Wanderungen erfüllen natürlich sogar mehrere Kriterien; in diesen Fällen wurde das aus Autorensicht wichtigste Merkmal verwendet.

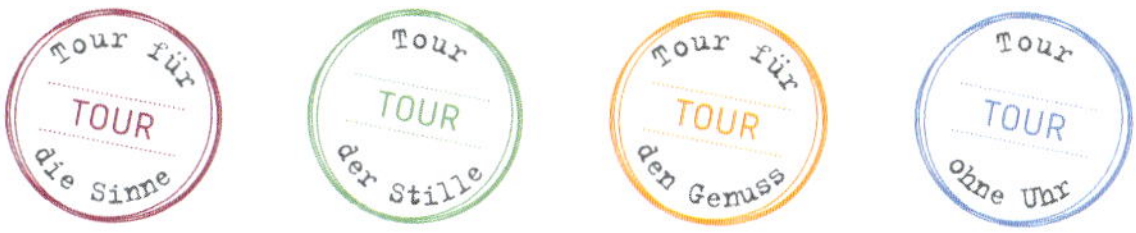

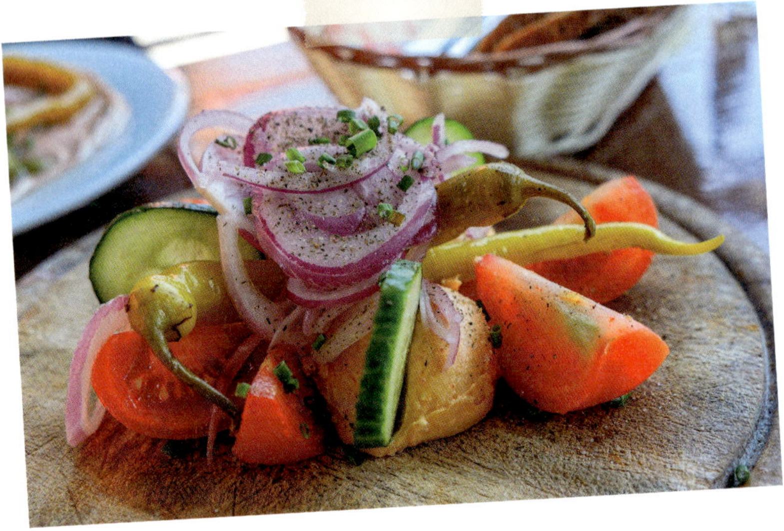

↑ **Mittags lassen wir uns mit einem Obatzdn auf der Käseralm verwöhnen.**

## AUSRÜSTUNG

Feste Wanderschuhe sind Grundvoraussetzung für sicheres Wandern. Funktionswäsche ist praktisch: Wenn man schwitzt, trocknet sie schneller. Windstopper, Mütze, Sonnenkappe, aber auch ein Wechselshirt sind nie verkehrt. Für einige der Touren sollte man im Sommer die Badesachen mitnehmen. Sonnenschutz mit starkem Lichtschutzfaktor gehört auch in den Rucksack, ebenso ein Insektenabwehrmittel. Vernünftig ist auch ein Erste-Hilfe-Täschchen mit Rettungsfolie (Fachhandel), das gut im Rucksack liegt und nicht viel Platz wegnimmt.

Mit das Wichtigste beim Wandern ist die Brotzeit! Auch wenn auf fast allen Touren eine Einkehrmöglichkeit besteht, ist doch ein Picknick ein unvergessliches Glückserlebnis. Da sind der Fantasie und dem Geschmack keine Grenzen gesetzt. Vor allem mit Getränken dürfen wir nicht sparen. In den meisten Orten gibt es einen Supermarkt, eine Bäckerei oder einen Dorfladen, wo wir uns mit Proviant eindecken können. Denn natürlich können

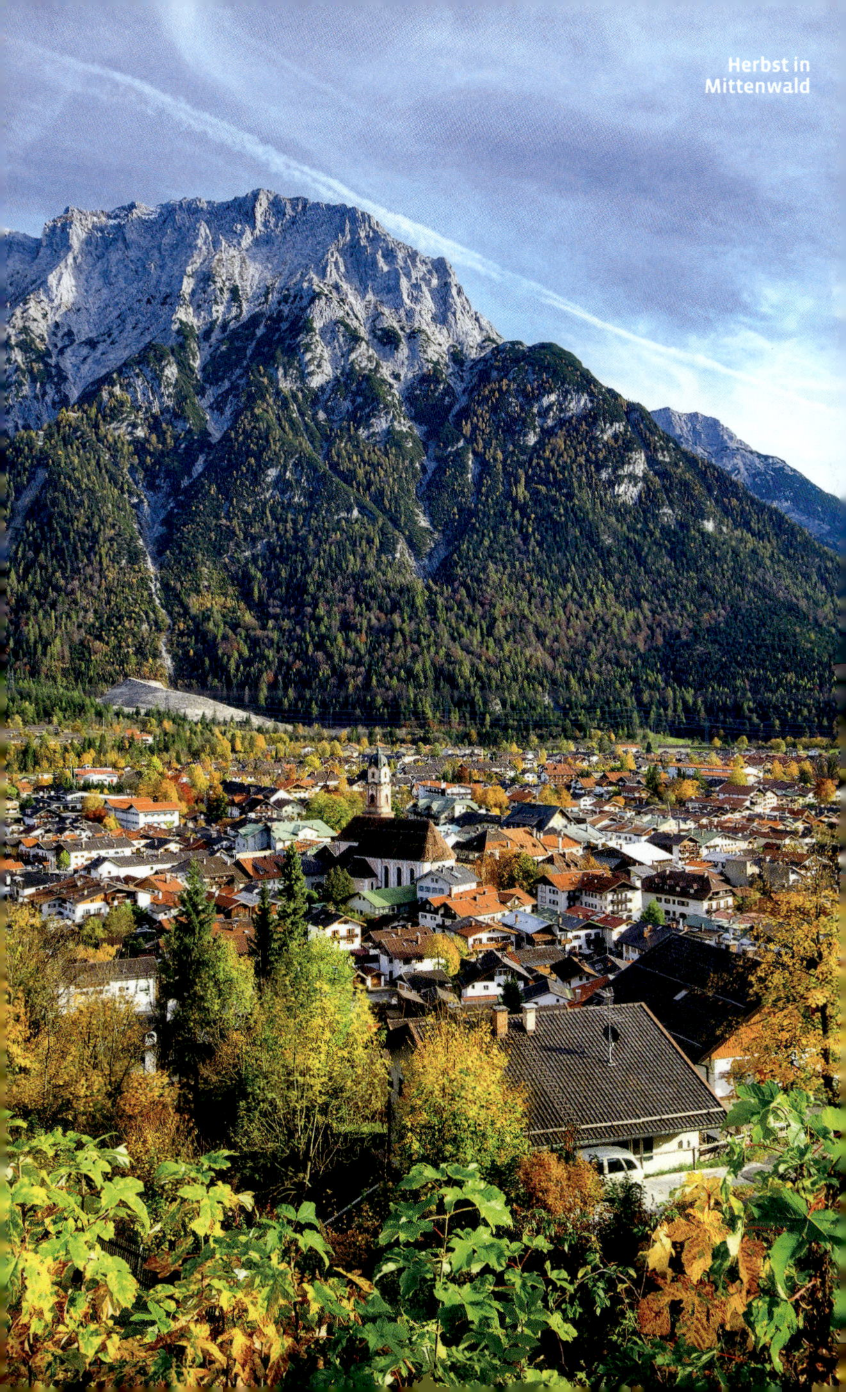

Herbst in Mittenwald

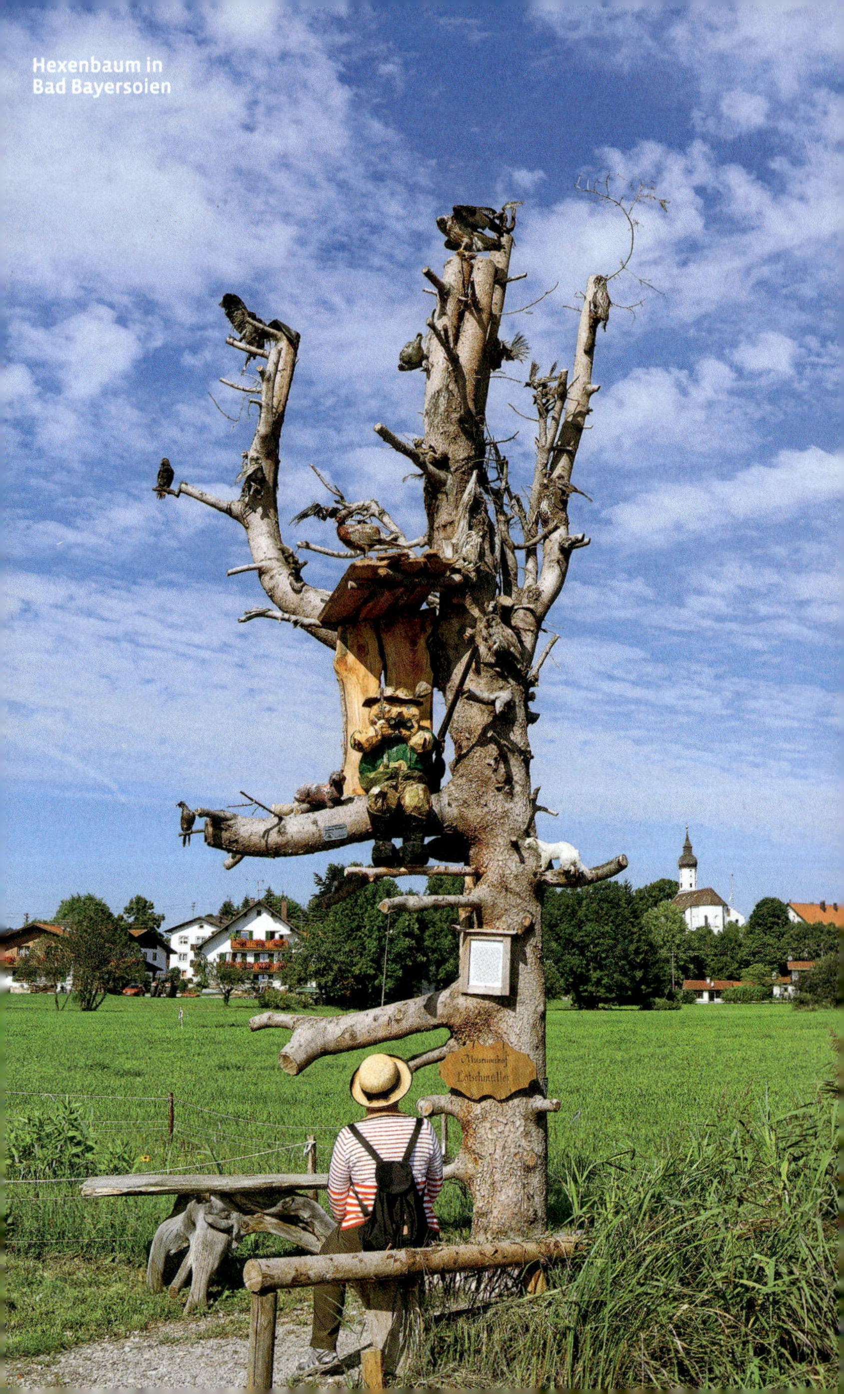

Hexenbaum in
Bad Bayersoien

sich Öffnungszeiten und Ruhetage der vorgeschlagenen Gasthäuser ändern. Um nicht hungrig und unverrichteter Dinge vor verschlossenen Türen zu stehen, prüft man am besten vorher im Internet die Öffnungszeiten und packt auch immer eine Notverpflegung mit ein.

## ANFAHRT

Alle Ausgangsorte der Touren lassen sich umweltverträglich mit öffentlichen Verkehrsmitteln erreichen – eine gute und umweltverträgliche Alternative zum eigenen Auto.

## GEHZEITEN UND HÖHENANGABEN

Wir haben uns sehr um genaue Zeit- und Höhenangaben bemüht. Alle aufgeführten Zeiten verstehen sich als reine Gehzeiten und dienen nur als Richtlinie. Alle Pausen und die Zeit für Besichtigungen muss man dazurechnen. Die Höhenangaben beziehen wir aus unseren GPS-Daten.

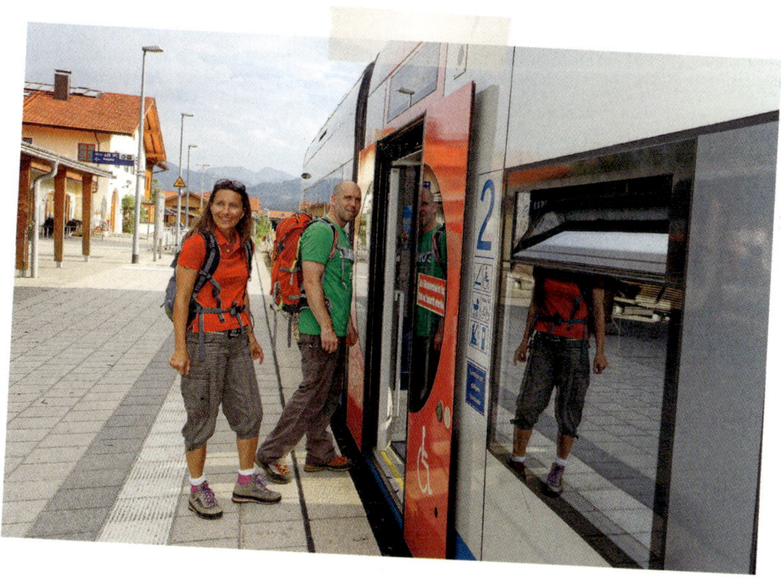

↑ **Öffentliche Verkehrsmittel wie Bahn und Busse bringen uns zu den Ausgangspunkten.**

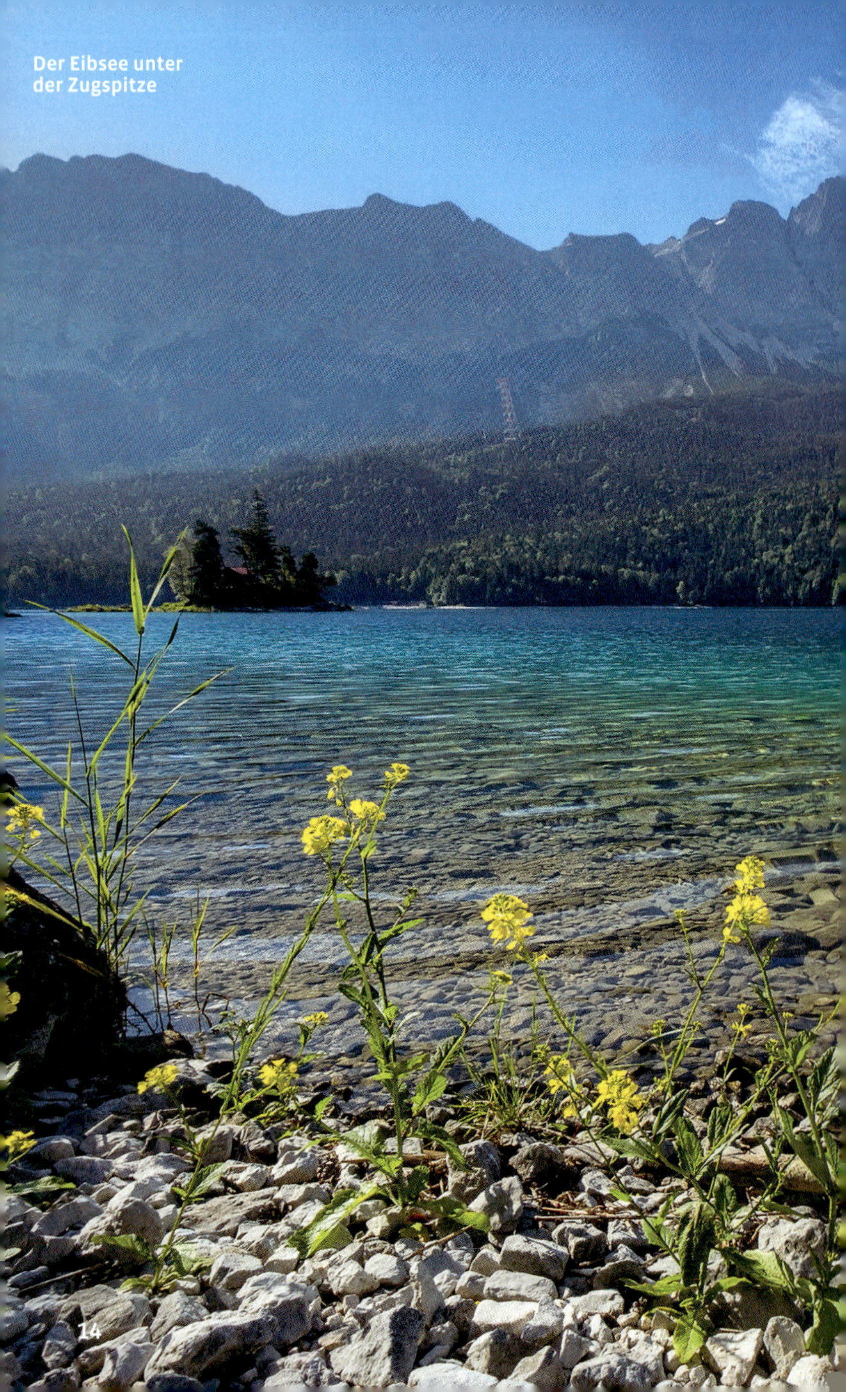
Der Eibsee unter der Zugspitze

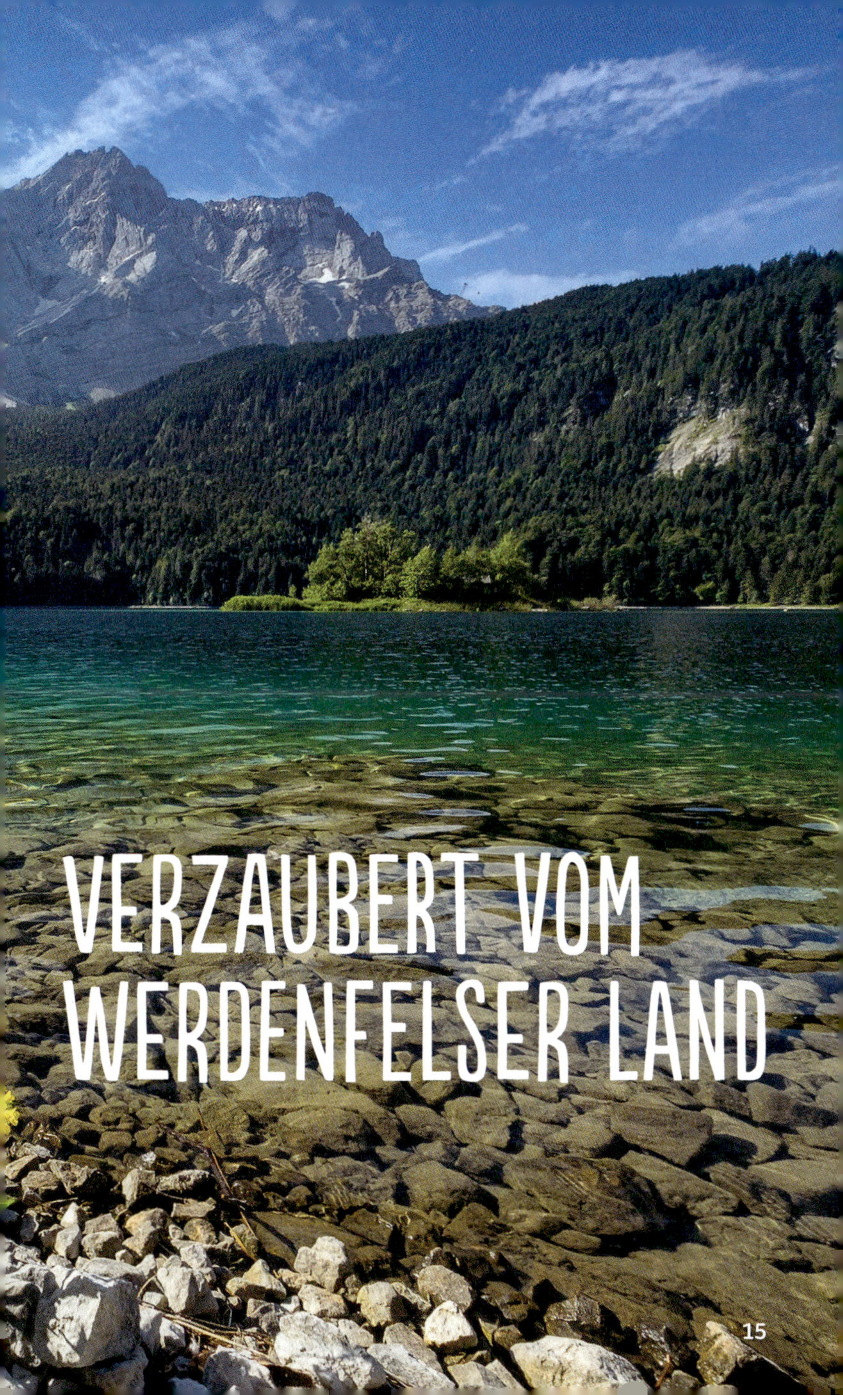

# VERZAUBERT VOM WERDENFELSER LAND

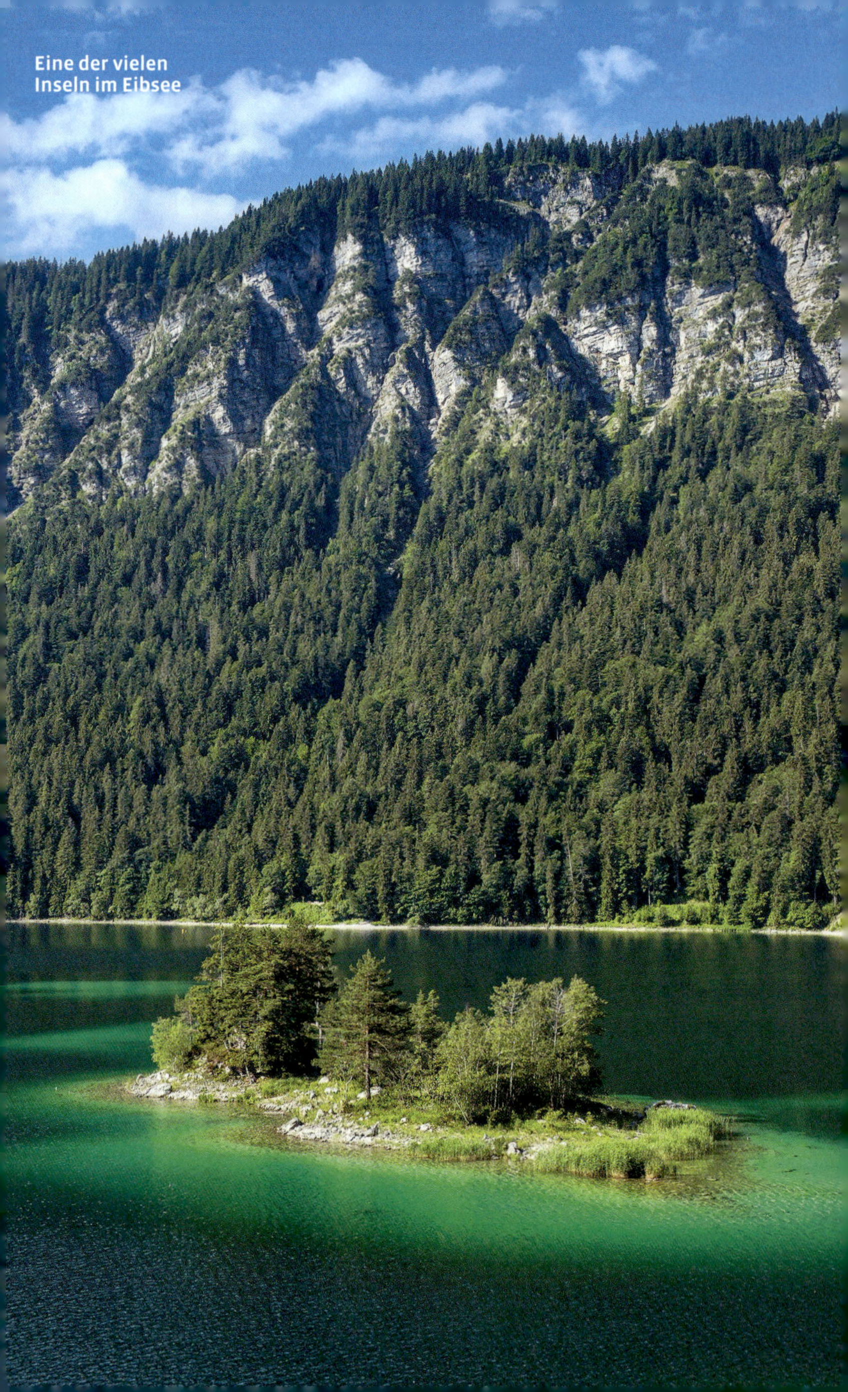
Eine der vielen
Inseln im Eibsee

Tour für
TOUR 1
die Sinne

# RUND UM DEN EIBSEE

## So schmeckt der Sommer

Eine schattige Wanderung. Ein Bergsee, dessen Farbe an eine Mischung aus Pfefferminz- und Gletschereisbonbon erinnert und der für Abkühlung sorgt. Badestopps und dann ein Eis auf einer sonnigen Terrasse. So macht Sommer richtig Laune!

**Gegen den Uhrzeigersinn** Unsere Tour beginnt an den Eibsee-Parkplätzen, von wo wir in Richtung Eibsee-Hotel wandern. Noch ein gutes Stück vom See entfernt, folgen wir rechts der Beschilderung auf den gut markierten Eibsee-Rundwanderweg. So umwandern wir das Hotel zunächst auf der Rückseite, aber gleich danach öffnet sich der Blick und wir genießen die Sicht über das Wasser. Schon nach gut fünf Minuten überqueren wir den Untersee, eine lang gestreckte Seitenbucht des Eibsees. Nun geht es von einer kleinen Bucht zur anderen. Über uns stehen massiv und fast abweisend die grauen Felswände der Waxensteine und der Riffelwand.

**Inselreiches Naturparadies** Etwas weiter kommt eine größere Halbinsel, die uns den direkten Seeweg abschneidet. Doch kurze Zeit später hat uns das Ufer wieder und wir schauen auf kleine Inseln. Sie sind ein Relikt des großen Bergsturzes vor etwa 3500 Jahren. Eine Klimaerwärmung brachte den Permafrost zum Verschwinden und ein Teil der Zugspitze, die damals wohl über 3000 Meter hoch war, stürzte ins Loisachtal. Das große Kar zwischen Zugspitze und Riffelwand lässt erahnen, welch gewaltige Felsmassen ins Tal donnerten. Je tiefer das Wasser ist, umso grüner und dunkler schimmert es, während es an den Inseln ganz hell leuchtet.

**Abkürzungsmöglichkeit** Schließlich erreichen wir die Westseite des Sees. Wem jetzt die ganze Strecke zu lange ist, der kann im Sommer stündlich mit dem Schiff »Reserl'« vom Westufer aus zurückfahren. Dann hat man zumindest den schönsten Streckenabschnitt glücklich erwandert.

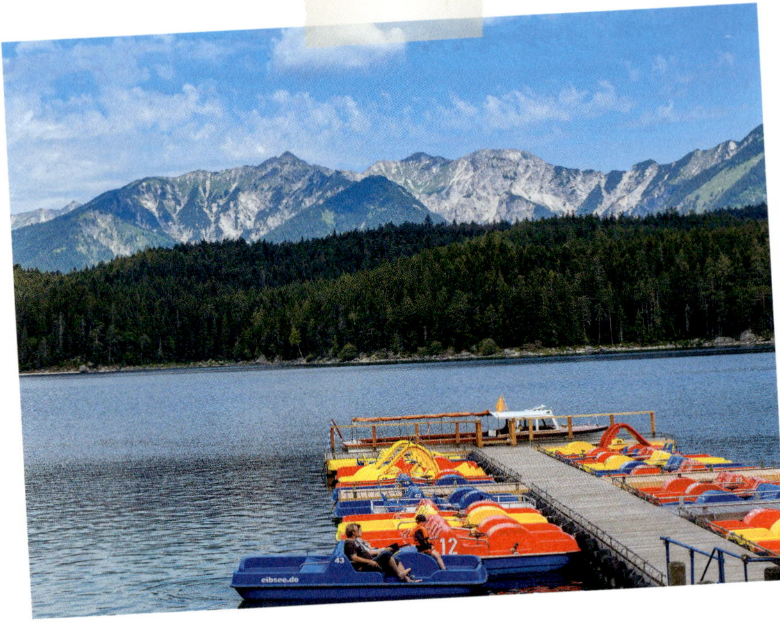


↑ **Wer noch Lust hat, leiht sich ein Tretboot aus.**

**Das Südufer entlang** Ansonsten setzen wir einfach den Weg fort und queren den kleinen Kotbach. Anschließend verläuft unser Weg über das Südufer und langsam verabschieden wir uns von dem Blick auf die Wettersteinwände. Dafür tauchen die Ammergauer Alpen auf. Am Frillensee vorbei, erreichen wir schließlich wieder den kleinen Ort Eibsee mit seinen zahlreichen Gaststätten.

## Tipp

Picknickplatz: Wer seine eigene Brotzeit mitbringt, findet rund um den See traumhafte, manchmal sogar fast einsame Picknickplätze – natürlich mit grandioser Aussicht. Dafür müssen wir nur den Hauptweg verlassen und einem der Pfade zum See folgen. In Grainau gibt es den netten Bäcker Alpen Bäck, wo man sich mit leckerem Proviant eindecken kann.

# AUF EINEN BLICK

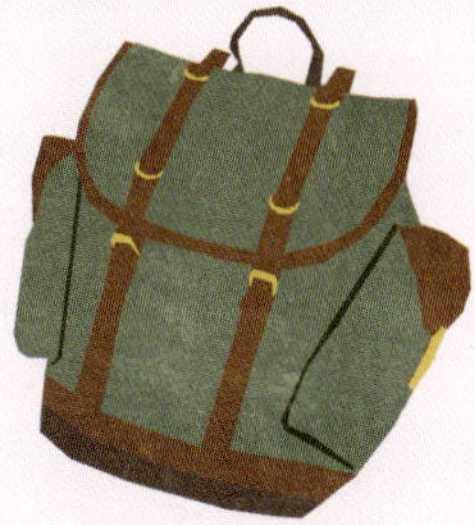

**Tour 1:** Tour für die Sinne

**Dauer:** 2 Std.

**Höhenmeter:** 30 Hm

**Länge:** 7 km

**Schwierigkeit:** leicht

**Tourencharakter:** Einfache Wanderung auf gut ausgebauten Wegen rund um den See, ganzjährig zu begehen. Im Sommer mit Kinderwagen möglich, im Winter mit Schlitten. Im Sommer Badesachen mitnehmen!

**Ausgangs-/Endpunkt:** Parkplatz Eibsee

**Anfahrt: Pkw:** Auf der A 95 in Richtung Garmisch bis zum Autobahnende und weiter über die Bundesstraße nach Garmisch-Partenkirchen. Nach dem Tunnel Farchant auf der B 23 Richtung Fernpass/Reutte. Kurz nach Ortsende von Garmisch links über Grainau zum Eibsee. Großer gebührenpflichtiger Parkplatz am See.
**Bahn/Bus:** Garmisch-Partenkirchen ist von München, Innsbruck und Reutte her mit der Bahn sehr gut erreichbar. Der Eibseebus verbindet im Stundentakt den Bahnhof mit Grainau und Eibsee, auch die Zugspitzbahn (teuer!) hält am Eibsee.

**Einkehr:** Mehrere Gaststätten am Eibsee

**Information:** www.grainau.de, www.gapa.de

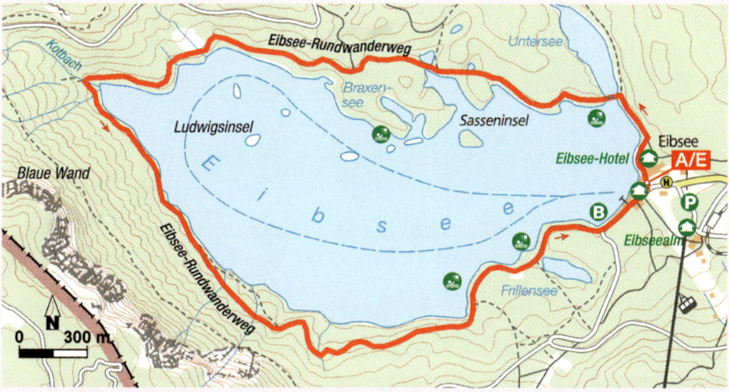

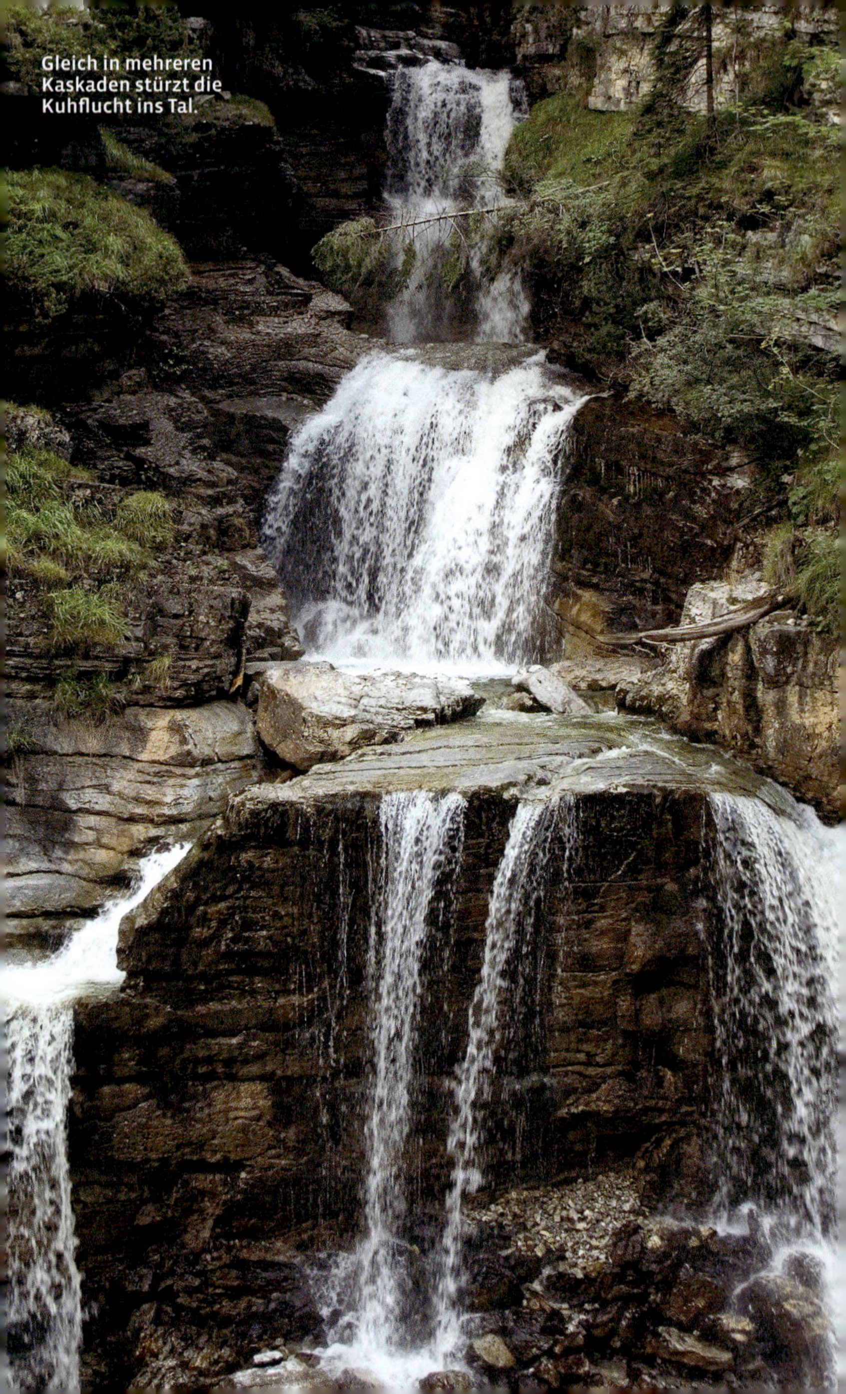

Gleich in mehreren Kaskaden stürzt die Kuhflucht ins Tal.

Tour für TOUR 2 die Sinne

# ZU DEN KUHFLUCHTFÄLLEN VON FARCHANT

## Wasser marsch!

Im idyllischen Ortskern von Farchant stehen alte Werdenfelser Bauernhöfe, reich mit Blumen geschmückt. Die Wirtshäuser locken zur Rast, alles verströmt Gemütlichkeit. Welch Glück, dass es hier tolle Wandermöglichkeiten zu einem Wasserfall gibt.

**Über den Waldlehrpfad** Los geht es am Warmfreibad, wo wir ein Stück auf der Straße zurückgehen, auf der wir gekommen sind. Wir passieren ein hölzernes Floß, das auf dem Trockenen liegt. Es erinnert an die Zeiten, als von Mittenwald über Farchant viele Waren auf der Loisach mithilfe von Flößen bis nach München transportiert wurden. Wir passieren die kleine Wiese, auf der im Winter Ski gefahren wird, und dann geht es schon rechts leicht aufwärts auf den Waldlehrpfad in Richtung Kuhfluchtfälle. Dabei stoßen wir auf einige sehr unterhaltsame Mitmachstationen, die sich natürlich um den Wald drehen. Selbst wer ohne Kinder unterwegs ist, findet Gefallen an den Rätseln. Klar: Glücklich darf sich derjenige schätzen, in dem – zumindest noch ab und an – ein Kind steckt. So wandern wir kurzweilig durch einen lichten und recht jungen Wald. Unsichtbar liegt unter uns der Straßentunnel, der seit dem Jahr 2000 den Fernverkehr von Farchant ableitet.

**Königsweg** Schließlich treffen wir unweit des Flüsschens Kuhflucht auf eine Wegeverzweigung. Hierher werden wir anschließend zurückkommen. Jetzt folgen wir nach rechts dem Königsweg flussaufwärts. Seinen Namen erhielt der Weg 1858 vom bayerischen König Max II., der auf seiner berühmt gewordenen Wanderung von Lindau nach Berchtesgaden die Kuhfluchtwasserfälle besuchte. Übrigens stammt der Name Kuhflucht nicht von fliehenden Kühen, sondern vom lateinischen Wort confluctum. Das

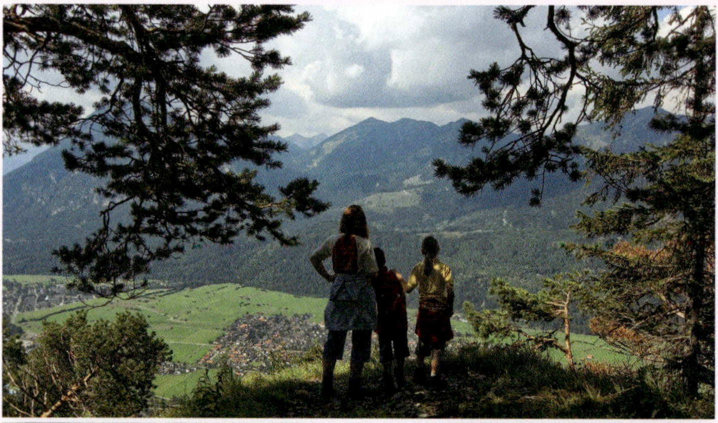

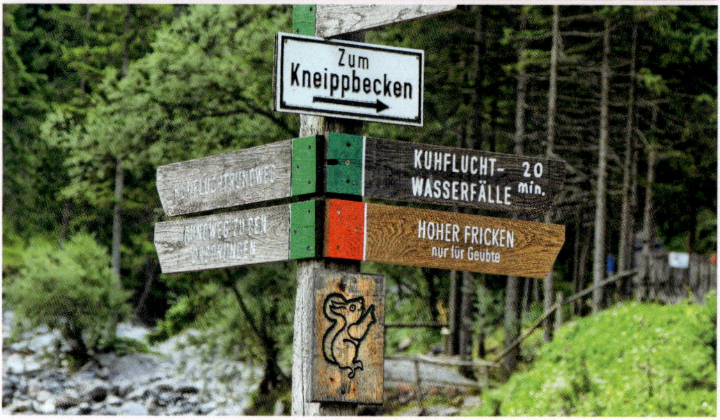


»Und es gehen die Menschen zu bestaunen die
Gipfel der Berge und die ungeheuren Fluten des Meeres
und die weit dahinfließenden Ströme und den Saum
des Ozeans und die Kreisbahnen der Gestirne,
und haben nicht acht ihrer selbst.«

Augustinus von Hippo

bedeutet übersetzt »Zusammenfluss«; gemeint ist die Stelle, wo der Bergbach in die Loisach floss. Farchant lag zu Römerzeiten auf der alten Handelsstraße zwischen dem heutigen Italien und Germanien. Vorbei am Kneipptretbecken und anderen Stationen, erreichen wir schließlich mit einem letzten kleinen Schwung bergauf die obere Brücke an den Wasserfällen. Bis hierher kommt man übrigens auch bequem mit dem Kinderwagen oder dem Rollstuhl. Nun liefert uns das Wasser eine Show. Es strömt und fällt von mehreren Seiten nach unten, vereinigt sich und fließt wild brausend ins Tal. Hinweisschilder machen auf die Gewalt des Wassers aufmerksam.

**Zur Aussichtskanzel** Wer möchte, kann nun noch bis zur ersten Aussichtskanzel aufsteigen. Es geht zwar steiler bergauf, aber der Weg bis dahin ist gut ausgebaut. Danach mutiert unsere bisher bequeme Wanderung allerdings eher zu einer Bergtour. Doch auch der Abstecher noch weiter hinauf lohnt sich. Der Waldweg zieht sich in steilen Kurven zwischen mächtigen alten Föhren aufwärts. Nach etwa 30 Minuten erreichen wir eine weitere Aussichtsstelle, zu der uns ein kurzer Stichweg nach rechts führt. Es ist ein paradiesischer Rastplatz für unsere mitgebrachte Brotzeit. Die Aussicht über das Loisachtal nach Süden, über Garmisch bis hin zur Zugspitze ist in den späten Nachmittagsstunden besonders schön. Jetzt wird das Licht ganz warm und zeichnet plastisch die Konturen der Berge nach. Unter uns liegt Farchant, gegenüber stehen der Kramer und die Berge des Loisachtals. Nur Kinder müssen hier aufpassen. Dies ist kein Platz zum Rumtoben. Dafür ist er zu klein und der Hang fällt an drei Seiten extrem steil ab.

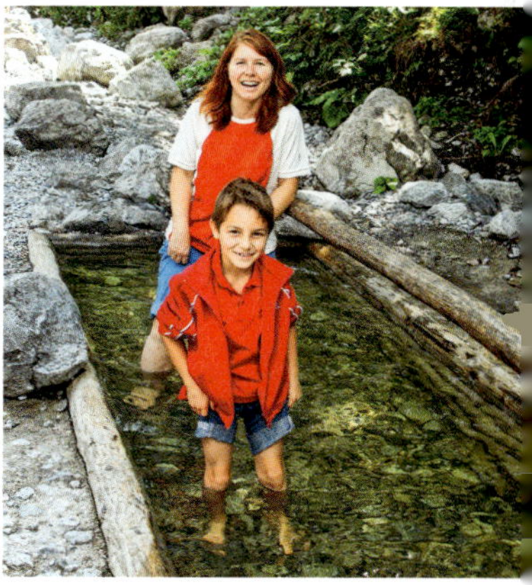

**↑ Für die Aussichtskanzeln muss man noch einige Höhenmeter bezwingen.**
**↓ Die Wege sind gut ausgeschildert.**
**→ Das Wasser im Kneippbecken ist erfrischend kalt.**

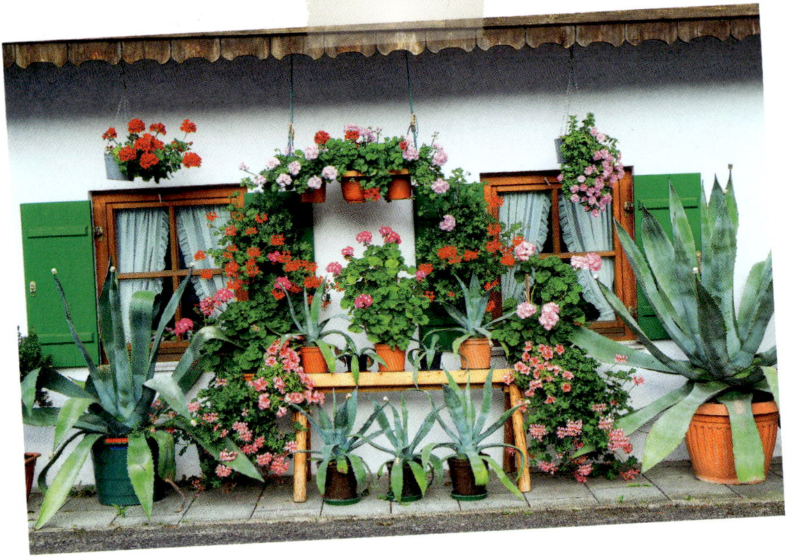

↑ Die Bauernhöfe in Farchant sind mit Blumen geschmückt.

**Zurück nach Farchant** Der Rückweg erfolgt bis zur oben erwähnten Wegegabelung auf dem Hinweg. An der Gabelung bleiben wir nun geradeaus auf dem Weg, der nach Farchant und zur Waldbühne beschildert ist. So erreichen wir den Ort im Kuhfluchtweg. Geradeaus über die Loisachbrücke können wir mit einem Abstecher die Dorfmitte besuchen. Alternativ wenden wir uns nach links in die Esterbergstraße und biegen dann an der ersten Möglichkeit auf den kleinen Uferweg ein. Für die letzten Meter zurück bis zu unserem Ausgangspunkt wandern wir so entlang der Loisach.

## Info

Wonach riecht's denn da? Manchmal schwebt über der Kuhflucht ein fader Geruch. Er entweicht den brüchigen Kalkfelsen. In ihren Schichten hat sich vor über 200 Millionen Jahren Faulschlamm gesammelt, der heute versteinert ist. Sobald das Gestein jedoch zerbröckelt, werden schwefelhaltige Dämpfe freigesetzt, die diesen Geruch verursachen.

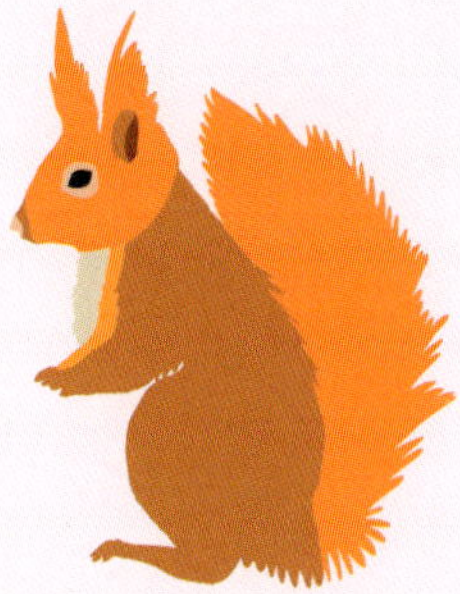

# AUF EINEN BLICK

**Tour 2:** Tour für die Sinne

**Dauer:** 1.30 Std.

**Höhenmeter:** 150 Hm

**Länge:** 4,5 km

**Schwierigkeit:** leicht

**Tourencharakter:** Schattige Wanderung mit dezentem Anstieg, perfekt für den Sommer. Nach den Kuhfluchtfällen gut ausgebauter Weg bis zur ersten Aussichtskanzel, danach etwas Trittsicherheit nötig. Die Angaben zu Länge und Höhenmetern beziehen sich auf den Weg bis zur ersten Aussichtskanzel.

**Ausgangs-/Endpunkt:** Warmfreibad Farchant

**Anfahrt:** **Pkw:** Auf der A 95 in Richtung Garmisch bis zum Autobahnende, vor dem Tunnel rechts nach Farchant. Der Wanderparkplatz am Warmfreibad liegt von der Hauptstraße aus links über die Bahnhofstraße und nach der Loisach rechts am Ende der Esterbergstraße.

**Bahn/Bus:** Farchant liegt auf der Zugstrecke München–Garmisch, vom Bahnhof sind es wenige Hundert Meter nach Osten über die Gleise bis zur Loisach. Dann beginnt man die Wanderung in der entgegengesetzten Richtung oder wandert zu Beginn entlang der Loisach.

**Einkehr:** Unterwegs keine, in Farchant einige Gasthäuser. Besonders nett ist das Wirtshaus Zum Klos im Ortszentrum oder im Sommer das Eiscafé Bella. Auf der Wanderung finden sich wunderbare Brotzeitplatzerl. Im Dorfladen von Farchant kann man sich mit Proviant eindecken.

**Information:** www.farchant.de

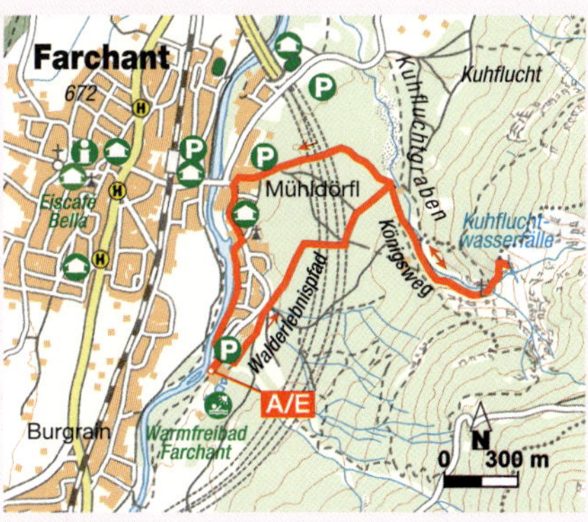

Der Ferchensee

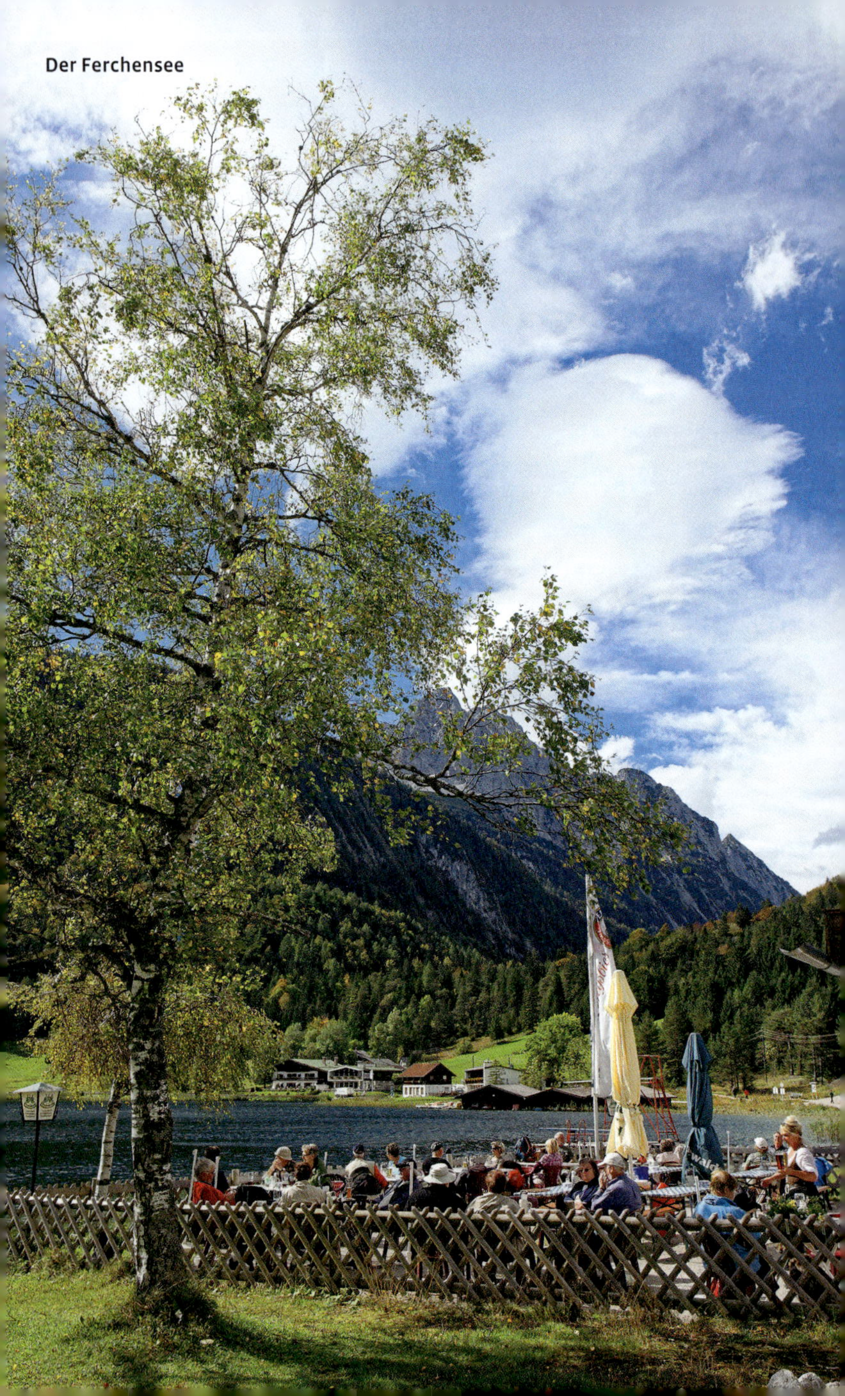

# ZUM FERCHEN- UND LAUTERSEE BEI MITTENWALD

Tour
TOUR 3
ohne Uhr

**Ein wahrer Glücksfall!**

Bei Mittenwald spiegeln sich die imposanten Felswände des Karwendels in den Seen am Fuß des Kranzbergs. Lauter- und Ferchensee glänzen aber nicht nur durch ihre tolle Lage und die Bademöglichkeiten, auch die Wege dorthin sind abwechslungsreich.

**Ein Bilderbuchsee** Wir wandern die Bahnhofstraße entlang, bis wir links über die Hochstraße an das Ende des Obermarkts kommen. Wir ignorieren die Fußgängerzone, passieren die Kirche und halten uns am Prof.-Schreyögg-Platz links. Gleich rechts geht es in die Straße Im Gries und wir befinden uns im ältesten Teil von Mittenwald. Noch vor dem Gasthaus Gries wenden wir uns nach links. Vorbei am Geigendenkmal, wird unsere Straße zur Laintalstraße. Ihr folgen wir bis zum Ende, dann rechts dem Wanderweg entlang des Lainbachs bergauf in das wildromantische Tal. Zum Glück ist es schattig, denn es wird anstrengender. Nach ein paar Kurven liegt der Wasserfall vor uns. Wir queren eine Brücke zur Mariengrotte und kommen schließlich an eine Almwiese. Für den perfekten oberbayerischen Look ist sie mit einer barocken Kapelle »dekoriert«. Dahinter schimmert der Lautersee blaugrün – eine Traumkulisse.

**Rast am Ferchensee** Wir umrunden den Lautersee nach links. Sobald wir das Hotel Lautersee erreichen, folgen wir der Beschilderung links zum Ferchensee. Dorthin geht es über die Ferchenseehöhe leicht bergauf. Wir können dabei auf der breiteren Zufahrtsstraße bleiben, das sorgt für Abwechslung auf dem Rückweg. Am Nordende des Ferchensees lockt das gleichnamige Gasthaus zu einer Rast, bevor wir links die Seeumrundung fortsetzen. Nun gilt es wieder, den Schildern zum Lautersee zu folgen. Am Hotel dort gehen wir geradeaus, umrunden die Kapelle und steuern in den

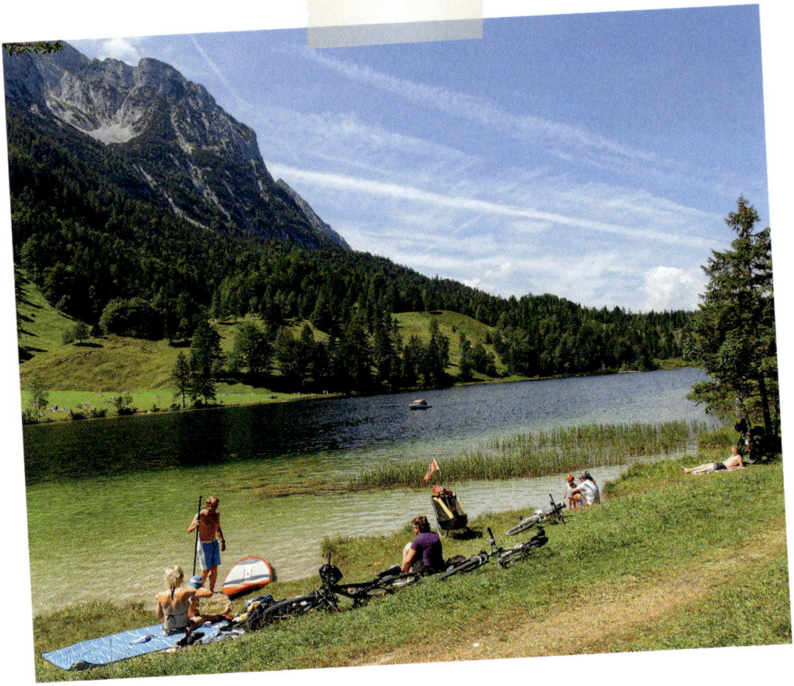

↑ **Auch im Lautersee kann man herrlich baden.**

Wald. Der Kranzberglift ist unser nächstes Ziel. Die Talstation erreichen wir vorbei an einigen schönen Aussichtspunkten. Am unteren Parkplatz führt uns ein Steig an der Kärntner Alm hinunter nach Mittenwald. Der Kirchturm weist uns den Weg zurück in die Altstadt.

## Tipp

Mittenwald: Der malerische Ort mit seinen hübschen Häusern ist immer einen Besuch wert. Im Obermarkt schlägt das Herz von Mittenwald. Gleich einer italienischen Flaniermeile, kann man hier stundenlang das geschäftige Treiben aus einem der Straßencafés beobachten. Der kleine Markt ist auch für seine Lüftlmalereien und den Geigenbau berühmt.

# AUF EINEN BLICK

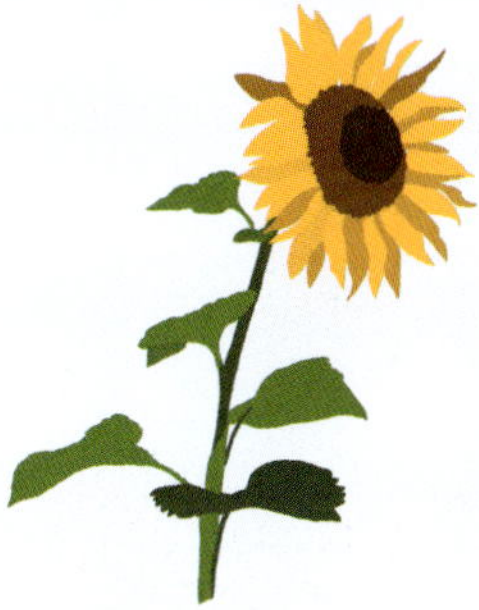

**Tour 3:** Tour ohne Uhr

**Dauer:** 3.15 Std.

**Höhenmeter:** 300 Hm

**Länge:** 11,5 km

**Schwierigkeit:** mittel

**Tourencharakter:** Rundtour vorwiegend auf bequemen Wanderwegen und einer für den öffentlichen Verkehr gesperrten Straße. Zwischendurch steigt der Weg einmal kräftig an, ansonsten verläuft er sehr moderat. Bademöglichkeit im Sommer.

**Ausgangs-/Endpunkt:** Bahnhof Mittenwald

**Anfahrt:** **Pkw:** Auf der A 95 in Richtung Garmisch bis zum Autobahnende und weiter auf der B 2 über Garmisch nach Mittenwald. Zur Ortsmitte rechts abbiegen und der Beschilderung zum Bahnhof folgen. Dort umliegend einige gebührenpflichtige Parkplätze vorhanden.
**Bahn/Bus:** Mit der Bahn über Garmisch nach Mittenwald

**Einkehr:** Gasthaus Ferchensee, Gasthof Seehof am Lautersee oder Lautersee-Alm am Freibad. Im Anschluss der Tour viele Möglichkeiten in Mittenwald

**Information:** www.alpenwelt-karwendel.de

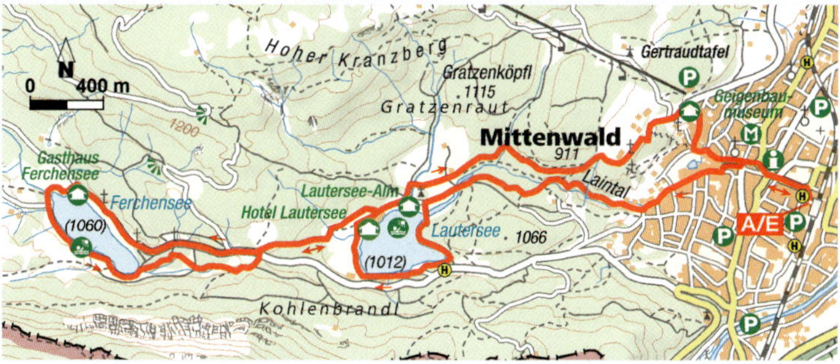

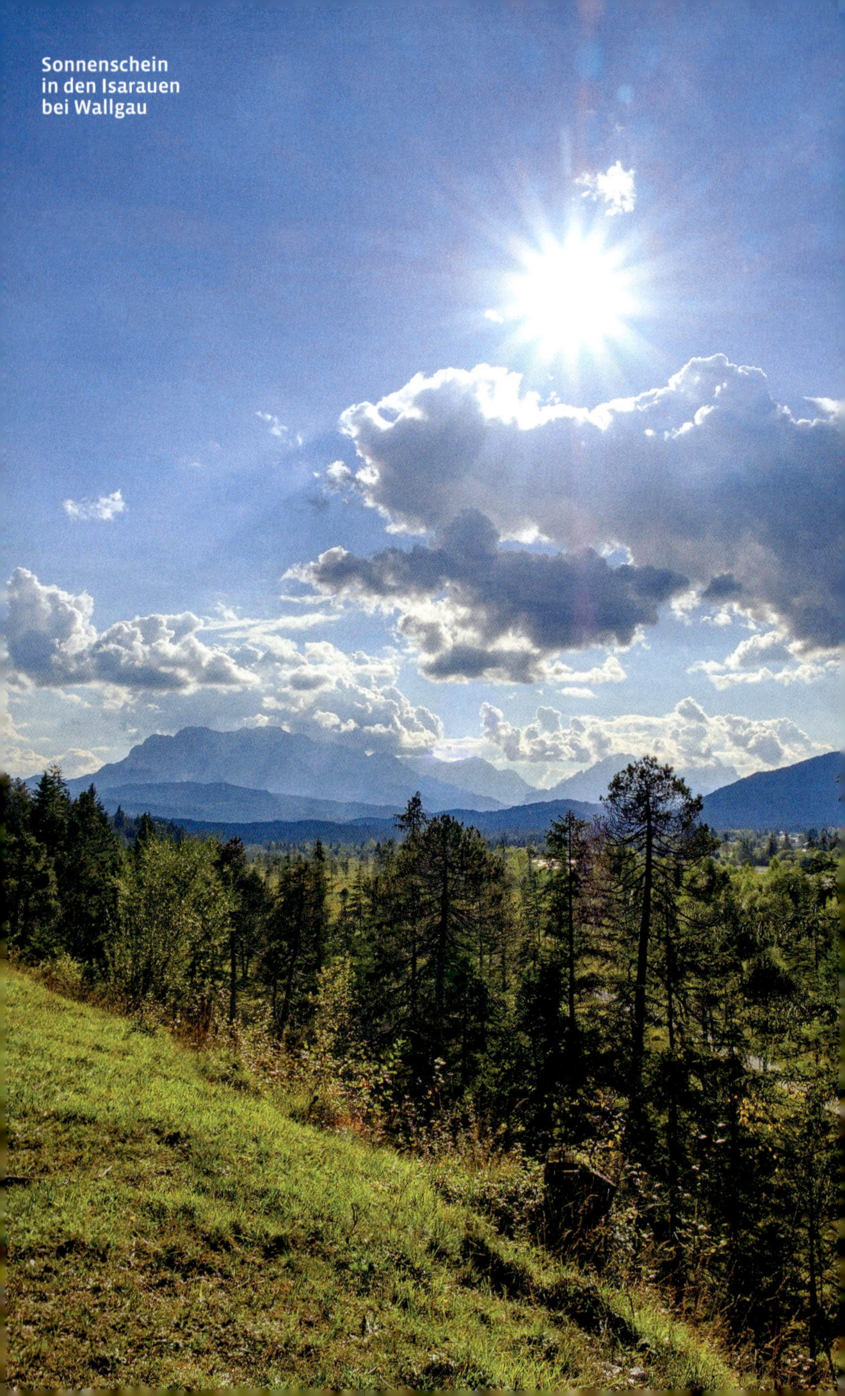

Sonnenschein
in den Isarauen
bei Wallgau

Tour der Stille – TOUR 4

# ZWISCHEN KRÜN UND WALLGAU

## Kleine Bergtour im Isartal

Von Krün wandern wir entlang der Isar und um den Isarstausee über Themenwege. Eine spannende Klamm, ein eindrucksvoller Aussichtspunkt am Schwarzkopf und eine nette Alm formen diese Wanderung schließlich zu einer wunderbaren kleinen Bergtour.

**Den Isarkieselweg flussaufwärts** Wir starten an der Isarbrücke von Krün, die etwas südlich des Wanderparkplatzes liegt. Wer mit öffentlichen Verkehrsmitteln anreist, muss über die Fischbachalmstraße und die Soiernstraße dorthin gehen. Wir bleiben auf der Krüner Seite und wandern nun auf dem Isarkieselweg flussaufwärts. Völlig flach geht es neben der wild grummelnden Isar entlang. An der Wegegabelung bleiben wir in Flussnähe, die Vegetation ändert sich und wir genießen die typische Isarauen-Flora mit ihren niedrigen Kiefern, Wacholder- und Erikabüschen. Im Sommer verströmt diese Kombination aus Pflanzen und aufbrechenden trockenen Kiesbänken einen ganz eigenen Geruch. Etwas modrig, aber mit mediterraner Note.

**Am Isarstausee** Am großen Wasserkraftwerk mit der Fischtreppe endet unser Weg. Wir wenden uns nach rechts, weg von der Isar, und queren kurz darauf den Obernacher Kanal, der seinen Lauf gerade erst am Kraftwerk begonnen hat. Unser Weg trifft am Krüner Gewerbegebiet auf eine Straße, der wir nach links folgen. Wir passieren die Supermärkte (wer picknicken möchte, kann sich dort noch eindecken) und schwenken erst an den letzten Häusern wieder nach links hinunter zur Isar. Aber statt des wilden Flusses finden wir nun den großen Isarstausee vor. Hier leben viele Wasservögel, die sich gut beobachten lassen. Am Südende des Sees wendet sich der Weg nach links und teilt mit einem Damm den See in zwei

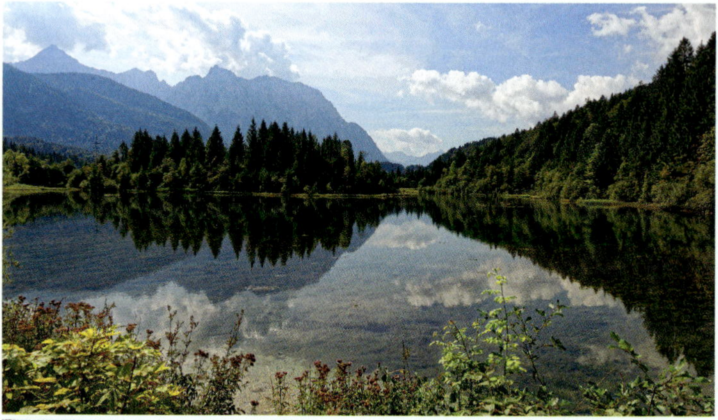

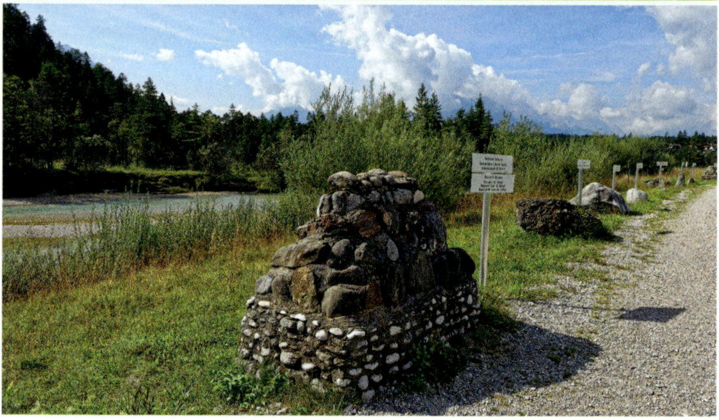

»Ich ließ meine Seele ruhig werden und still;
wie ein kleines Kind bei der Mutter
ist meine Seele still in mir.«

Psalm 131, 2

Teile. Es gibt einen Rastplatz, von dem wir die schönste Sicht über den südlichen Teil des Sees auf die Berge haben.

**Der Isar-Natur-Erlebnisweg** Hinter dem Stausee erreichen wir etwas links haltend wieder die Isar, die wir gleich darauf mithilfe einer Brücke überqueren. Nun sind wir auf dem Isar-Natur-Erlebnisweg flussabwärts unterwegs. Weiter in Ufernähe passieren wir eine der Stationen dieses Themenwegs: ein großes Floß, das allerdings auf dem Trockenen liegt. Mit Flößen, deren Machart sich im Laufe der Jahrhunderte kaum verändert hatte, transportierten die Flößer Waren, die über die Alpen nach Mittenwald geliefert wurden, bis nach München. Bald nach dem Floß erreichen wir die Abzweigung zur Hüttlebachschlucht. Die Stelle ist gut ausgeschildert.

**Durch die Hüttlebachschlucht** Der Hüttlebach, der im Sommer so harmlos plätschert, tritt nur ein Stück weiter oben mit vielen Quellen zutage. Im Frühjahr, bei der Schneeschmelze, zeigt er seine ganze Kraft und rauscht ungestüm ins Tal. Er hat sich bereits tief in den Hang eingegraben. Wer keine Lust auf die Bergtour (den schwierigen Teil der Wanderung) hat, bleibt weiter dem Uferweg nach Norden treu. Alle anderen folgen dem Hüttlebach, den wir kurze Zeit später queren. Am Ende der Klamm wird es steil und wir steigen über einige Treppenstufen im Zickzack hinauf. Fast ganz oben queren wir nach links die Quellbäche; eine Aussichtskanzel lässt uns tief in die Schlucht blicken. Auch hier kann man wieder abkürzen und direkt nach links absteigen.

**Auf den Schwarzkopf** Wirklich lohnenswert ist es, rechts den Wegweisern zum Schwarzkopf zu folgen. Dafür müssen wir noch weiter aufsteigen, aber die

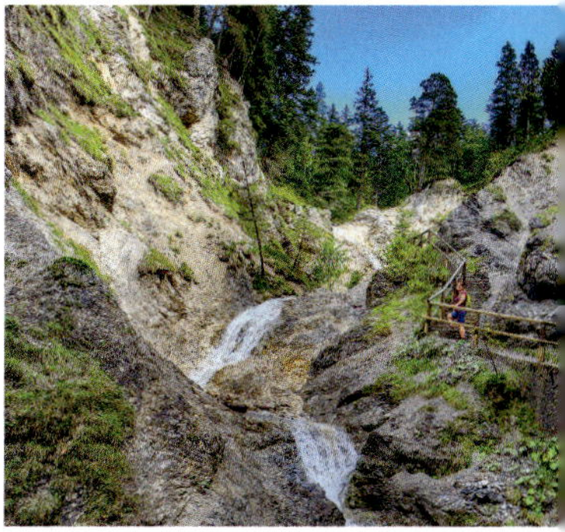

**↑ Im Isarstausee spiegelt sich das Karwendel.**
**↓ Am Isarkieselweg erfahren wir viel Wissenswertes über die Geologie des Tales.**
**→ Tief hat sich der Hüttlebach in den lockeren Stein gegraben.**

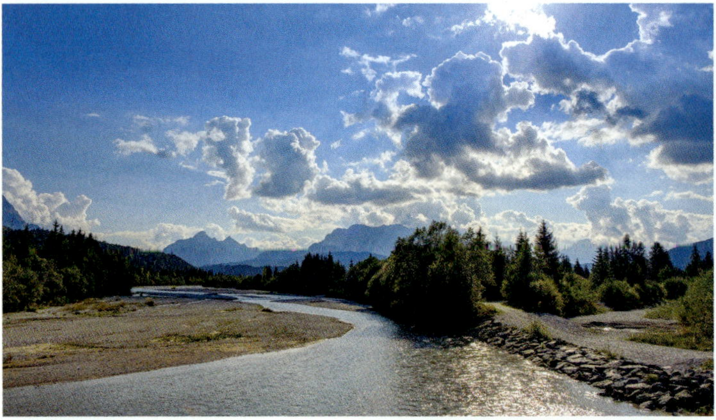

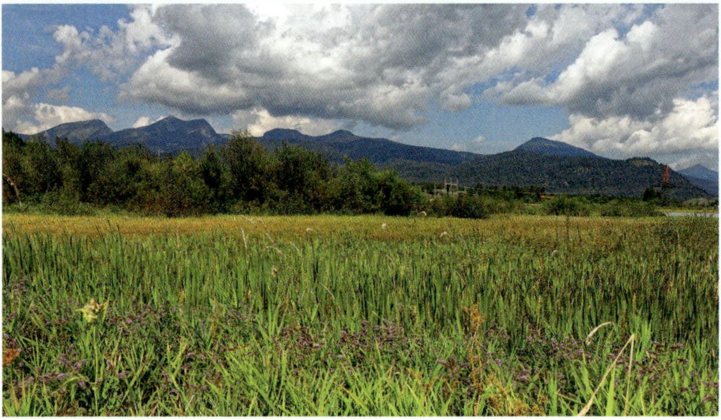

»Alle Orte haben die
gleiche Entfernung zum Paradies.«

Thomas Moore

Mühe ist es wert. Bald schon erreichen wir wieder eine Wegegabelung. Von dort sind wir mit wenigen Schritten am Aussichtspunkt Schwarzkopf. Es handelt sich zwar nicht um einen echten Gipfel, aber eine Rastbank markiert die Stelle. Die Aussicht über das Isartal hinüber zum Wettersteinmassiv ist unglaublich schön. Ein Glücksmoment zum Festhalten, egal ob mit dem Fotoapparat, der Handykamera oder nur mit den Augen.

**Zur Auhütte** Wenn wir uns sattgesehen haben, steigen wir die wenigen Meter zur letzten Abzweigung zurück und folgen nun rechts dem Bergpfad, der zunächst noch fast ohne Höhenverlust am Hang entlangführt. Der Weg fällt links von uns stellenweise steil ab, etwas Konzentration ist nötig. In einigen Kurven folgen wir der Beschilderung zurück zum Isar-Natur-Erlebnisweg, dabei ist ein bisschen Orientierung gefragt. Dort angekommen, können wir wiederum abkürzen und links der Beschilderung direkt zurück nach Krün folgen. Wer noch die Auhütte besuchen möchte, folgt dem Isarweg flussabwärts. Am großen Felsengraben teilt sich der Weg; rechts führt er bergauf zur Fischbachalm. Wir halten uns links, weiterhin in Flussnähe, Richtung Wallgau. Die Isar fließt an dieser Stelle mit einigem Abstand zu uns. Wer näher ran möchte, folgt einfach einem der kleinen Pfade abwärts. Aber bitte auf dem Pfad bleiben und nicht querfeldein marschieren, denn die Isarauen sind ein Naturschutzgebiet und ein empfindliches Ökosystem! Schließlich erreichen wir die gemütliche Auhütte, die auf dem kleinen Hochufer über der Isar thront.

**Einkehr und Abstieg** Jetzt ist Zeit, um einzukehren und uns selbst etwas zu verwöhnen. Es gibt leckere Kuchen, aber auch kleine Gerichte und Brotzeiten. Für das letzte Wegstück steigen wir zum Wanderweg hinunter, der etwas tiefer

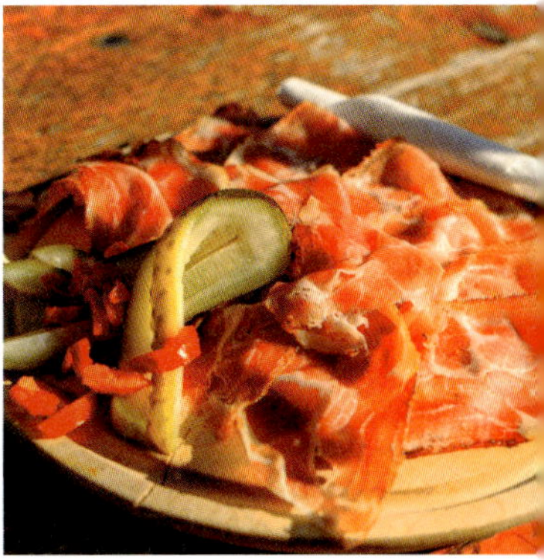

**↑ Letztes Abendlicht an der Isar**
**↓ Feuchtwiesen am Isar-Natur-Erlebnisweg bei Krün**
**→ Die Auhütte serviert auch deftige Brotzeiten.**

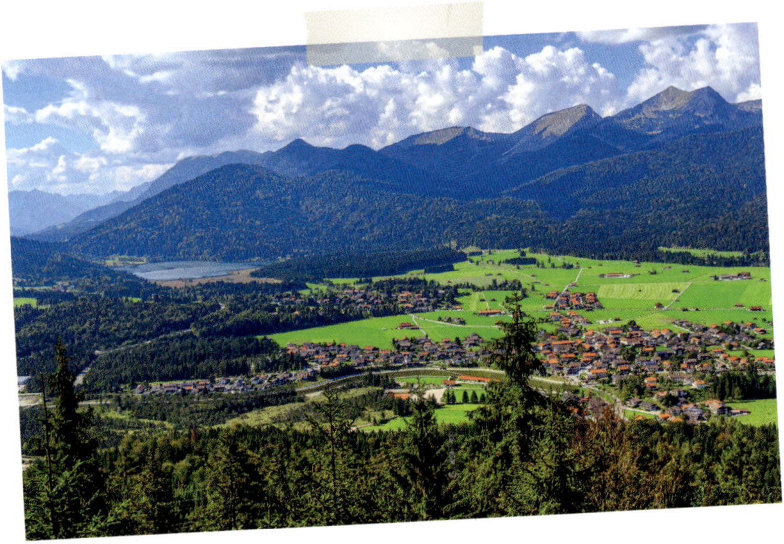

↑ **Aussicht vom Schwarzkopf auf das Isartal und Krün**

und in Flussnähe verläuft. Zahlreiche, auch seltene Blumen wachsen links und rechts unseres Wegs. Es ist unglaublich, wie viel auf einem so mageren Kiesboden gedeiht. Rechts haltend erreichen wir den Isarsteg bei Wallgau. Auf der anderen Seite biegen wir sofort links ein und es geht ein Stück am Finzbach entlang, den wir kurz darauf ebenfalls nach links mithilfe einer Brücke überwinden. (Falls der Bach kein Wasser führt, kann man ihn schon direkt beim Isarsteg queren.) Am anderen Ufer geht es links zurück zur Isar, der wir nun stur flussaufwärts bis zu unserem Ausgangspunkt in Krün folgen.

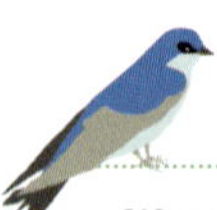

## Tipp

Wunderbare Auszeit: Die Auhütte ist nur in der Vor- und Nachsaison bewirtschaftet. Die beiden Hüttenwirte arbeiten nämlich auf zwei Almen. Im Hochsommer ziehen sie mit ihren Tieren hinauf auf die Fischbachalm, die auf halbem Weg zum Soiernhaus liegt. In der restlichen Zeit ist die Auhütte ein toller Platz, um den Tag ausklingen zu lassen.

# AUF EINEN BLICK

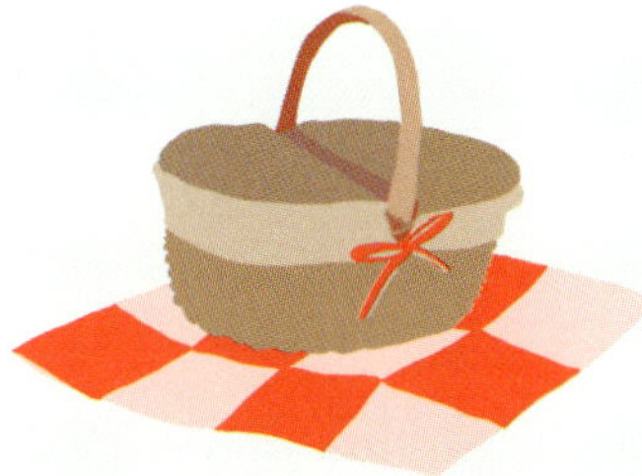

**Tour 4:** Tour der Stille

**Dauer:** 4.15 Std.

**Höhenmeter:** 450 Hm

**Länge:** 14 km

**Schwierigkeit:** schwer

**Tourencharakter:** Sonnige und lange Wanderung entlang der Isar. In Flussnähe ist die Tour sogar mit geländetauglichem Kinderwagen zu schaffen. Schwierig wird es durch die Hüttlebachklamm und beim steilen Aufstieg zum Schwarzkopf (Trittsicherheit nötig, viele Stufen). Wer etwas Höhenschwindel hat, kann hier minimal Schwierigkeiten bekommen. Die Tour lässt sich an einigen Stellen abkürzen.

**Ausgangs-/Endpunkt:** Isarbrücke in Krün

**Anfahrt:** **Pkw:** Über die A 95 und B 2 über Garmisch-Partenkirchen in Richtung Mittenwald, kurz vor Mittenwald nach Krün, dort in die Schöttlkarstraße abbiegen, den Isarkanal überqueren und zum Wanderparkplatz an der Isar fahren.
**Bahn/Bus:** Mit der Bahn nach Mittenwald, weiter mit dem Bus bis zur Haltestelle an der Kirche, ca. zehn Minuten zusätzliche Anmarschzeit

**Einkehr:** Auhütte an der Isar (nur in Vor- und Nachsaison, Mo Ruhetag; unbedingt vorher die Öffnungszeiten recherchieren!)

**Information:** www.kruen.de, www.alpenwelt-karwendel.de

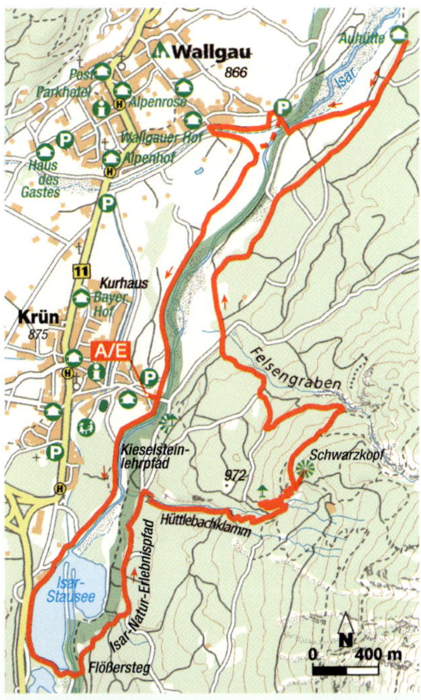

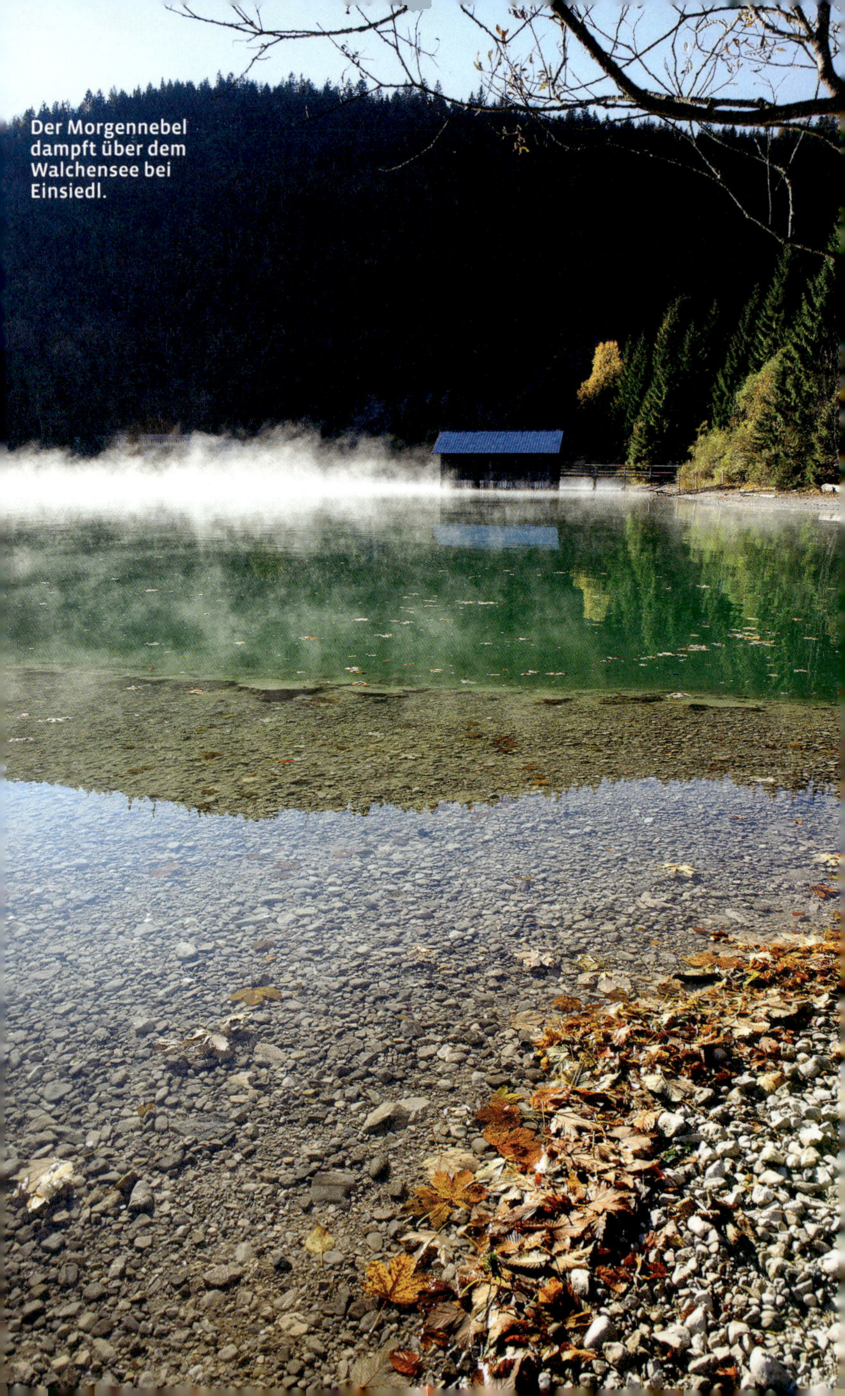

Der Morgennebel dampft über dem Walchensee bei Einsiedl.

# DIE HALBINSEL ZWERGERN IM WALCHENSEE

Tour
TOUR 5
der Stille

**Ruhige Uferwege**

Stille Uferwege führen zum Badeglück, und das gleich an mehreren Stellen. Dazwischen ein paar einsame alte Fischerhäuser, eine Kirche und ein Kloster. Zum Finale eine beachtliche Auswahl an Gasthäusern – mehr Abwechslung ist kaum möglich.

**Bitte zu Fuß** Die Halbinsel Zwergern ist nur zu Fuß erreichbar. Deshalb bleibt sie von der Invasion Erholungsuchender meist verschont. Vom Parkplatz in Einsiedl gehen wir zum See und erreichen über die Wiesen die Einöde Zwergern, die der Halbinsel den Namen gab. Besiedelt wurde sie Mitte des 12. Jahrhunderts. Die Bewohner ernährten sich vom Fischfang. 1344 bekamen die Fischer eine eigene Kirche, geweiht der heiligen Margareth. Sie steht heute noch, weil die Anwohner die Kirche in der Zeit der Säkularisation kurzerhand selbst kauften. Ein Feldweg führt uns zu ihr. Den Zwiebelturm bekam sie 1778, der Hochaltar mit dem Bild der Kirchenpatronin ist gut 100 Jahre älter. Hinter der Kirche findet sich der erste schöne Badeplatz am See.

**Ein Kloster und ein Wikingerdorf** Wir wandern zu unserem Weg zurück, passieren die alten Fischerhäuser und umrunden die Halbinsel zum Klösterl. Das ehemalige kleine Kloster ist nach langen Jahren des Verfalls im Besitz der Diözese Augsburg, die es als Jugendbildungshaus nutzt. Am Klösterl und an weiteren schönen Badestellen vorbei, kommen wir zum Campingplatz Walchensee. An seinem Ende müssen wir uns entscheiden: Wer jetzt schon den Rückweg antreten will, folgt der Fahrstraße nach links, um dann links auf einen Forstweg abzubiegen. Über die höchste Stelle der Halbinsel trifft man so auf den Hinweg und kehrt zum Parkplatz zurück. Wer einkehren möchte, hält sich rechts entlang des Seeufers und kommt

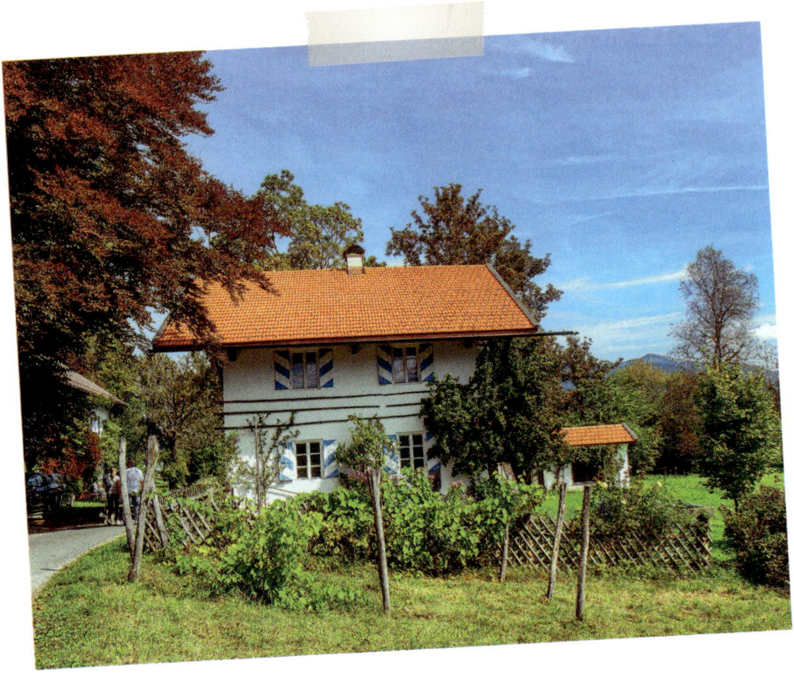

↑ **Kleines Austragshaus bei einem Bauernhof in Zwergern**

zur B 11. Ein Fußweg führt in den Ort Walchensee mit vielen Gaststätten und Cafés sowie zum Wikingerdorf Flake. Dort kann man durch die Filmkulisse von »Wickie und die starken Männer« spazieren, denn der Film wurde zum Großteil hier gedreht. Zurück geht es zu der »Entscheidungsstelle« und von dort wie beschrieben zum Parkplatz.

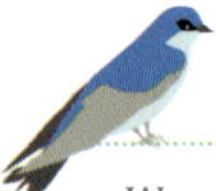

## Tipp

Wassersport ganz groß: Der Walchensee ist einer der größten Bergseen Deutschlands. Er ging sogar in die Weltliteratur ein: Goethe beschreibt in der Italienischen Reise seine Fahrt entlang des Sees. Heute ist der See ein Paradies für Wassersportler aller Art, soweit sie keinen Motor benutzen. Probieren Sie doch einfach die zahlreichen Angebote aus!

# AUF EINEN BLICK

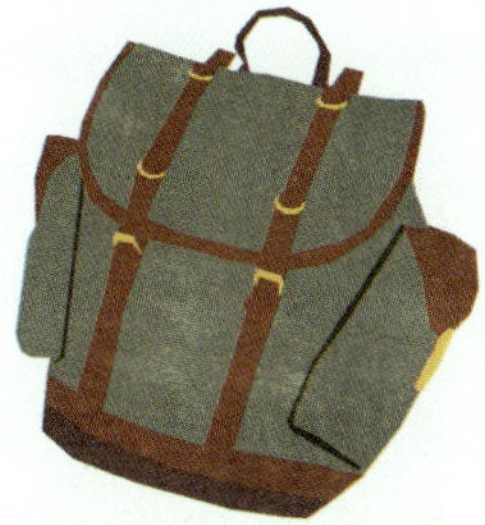

**Tour 5:** Tour der Stille

**Dauer:** 2.30 Std.

**Höhenmeter:** 50 Hm

**Länge:** 9 km

**Schwierigkeit:** leicht

**Tourencharakter:** Sehr leicht, meist auf Straßen, die für den öffentlichen Verkehr gesperrt sind, oder auf Gehwegen neben der Bundesstraße

**Ausgangs-/Endpunkt:** Öffentlicher Parkplatz in Einsiedl

**Anfahrt:** **Pkw:** Auf der A 95 bis Ausfahrt Murnau/Kochel, über Kochel auf der B 11 zur Kesselbergstraße und auf dieser über Urfeld nach Walchensee. Durch den Ort und weiter nach Einsiedl, dort auf dem Pkw-Parkplatz parken.
**Bahn/Bus:** Mit der Bahn nach Kochel und weiter mit dem Bus nach Einsiedl

**Einkehr:** Unterwegs keine; wer seine eigene Brotzeit mitbringt, findet viele schöne Picknickstellen. In Walchensee das Café Edeltraut am Ortseingang oder etwas weiter Gasthof Seestüberl vor der Kirche.

**Information:** www.walchensee-kochelsee.de

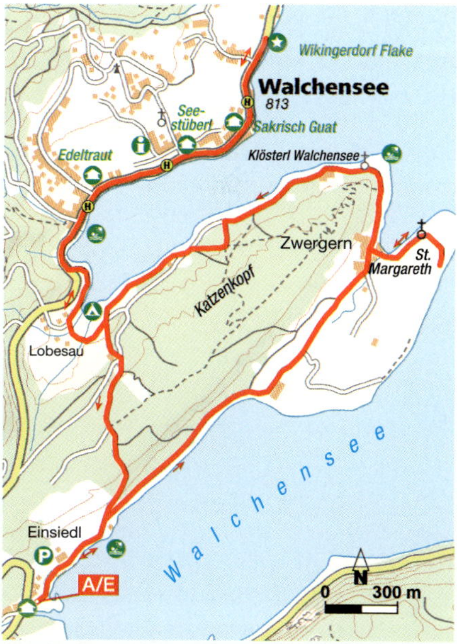

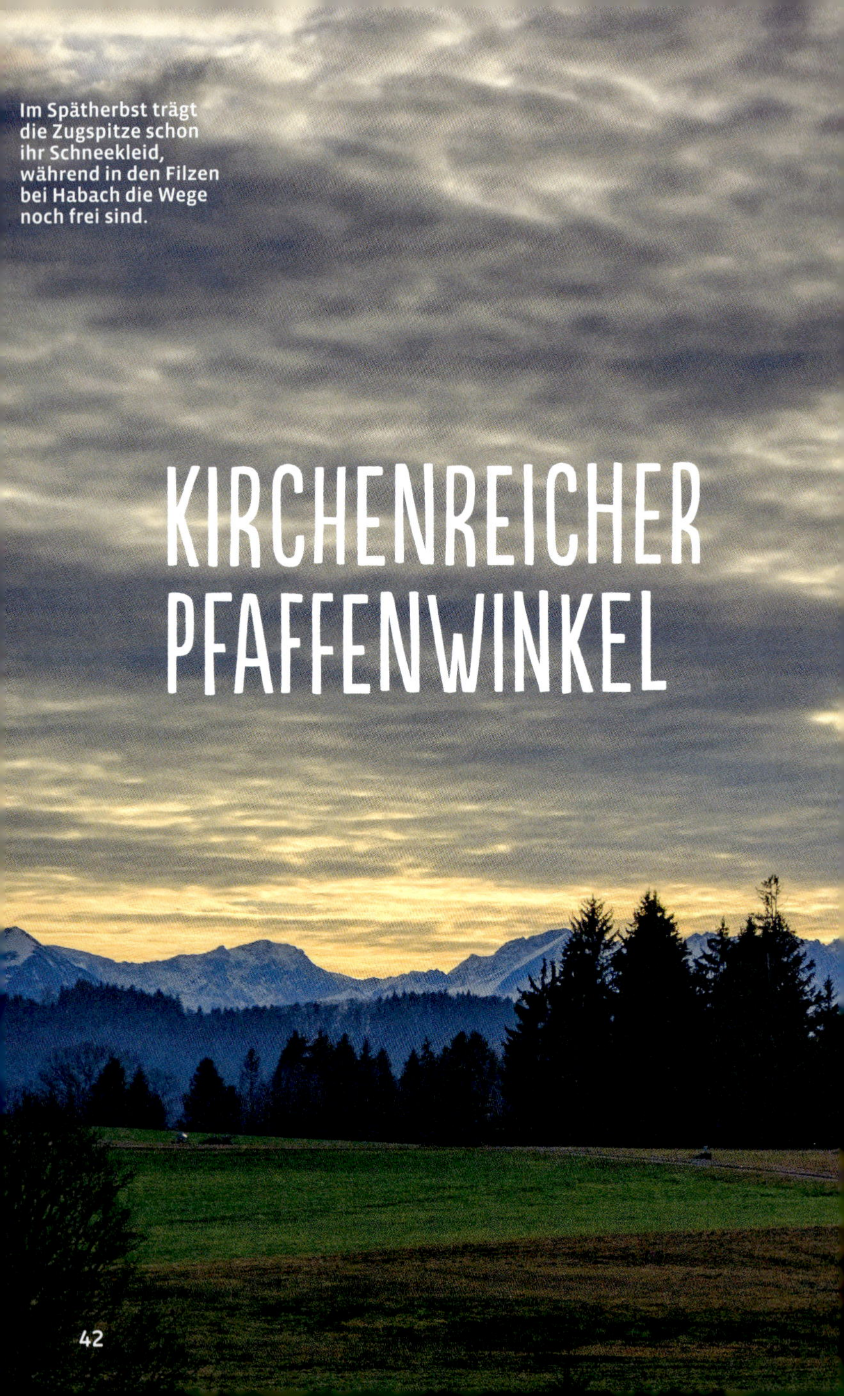

Im Spätherbst trägt die Zugspitze schon ihr Schneekleid, während in den Filzen bei Habach die Wege noch frei sind.

# KIRCHENREICHER PFAFFENWINKEL

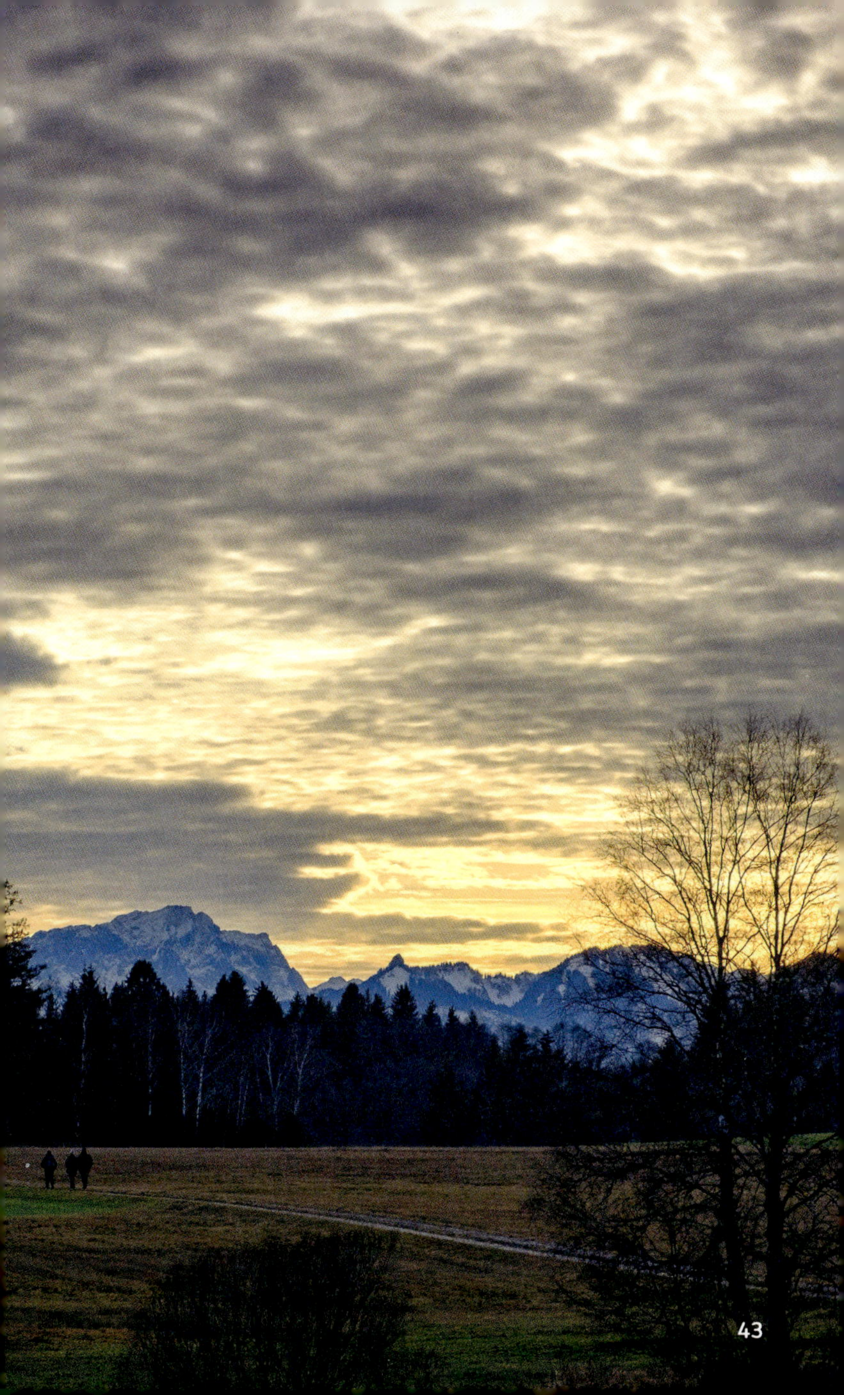

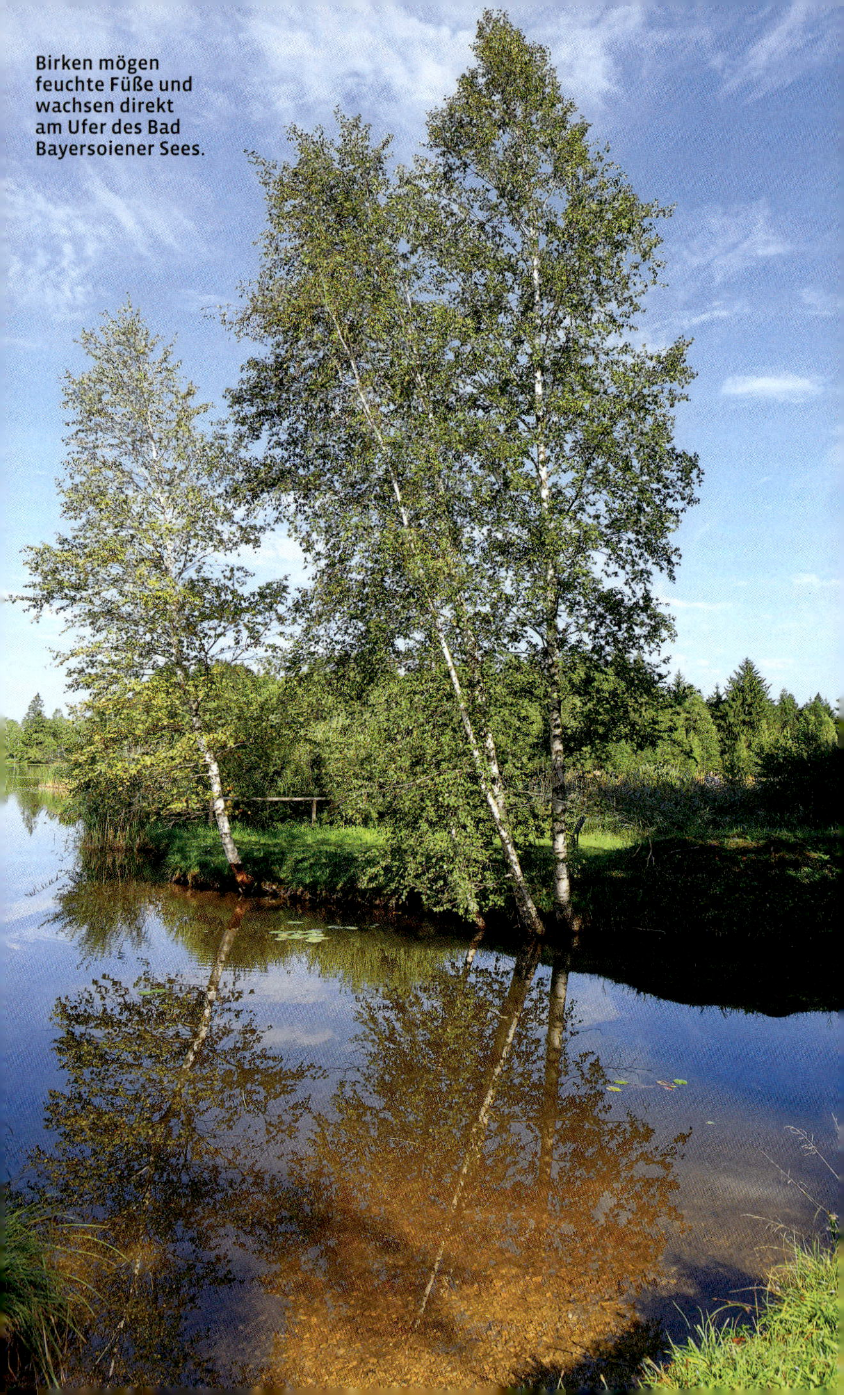

Birken mögen feuchte Füße und wachsen direkt am Ufer des Bad Bayersoiener Sees.

Tour für
TOUR 6
die Sinne

# UM DEN BAD BAYERSOIENER SEE

## Moorspaß am See

Mutter Natur pur! Seerosen schaukeln auf dem Wasser, dunkler Moorboden trifft auf helle Birken, dichtes Schilf verschlingt die Wege und über alldem liegt ein würziger, erdiger Duft, der die wunderbare Moorlandschaft so richtig charakterisiert.

**Im Freizeitparadies** Auf der erlebnisreichen Wanderung können wir sogar etwas für unsere Gesundheit tun: mit Kneippkuren, Moortretbecken und im Sommer mit herrlichen Bademöglichkeiten im Bayersoiener See. Deshalb unbedingt ein Handtuch einpacken, dann kann es losgehen. Von der Kirche steigen wir zum Rathaus hinunter und folgen rechts dem Spazierweg vorbei am Kindergarten durch den Kurpark. Er führt abwärts zur Köchelstraße, wobei Kinder für den Abstieg einfach die lange Rutsche verwenden. Unten halten wir uns leicht links. Dann beginnt rechts der Weg entlang des Moorbaches, der uns zum Seeufer führt. In welcher Richtung wir um den See wandern, ist eigentlich egal. Wer links abbiegt, also im Uhrzeigersinn wandert, trifft am Ende der Wanderung auf die Badeplätze am Kiosk Fischerhäusl. Das macht Sinn für alle, die ins Wasser springen wollen.

**Entdeckungsreisen** Am lustigsten ist es, wenn wir den Aufforderungen zu kurzen Exkursionen entlang des Themenweges nachkommen. Egal, ob mit oder ohne Schuhwerk, denn der Rundweg ist gleichzeitig ein Barfußpfad. Wir wandern über Bohlenwege mitten durch das Moor, genießen auf Plattformen die Aussicht, testen über Balancierbalken und Pfähle unseren Gleichgewichtssinn und bewundern die Blumen auf den Feuchtwiesen. Lohnenswert ist übrigens auch die Wegschleife »Kleiner Moorrundweg«, die auf der nördlichen Uferseite beginnt. Dort kann man die Wanderung

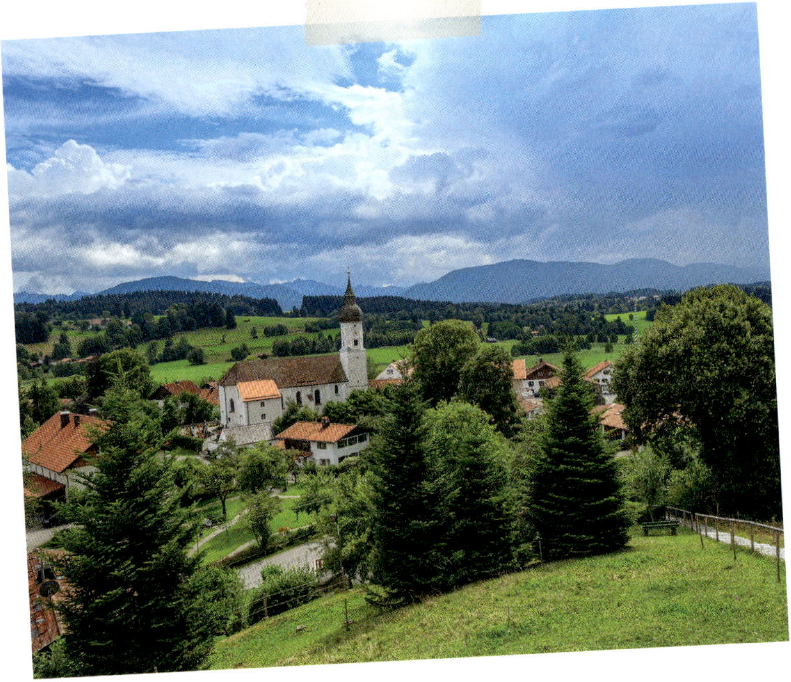

↑ **Vom Hügel mit der Kriegergedächtniskapelle schauen wir auf Bad Bayersoien und die Kirche St. Georg.**

sogar noch mit einer Runde über den Vogellehrpfad ausdehnen. Ganz nach Lust und Laune. Zurück geht es nach der Umrundung auf gleichem Weg wieder in die Dorfmitte von Bad Bayersoien. Dort wartet noch das Heimatmuseum im Bierlinghaus oder ein letzter Spaziergang hinauf zur Aussichtskapelle auf uns.

## Tipp

Alle Vögel sind schon da: Wer auf den Vogellehrpfad möchte, holt sich am besten vorher im »Fischerhäusl« oder in der Kur- und Touristinfo gegen Pfand einen TING-Stift, einen Hörstift, der die Vogelwelt auch zum Zwitschern bringt.

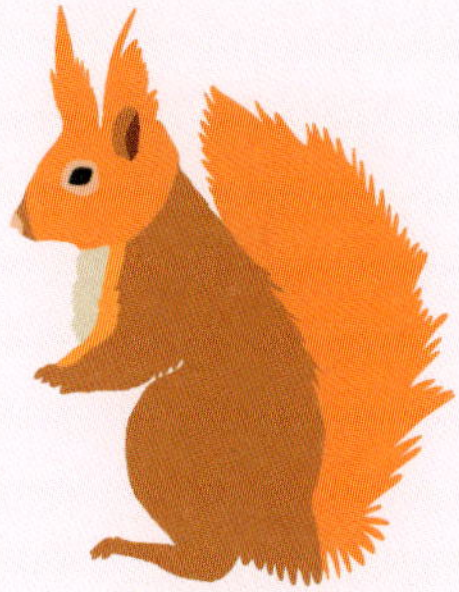

# AUF EINEN BLICK

**Tour 6:** Tour für die Sinne

**Dauer:** 2 Std.

**Höhenmeter:** 50 Hm

**Länge:** 6 km

**Schwierigkeit:** leicht

**Tourencharakter:** Wanderung auf ebener Strecke, daher auch für Rollstuhlfahrer geeignet. Für Kinder ein Highlight.

**Ausgangs-/Endpunkt:** Kirche St. Georg in Bad Bayersoien

**Anfahrt:** **Pkw:** Auf der A 95 bis Ausfahrt Murnau, über Bad Kohlgrub weiter auf die B 23 in Richtung Schongau. In Bad Bayersoien gibt es einige Parkplätze.
**Bahn/Bus:** Mit der Bahn bis Saulgrub oder Bad Kohlgrub, weiter mit dem Bus 9606 nach Bad Bayersoien

**Einkehr:** Direkt am Ufer liegt das »Fischerhäusl«, ein kleiner Kiosk am Badegelände, Öffnungszeiten unter Tel. 08845/757 23 38. Im Ort mehrere Möglichkeiten.

**Information:** www.ammergauer-alpen.de

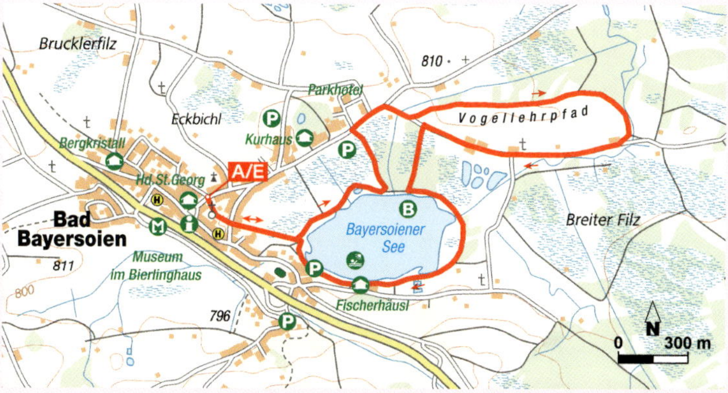

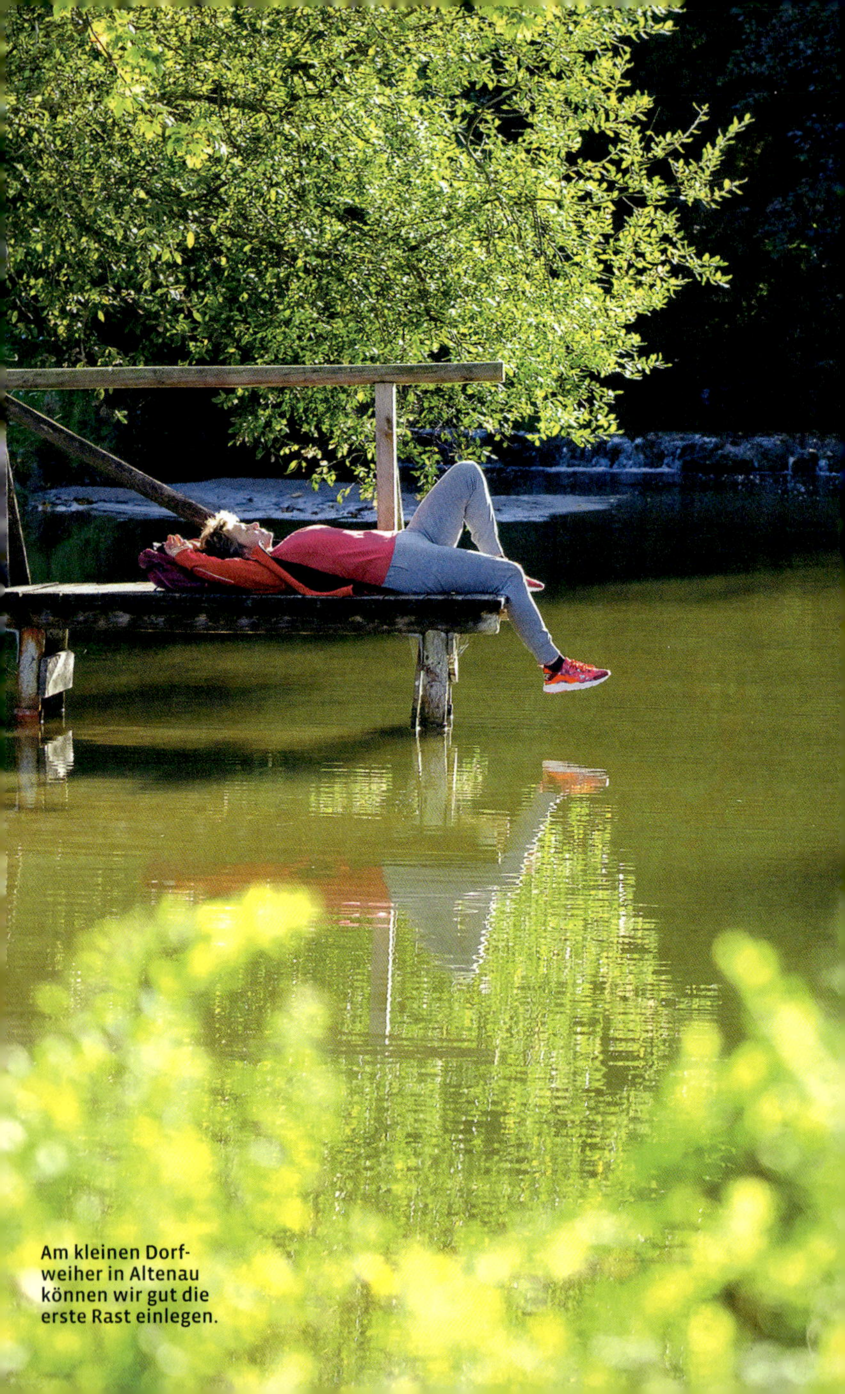

Am kleinen Dorfweiher in Altenau können wir gut die erste Rast einlegen.

Tour
TOUR 7
der Stille

# ZWISCHEN SAULGRUB UND ALTENAU

## Wanderparadies mit Glücksfaktor

Nicht jede Wanderung im Bayerischen Voralpenland führt zu bekannten Plätzen, es geht auch beschaulich. Zwischen Weideflächen, idyllischen Dörfern und grandiosen Aussichten finden wir auf dieser Tour vor allem paradiesische Ruhe und Erholung.

**Zum Wirt in Altenau** Wir gehen vom Bahnhof zur Ortsdurchgangsstraße und folgen dieser nach links über die Gleise. Kurz darauf biegen wir rechts in die Altenauer Straße und wandern auf ihr aus Saulgrub hinaus. Leider gibt es auf der kleinen Nebenstraße keinen eigenen Fußweg, aber der Verkehr ist gering. Von links stößt eine Straße auf unseren Weg. Hier beginnt auf der anderen Straßenseite ein Fuß- und Radweg, der uns nach rechts zu einer Bahnunterführung bringt. Auf der anderen Seite erreichen wir geradeaus Altenau mit seiner kleinen Kirche und dem Dorfwirt, der zu einer ersten Einkehr lockt. Das Gasthaus in Altenau ist eine Besonderheit.

**Einsame Acheleschlucht** Beim Altenauer Dorfwirt folgen wir der Straße nach rechts und kommen zum Dorfweiher, der sich gut als Rastplatz für eine mitgebrachte Brotzeit eignet. Am Weiher halten wir uns noch für wenige Meter links und biegen dann rechts in den Lehenkreutweg ein, die Acheleschlucht ist bereits ausgeschildert. Unser Weg steigt leicht an; es lohnt sich, zurückzuschauen, denn hinter uns liegt ein wunderbares Panorama. Ruhig geht es nun über grüne Weideflächen. Dann senkt sich der Weg wieder und teilt sich schließlich an einem Schuppen. Hier halten wir uns links und bald wird der Feldweg zu einem Wiesenpfad, der ein Stück am Waldrand entlangführt. Nach nur wenigen Metern schwenkt er rechts in den Wald. Über Wurzeln und einige Stufen geht es jetzt abwärts und wir queren einen kleinen Graben. Auf der anderen Seite wendet sich der Pfad

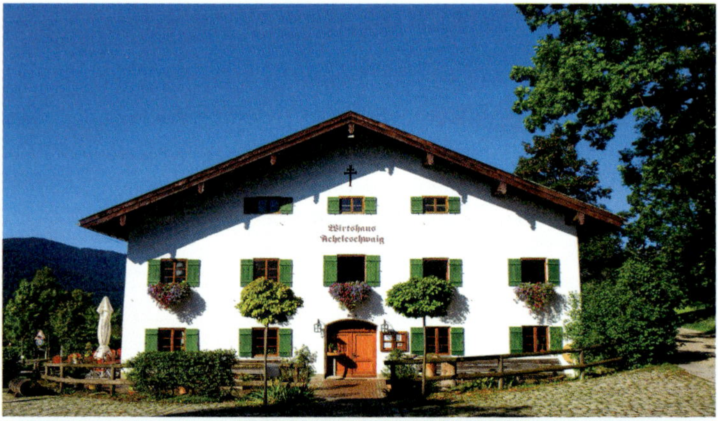


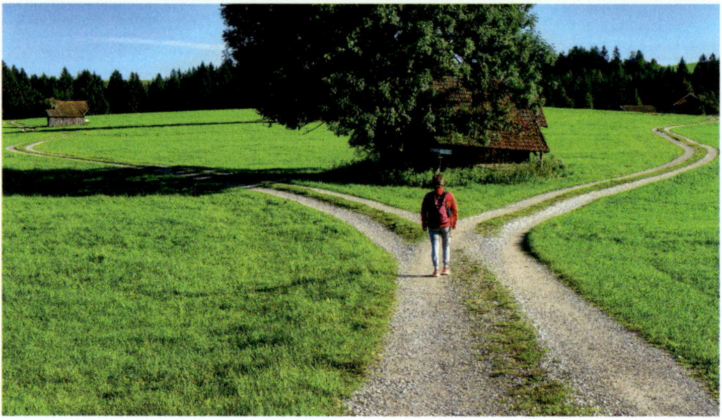

»In der vollkommenen Stille hört man die ganze Welt.«

Kurt Tucholsky

nach links und kurz darauf bringen uns Stufen hinunter zu einer Brücke, die über den Schwepbach führt. Jetzt sind wir in der Acheleschlucht, einem tief ausgewaschenen Bachbett, in das sich selten Wanderer verirren. Das wenige Licht sorgt für eine dschungelartige Vegetation. Außer dem Fluss ist nicht viel zu hören. Wir genießen die Ruhe und lauschen in die Natur. Am anderen Ufer steigt unser Pfad wieder an und führt schließlich zur kleinen Teerstraße in der Nähe von Gut Acheleschwaig.

**Felsdurchbruch Scheibum** Nach links ist der Abstecher hinunter zur Ammer eigentlich Pflicht. Wir verlieren zwar einige Höhenmeter, die wir später wieder aufsteigen müssen, aber es lohnt sich, den Ammerdurchbruch zu besuchen. An der Ammerbrücke sehen wir das denkmalgeschützte Wasserkraftwerk Kammerl. Zum sogenannten Felsdurchbruch Scheibum führt vor der Brücke rechts ein Waldweg ein Stück flussabwärts. An einem zum Teil abgebrochenen Felsband, das früher einmal als Aussichtskanzel diente, müssen wir uns heute nach vorn hangeln, dann erst können wir um die Ecke den eigentlichen Durchbruch sehen. Die Sandbänke sind ideale Rastplätze und wir beobachten viele Kajakfahrer. Zurück geht es bergauf bis zum Gut Acheleschwaig. Wer Hunger hat, kann dort das Wirtshaus besuchen.

**Schöne Aussichten** Der Abschluss unserer Wanderung ist noch einmal von Aussichtsfreuden gekrönt. Wir folgen der kleinen Straße vom Gut weiter in Wanderrichtung und biegen nach dem kleinen Löschweiher links in den Feldweg ein. Gleich darauf halten wir uns rechts und folgen der Beschilderung »W5« nach Saulgrub. Jetzt wandern wir auf einem Panoramaweg über den aussichtsreichen Höhenrücken. Vor uns liegt

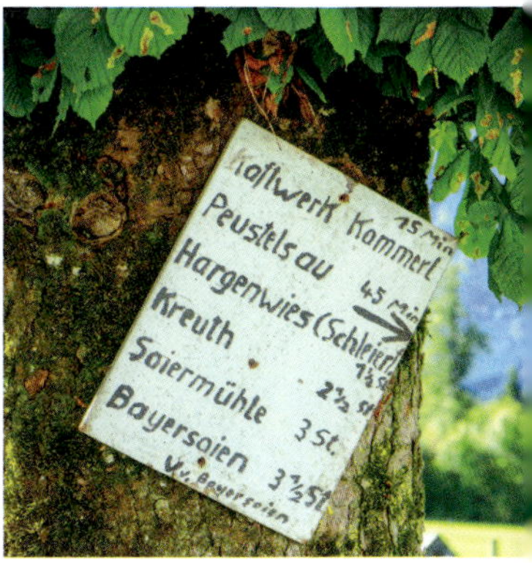


↑ **Das Wirtshaus Gut Acheleschwaig**
↓ **Bitte nach links!**
→ **Selten findet man noch so persönliche handgeschriebene Wegweiser!**

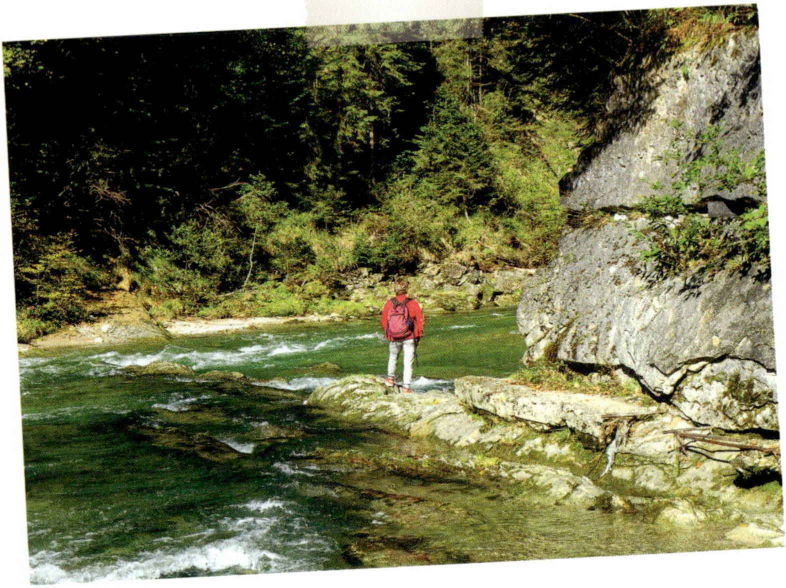

↑ **Die Ammer bei Scheibum**

das weitläufige Hochmoor der Gschwenderfilz, das vor allem im Herbst in allen erdenklichen Rottönen schillert. Dahinter ragen die nahen Trauchgauer Berge mit der auffälligen Großen Klammspitze auf. Schöner kann eine Wanderung nicht enden, und so schlendern wir genussvoll die letzten Meter nach Saulgrub hinein. Dort folgen wir der Dorfstraße bis kurz vor die kleine Kirche. Nach rechts in den Römerweg sind wir bald an der Ortsdurchgangsstraße, die uns geradeaus zum Ausgangspunkt bringt.

## Tipp

Gut Acheleschwaig: Ursprünglich ein Gut des Klosters Ettal, fiel Acheleschwaig im Rahmen der Säkularisation an den bayerischen Staat, der es hauptsächlich zur Zucht von Militärpferden nutzte. 2006 erwarb und renovierte Familie Fischer die Reste, verband nach alter Tradition das Gasthaus mit der Landwirtschaft und eröffnete überdies einen schönen Hofladen.

# AUF EINEN BLICK

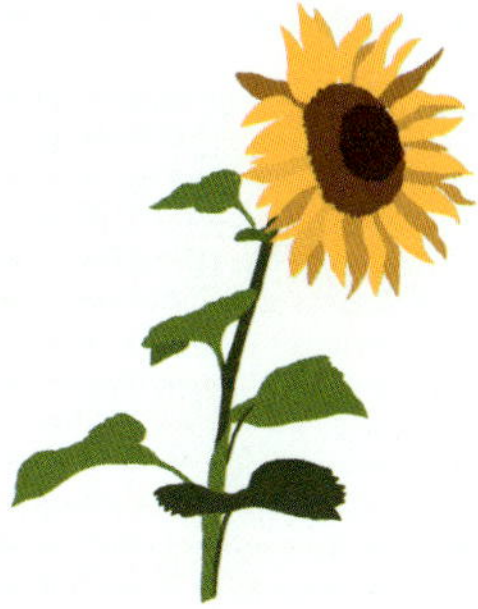

**Tour 7:** Tour der Stille

**Dauer:** 3 Std.

**Höhenmeter:** 200 Hm

**Länge:** 10 km

**Schwierigkeit:** mittel

**Tourencharakter:** Etwas längere Wanderung mit viel Sonne. Vorwiegend auf Wanderwegen, kleinen Pfaden und Steigen sowie wenig befahrenen Nebenstraßen. Der Abstieg durch die Acheleschlucht erfolgt steil über Treppen.

**Ausgangs-/Endpunkt:** Bahnhof in Saulgrub

**Anfahrt:** **Pkw:** Über die A 95 nach Murnau, weiter über Murnau und Bad Kohlgrub nach Saulgrub. Parkmöglichkeiten am Bahnhof. **Bahn/Bus:** Mit Bahn oder Bus bis Saulgrub, auf der Bahnlinie Murnau–Oberammergau gelegen

**Einkehr:** Unterwegs der Altenauer Dorfwirt (Di, Mi Ruhetag) mit leckerer bodenständiger Küche. Das Gasthaus ist eine Besonderheit: Unter dem Motto »Ein Dorf wird Wirt« kämpften die Dorfbewohner gegen das Wirtshaussterben kleinerer Gemeinden und bauten sich mit viel Eigenleistung selbst ein Wirtshaus. Gut Acheleschwaig (Di, Mi, Do Ruhetag) liegt besonders idyllisch und hat einen netten Gastgarten.

**Information:** www.ammergauer-alpen.de

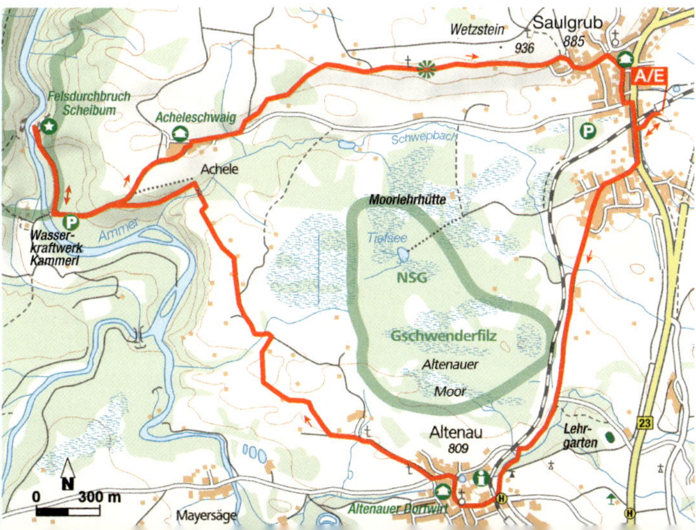

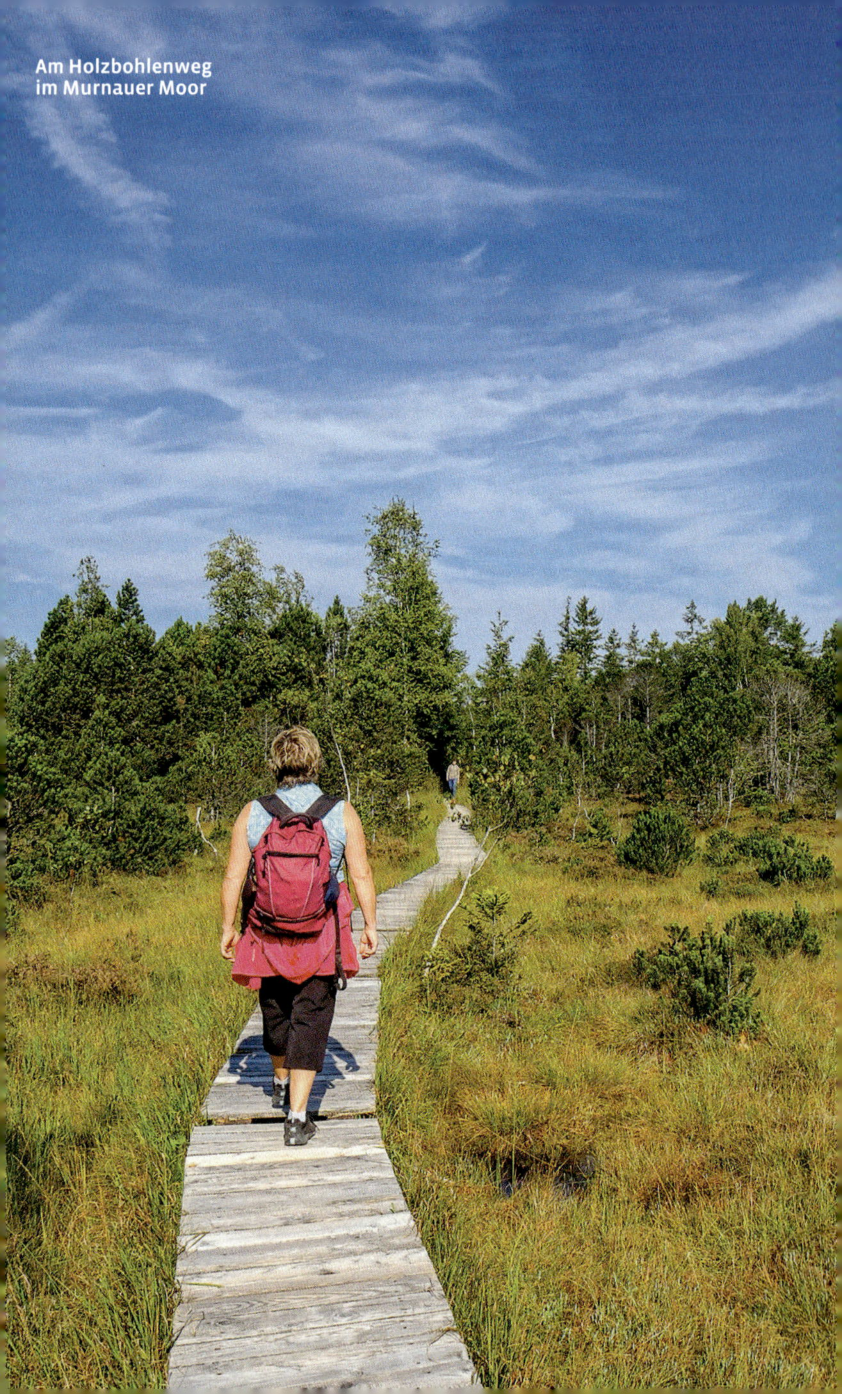

Am Holzbohlenweg im Murnauer Moor

# DURCH DAS MURNAUER MOOS

Tour
TOUR 8
ohne Uhr

## Zeitlupen-Tage

Voller Artenreichtum präsentiert sich das Murnauer Moos, eine Landschaft geformt von der Eiszeit, dem Wasser, der Natur und den Menschen. Still, unaufdringlich und doch so spektakulär, dass wir dort am liebsten die Zeit anhalten möchten.

**Faszination Moor** Schönheit umgibt uns im Murnauer Moos, wohin wir blicken – ob in Form eines Panoramabildes mit Alpenkette oder beim Betrachten der vielfältigen Pflanzen ringsum. Deshalb erkunden wir das Gebiet am besten zu Fuß. So können wir den ganzen Tag ausschöpfen, uns vor allem in Zeitlupe fortbewegen, um die Faszination Moor beziehungsweise Moos, wie es hier genannt wird, genau zu erkunden. Es führen viele Wege durch das Murnauer Moor. Der bekannteste, der große Moos-Rundweg, startet südlich von Murnau am Gasthaus Ähnl. Er ist sehr schön, aber mit über zwölf Kilometern auch sehr lang. Kürzer und damit lockerer zu bewältigen ist die Runde ab dem Murnauer Ortsteil Westried. Auf diesem Weg erreichen wir ebenfalls viele Höhepunkte, zum Beispiel den beliebten Bohlenweg.

**Durch die Lange Filze** Wir wandern vom Westrieder Bahnhof ein Stück nach rechts, bergab durch die Moosrainer Straße. Links zweigt gleich die Graf-Alban-Straße ab, sie ist der Rückweg für die große Moorrunde. Wir jedoch biegen wenige Schritte weiter links in den Weg ein, der ebenfalls zum Moor beschildert ist. Über einen Feldweg erreichen wir den Wald; hier halten wir uns geradeaus, während der breitere Forstweg nach links schwenkt. Nach wenigen Minuten umkurven wir das Grundstück mit dem einsamen Häuschen. Dann beginnt schon der wunderbare Bohlenweg, der uns trockenen Fußes mitten durch die Lange Filze, ein Hochmoor, führt. Ein

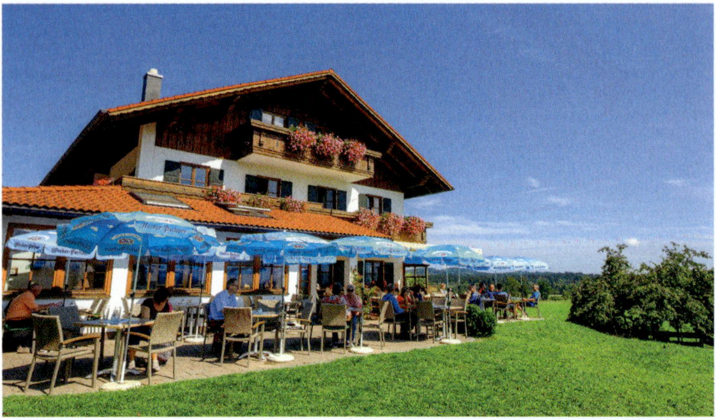

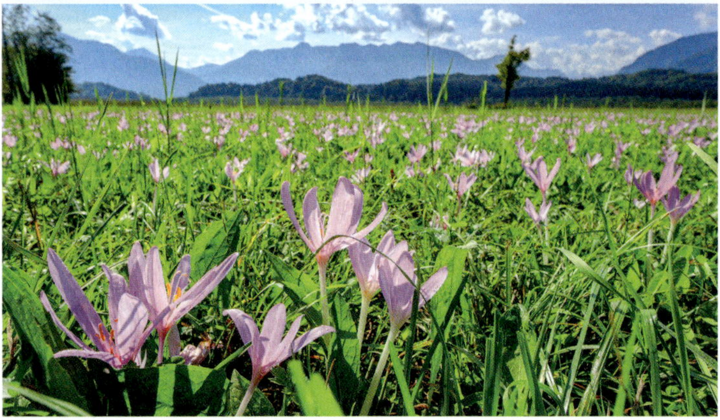

»Aus der Zeit wollt ihr einen Strom machen,
an dessen Ufern ihr sitzt und zuschaut, wie er fließt.
Doch das Zeitlose in euch ist sich der
Zeitlosigkeit des Lebens bewusst und weiß,
dass gestern nichts anderes ist als die Erinnerung
von heute und morgen der Traum von heute.«

Khalil Gibran

traumhafter Wegabschnitt liegt vor uns. Kleine Birken kämpfen mit Erlen und Latschen um die Vorherrschaft. Im Frühling blüht das Wollgras, während im Sommer Erika den Moorboden rosa bedeckt. Die Luft duftet würzig und erdig zugleich. Auf halbem Weg erreichen wir einen Unterstand mit Tisch und Bank, ein erster schöner Rastplatz. Noch nehmen die hölzernen Stege kein Ende. Eidechsen huschen bei unseren Schritten von ihren sonnigen Holzdielenplätzen und Libellen tanzen um die kleinen Mooraugen links und rechts des Weges. Diese Mini-Wasserstellen sind eigentlich Quellen, denn aus dem Untergrund drückt das Grundwasser durch den moorigen Torfboden.

**Sonnige Weite** Schließlich enden die Bohlen und wir wandern wieder in den Wald. An allen folgenden Kreuzungen bleiben wir in ursprünglicher Wanderrichtung und verlassen schließlich den Wald, um über die weiten Flächen zum eigentlichen Murnauer Moos leicht abwärts zu wandern. Wenn wir die kleine Brücke über den Lindenbach erreichen, liegt die ganze weite Moorlandschaft vor uns. Wir queren den Bach und folgen nun dem breiteren Weg nach rechts. Sehr sonnig verfolgen wir stets den Bachlauf, der fröhlich zwischen großen Weiden und Erlen durch das Moor mäandert und bald in nördliche Richtung schwenkt. Dann erreichen wir einen kleinen Weiher mit Aussichtshügel, ebenfalls ein beliebter Rastplatz für ein biss-

**↑ Zum Café Habersetzer in Grafenaschau führt ein Abstecher.**
**↓ Im Oktober blühen zahlreiche äußerst giftige Herbstzeitlose auf den Wiesen.**
**→ Über das Murnauer Moos auf die Berge bei Garmisch**

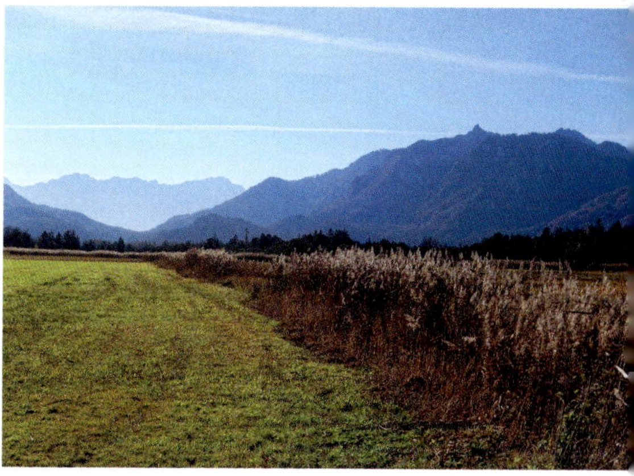

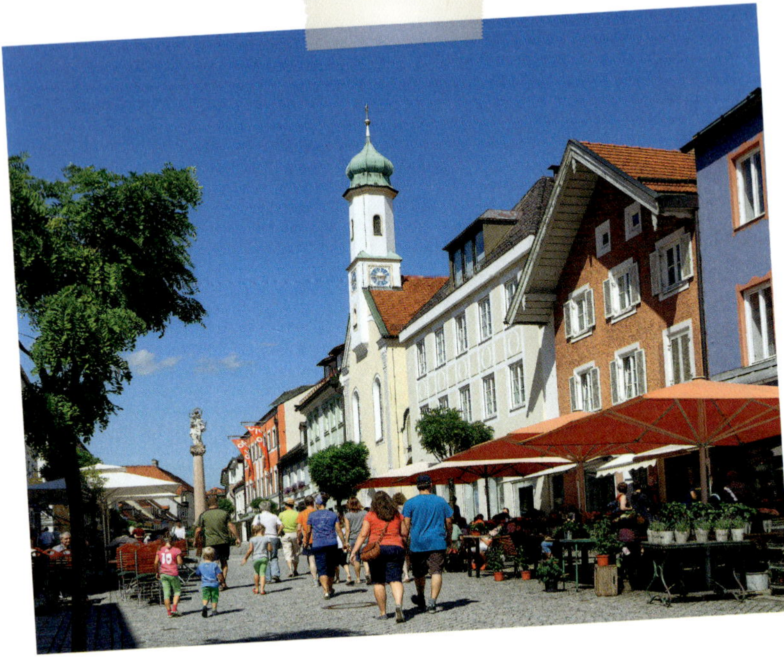

↑ **Der Tag lässt sich genussvoll im kleinen Städtchen Murnau ausklingen.**

chen Glücksgenuss und Panoramaschau. Wenig später treffen wir auf die kleine Nebenstraße, die von Westried nach Grafenaschau führt. Wer sich noch etwas kulinarisch verwöhnen lassen möchte, folgt ihr für etwa einen Kilometer nach links zum Café Habersetzer. Rechts geht es entlang der Straße zurück nach Westried.

## Info

Murnauer Moos: Das weite Moorgebiet entstand am Ende der Eiszeit aus einem See, der langsam verlandete. Es ist eines der größten Naturschutzgebiete Deutschlands und wurde seit der Unterschutzstellung 1992 weitgehend renaturiert. Nicht nur seine reiche Flora und Fauna faszinieren, auch die Lage am Fuße der Berge macht es zu etwas ganz Besonderem.

# AUF EINEN BLICK

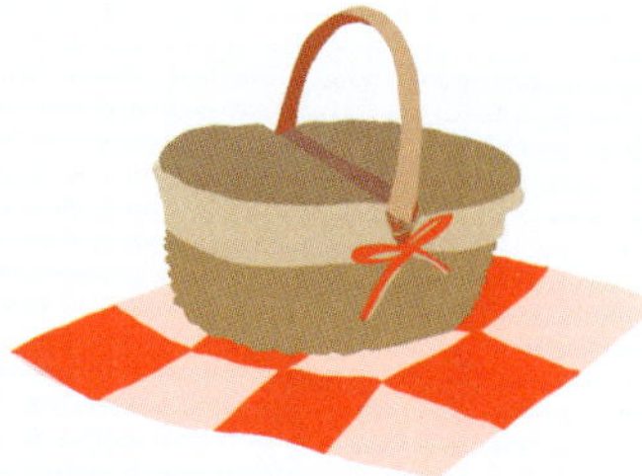

**Tour 8:** Tour ohne Uhr

**Dauer:** 2.30 Std.

**Höhenmeter:** 80 Hm

**Länge:** 8 km

**Schwierigkeit:** leicht

**Tourencharakter:** Rundwanderung mit viel Sonne. Die Holzbohlen können nach Regen etwas rutschig sein. Die restliche Strecke verläuft vorwiegend auf Feldwegen und einer wenig befahrenen Nebenstraße.

**Ausgangs-/Endpunkt:** Bahnhof in Murnau-Westried

**Anfahrt:** **Pkw:** Auf der A 95 bis Ausfahrt Murnau. Weiter nach Murnau und dort auf der St 2062 weiter in Richtung Bad Kohlgrub. Im Ortsteil Westried nach der Bahnunterführung links und am Wegedreieck erneut links zum Westrieder Bahnhof.
**Bahn/Bus:** Mit der Bahn über Murnau in Richtung Oberammergau, Haltestelle Murnau-Westried

**Einkehr:** Café Habersetzer in Grafenaschau (Mo, Di Ruhetag)

**Information:** www.murnau.de

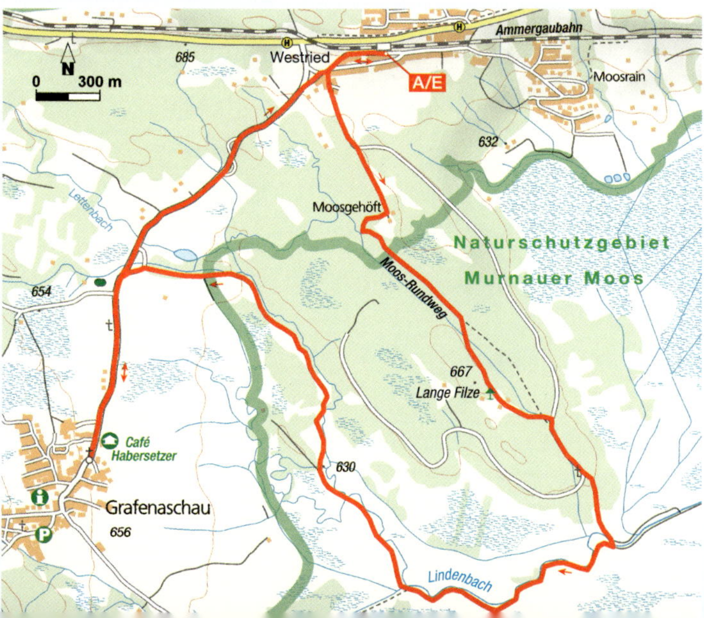

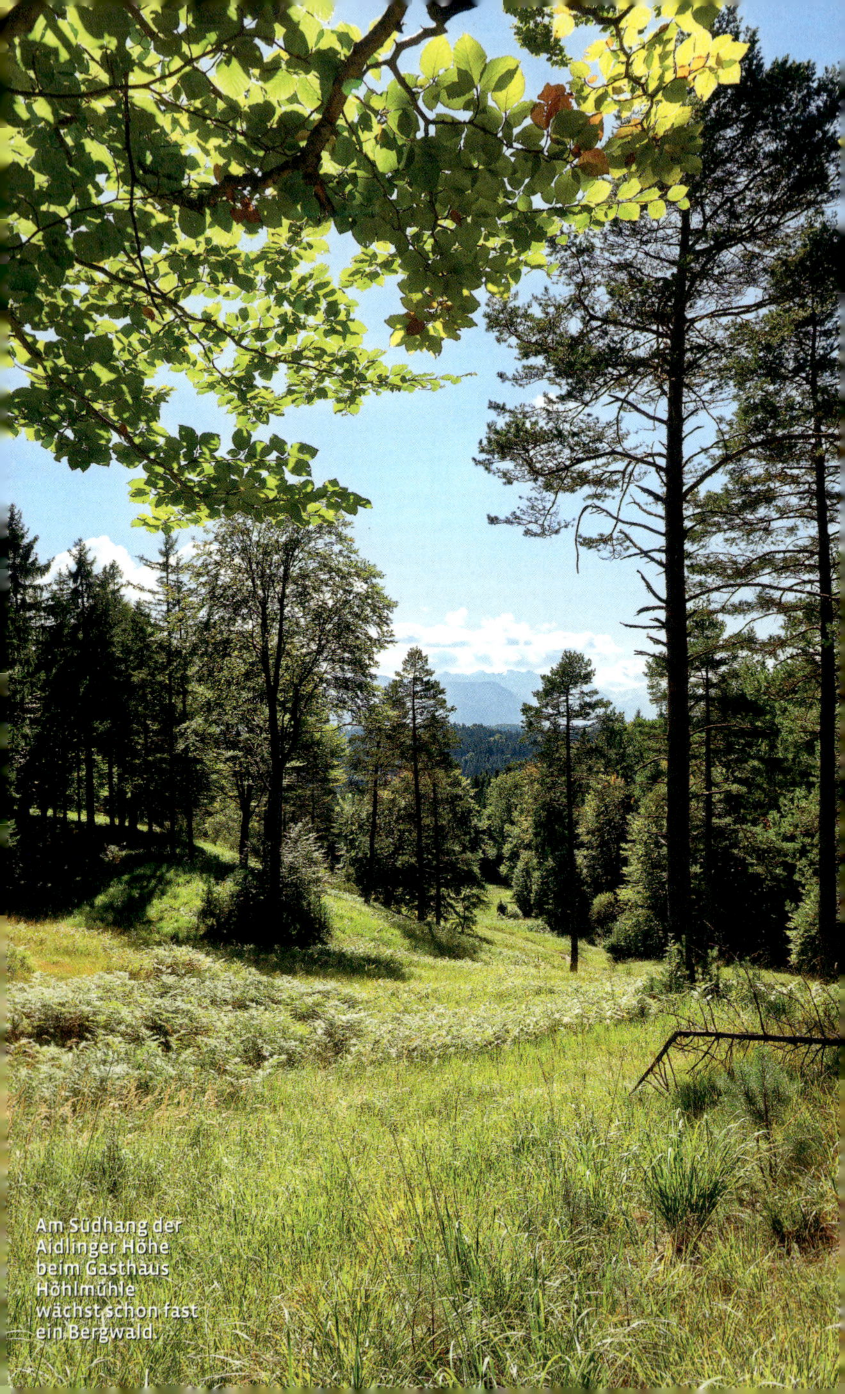

Am Südhang der Aidlinger Höhe beim Gasthaus Höhlmühle wächst schon fast ein Bergwald.

Tour
TOUR 9
der Stille

# ÜBER DIE AIDLINGER HÖHE

## Abseits des Trubels

Die Wanderung auf die Aidlinger Höhe beweist ihre Qualität besonders an heißen Sommertagen. Sie führt durch schattigen Wald, der Biergarten der Höhlmühle trägt zu unserem Wohlbefinden bei und nach der Rückkehr lädt der nahe Riegsee zur Abfrischung.

**Muttergottes von Lourdes** Wir laufen auf der Dorfstraße um den Kirchenhügel herum und folgen der Straße bis zu den letzten Häusern. Dort öffnet sich die Landschaft nach Süden. Wir sind auf der Aidlinger Höhe unterwegs und ein Panoramawegstück liegt vor uns. Wir treffen auf eine Wegverzweigung, über den rechten Weg werden wir später zurückkommen. Jetzt steigen wir links eine gepflasterte Straße aufwärts (Schild »Rundweg Höhlmühle«). Oben am Waldrand verzweigt sich der Weg erneut, wir wählen wieder den linken und steigen nun abwärts. Der Weg wendet sich langsam nach rechts und wir stoßen auf einen Weg, der von links aus dem Tal heraufkommt. Hier weist uns das Rundwegschild geradeaus. Ein anderer Wegweiser nach links zu einer Grotte weckt unsere Neugier und wir steigen für einen Abstecher abwärts. Weit ist es nicht, nach gut hundert Metern finden wir eine künstliche Höhle mit der Figur der Muttergottes von Lourdes und eine Rastbank.

**Forsthaus Höhlmühle** Zurück auf unserem Weg, wandern wir in ursprünglicher Richtung weiter und ignorieren alle Abzweigungen. In einem Bogen steigen wir zu einer Fahrstraße ab, die uns rechts zum Forsthaus Höhlmühle führt. Der Biergarten des Gasthauses eignet sich hervorragend für eine ausgiebige Brotzeit. Weiter geht es etwa 200 Meter die Fahrstraße zur Straßenabzweigung nach Aidling. Auf dieser wandern wir nochmals 200 Meter, bis uns die Wegweiser rechts aufwärts in den Wald schicken. Nach etwa 15 Minuten biegt ein kleinerer Weg nach links ab. Achtung, die Wegweiser sind etwas verdeckt. Nun geht es über den Südhang des

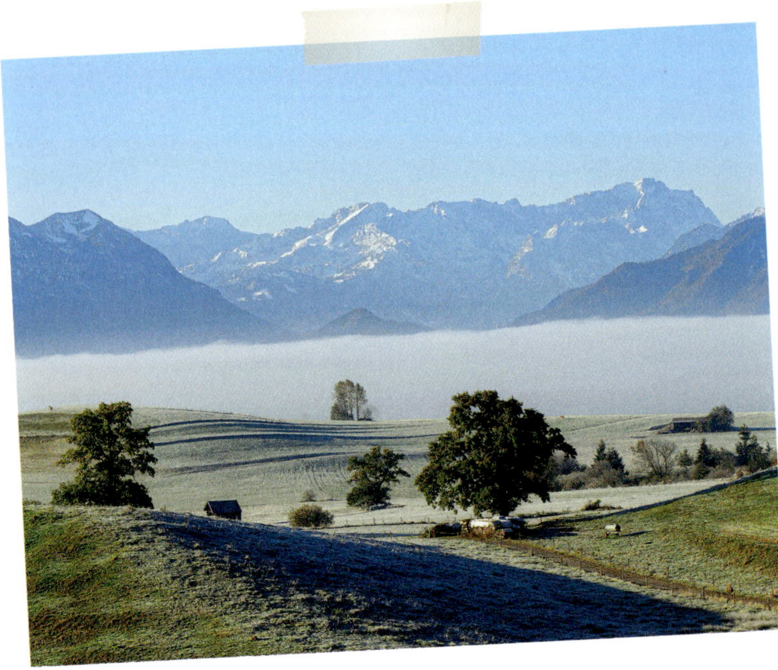

↑ **Die Aussichten auf die Zugspitze sind zu jeder Jahreszeit schön.**

Aidlinger Höhenrückens zurück zur Abzweigung, die wir kennen. Wir genießen noch einmal die herrliche Aussicht, bevor wir zum Ausgangspunkt zurückkehren. Zum Abschluss können wir noch einen Blick in die Dorfkirche werfen. Sie ist dem Hl. Georg geweiht und mit einem bezaubernd zarten Stuck ausgeschmückt.

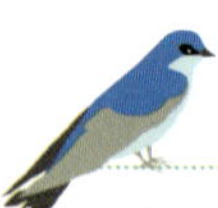

## Tipp

Baden im Riegsee: In den Sommermonaten lockt der nahe Riegsee zu einem Sprung ins Wasser. Mit etwas Glück können wir auf den Wiesen rund um den See einige Störche beobachten. Sie finden hier genug Nahrung und liefern manchmal wahre Naturschauspiele, wenn sie sich gemeinsam in luftige Höhen schrauben.

# AUF EINEN BLICK

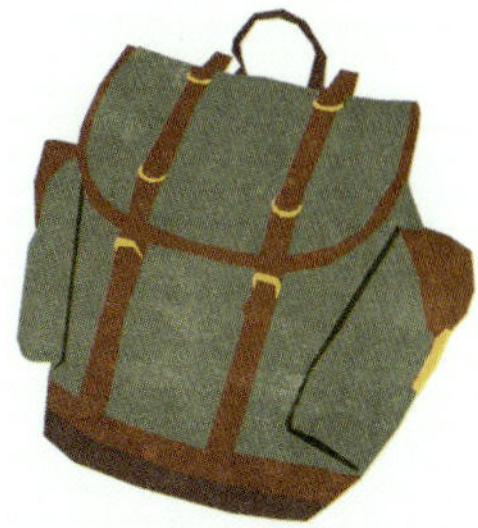

**Tour 9:** Tour der Stille

**Dauer:** 2.15 Std.

**Höhenmeter:** 200 Hm

**Länge:** 7,5 km

**Schwierigkeit:** leicht

**Tourencharakter:** Rundwanderung mit viel Schatten, vorwiegend auf bequemen Forststraßen und einer wenig befahrenen Nebenstraße

**Ausgangs-/Endpunkt:** Pfarrkirche St. Georg in Aidling

**Anfahrt: Pkw:** Auf der A 95 bis Ausfahrt Sindelsdorf, weiter auf der B 472 zuerst in Richtung Peißenberg, dann links Richtung Murnau. Beim Riegsee links ab nach Aidling. Hinter der Kirche gibt es Parkplätze.
**Bahn/Bus:** Mit der Bahn bis Murnau, dann weiter mit dem Bus nach Riegsee, von dort mit dem Bus 9620 nach Aidling

**Einkehr:** Gasthof Forsthaus Höhlmühle (Pächterwechsel – Öffnungszeiten bitte vor Besuch prüfen)

**Information:** www.riegsee.de

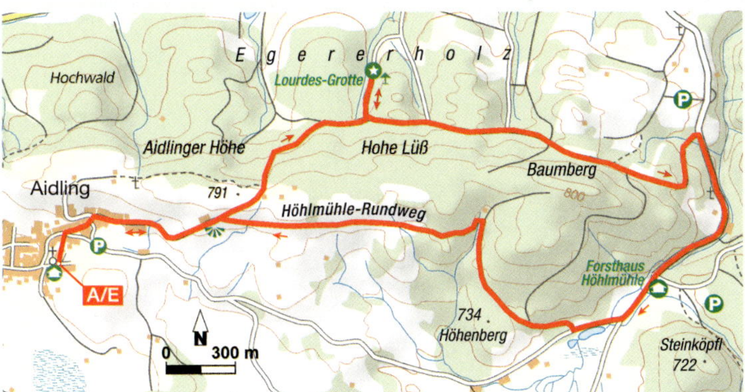

Die kleine
Dorfkirche von
Habach im
Morgenlicht

Tour
TOUR 10
der Stille

# HABACHER FELDWEGE

## Glücklich mit Aussicht

Der reizvolle Rundweg nördlich von Habach bietet einsame Wege, weite Wiesen und Felder, idyllische Weiher und Moore, einen Badesee sowie ein Bauernhof-Café. Ein prächtiges Alpenpanorama gibt's obendrauf – das reicht für glückliche Stunden.

**Ins Moorgebiet** Vom Rathaus in Habach folgen wir der Hauptstraße nach Westen, biegen links in die Hofheimer Straße und queren nach dem letzten Bauernhof den Sindelsbach. Nach rechts bringt uns jetzt der Weg zum Dorfweiher, den wir fast umrunden. An seiner Nordseite führt uns dann ein Sträßchen bergauf zu einer größeren Straße, auf deren Wiesenrand wir nach links gehen. Sie mündet wenig später mit einem kleinen Linksknick in die Bundesstraße. Wenige Meter zuvor bleiben wir einfach geradeaus und folgen dem deutlich kleineren Weg, der sich nach rechts wendet. So erreichen wir ein Moorgebiet mit einem kleinen See, auf dem im Sommer Seerosen wachsen.

**Badevergnügen** Wir folgen dem Sträßchen nach Norden. An einem Schafstall wendet es sich nach rechts und mündet in eine weitere Straße. Auf ihr geht es für knapp 350 Meter nach links, dann biegen wir vor den Birken und dem Zeichen »Wasserschutzgebiet« rechts in einen Feldweg. Er führt in einem Bogen an einer Baumreihe entlang. In der Mitte des Bogens zweigt ein Feldweg in nördliche Richtung ab. Ihm folgen wir und passieren einen auffällig windschiefen Schuppen. Jetzt müssen wir etwas Orientierung beweisen, denn es gibt keine Beschilderung. Wenn der Weg sich nach links wendet, verlassen wir ihn nach rechts und wandern weglos entlang eines kleinen Entwässerungsbachs weiter. Nach 150 Metern stoßen wir wieder auf einen Feldweg, dem wir nach rechts zum Wald folgen. Bei einer Scheune am Waldrand wenden wir uns nach links und steuern auf die Häuser von Rieden zu. An der kleinen Teerstraße geht es nun rechts

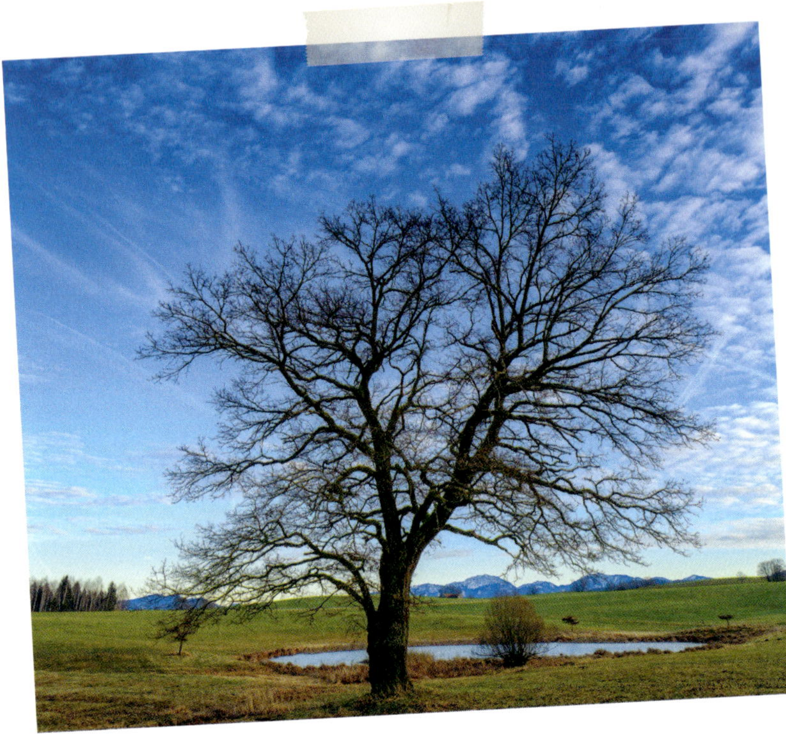

↑ **Viele kleine, oft namenlose Weiher liegen an unserer Strecke.**

haltend zu Lisa's Hofladen mit kleinem Café. Nach kurzer Rast folgen wir der kleinen Straße und legen am Koppenbergweiher noch eine Badepause ein. Dann biegen wir nach Süden und erreichen die Häuser von Habach, wo uns der Kirchturm den Weg zurück weist.

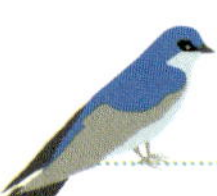

## Tipp

Variante: Der Weg lässt sich natürlich auch in entgegengesetzter Richtung wandern. Dann liegt das Alpenpanorama länger direkt vor unserer Nase. Doch wenn wir zum Abschluss der Tour einkehren und baden möchten, ist die oben beschriebene Richtung besser.

# AUF EINEN BLICK

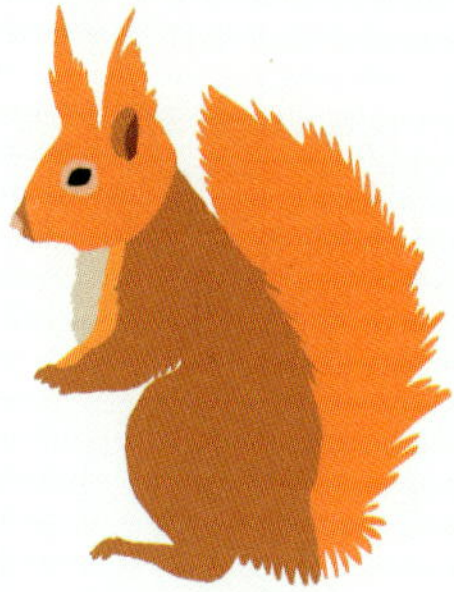

**Tour 10:** Tour der Stille

**Dauer:** 2 Std.

**Höhenmeter:** 50 Hm

**Länge:** 7,5 km

**Schwierigkeit:** leicht

**Tourencharakter:** Sonnige Rundwanderung mit wenig Beschilderung, deshalb ist etwas Orientierung nötig. Vorwiegend auf bequemen landwirtschaftlichen Sträßchen, Feldwegen und einem kleinen Wiesenpfad. Bademöglichkeit im Sommer in einem Weiher.

**Ausgangs-/Endpunkt:** Rathaus in Habach

**Anfahrt:** **Pkw:** Auf der A 95 bis Ausfahrt Sindelsdorf, weiter auf der B 472 zuerst in Richtung Peißenberg, dann rechts nach Habach. Das Rathaus liegt in der Hauptstraße/Hofmark 1. Parkplätze gibt es im Steinweg unterhalb der Sportplätze. **Bahn/Bus:** Mit der Bahn bis Penzberg, dann weiter mit dem Bus nach Habach

**Einkehr:** Lisa's Hofladen in Rieden direkt an der Strecke (Do, Fr, Sa geöffnet), neben den landwirtschaftlichen Produkten gibt es hausgemachtes Brot und sensationelle Kuchen in sehr netter Atmosphäre (Winterpause!). In Habach gibt es das Bistro Zum Trödler, Hauptstr. 13 (nur ab 18.30 Uhr, Mo Ruhetag).

**Information:** www.habach.de

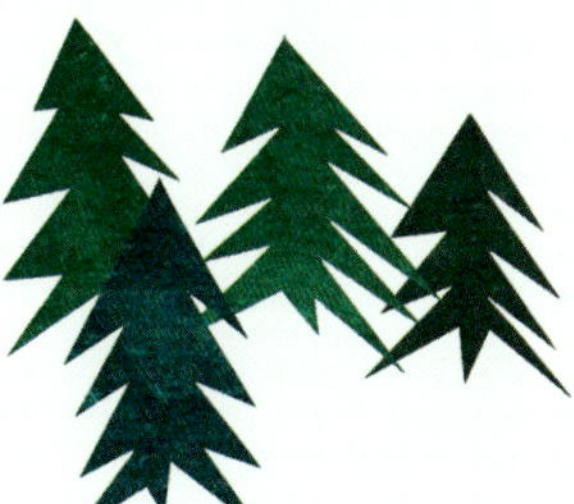

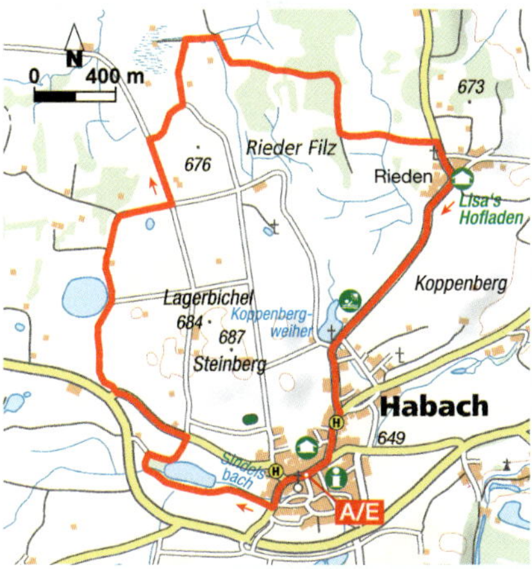

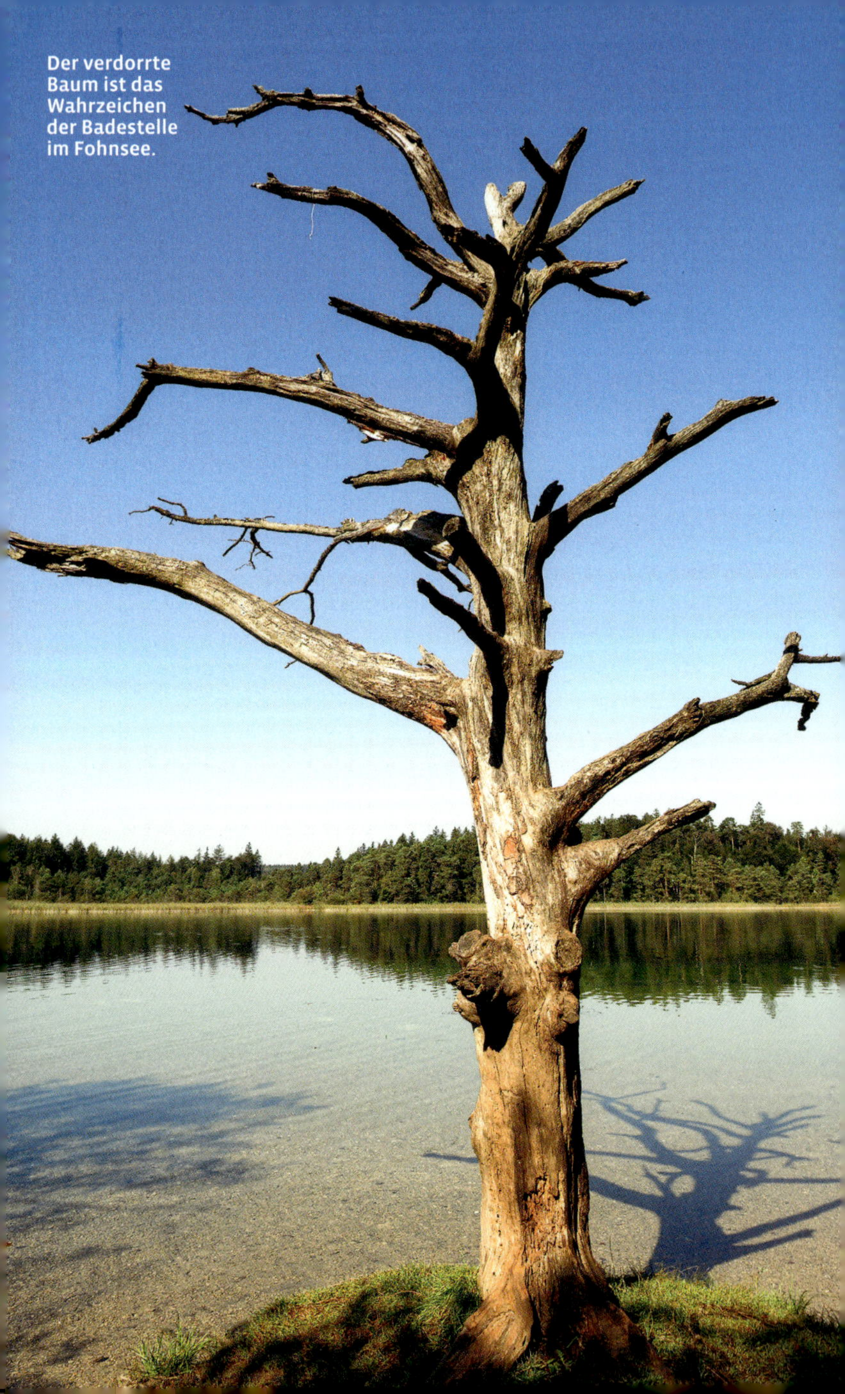

Der verdorrte Baum ist das Wahrzeichen der Badestelle im Fohnsee.

# RUND UM DIE OSTERSEEN

Tour für TOUR 11 die Sinne

## Geotop zum Innehalten

Eine Farbpalette zwischen Türkisblau, Hellgrün und Eisblau liefern die Osterseen je nach Wetter und Sonnenschein. Es gibt aber auch Tage, da ist ihr Wasser ganz dunkel, fast schon mystisch, und macht ihrem Namen »Toteisseen« alle Ehre.

**Relikte der Eiszeit** Die Osterseen liegen südlich des Starnberger Sees und bilden ein ganzes Seengeflecht. Insgesamt sind es über 20 kleinere und größere Seen, manche davon bereits fast schon verlandet. Die Osterseen sind ein Überbleibsel aus der Eiszeit. Als sich die Gletscher zurückzogen, blieben gewaltige Eisblöcke liegen. Durch das Schmelzwasser wurden sie teilweise mit Gesteinsschutt bedeckt. Wahrscheinlich hat es gut 1000 Jahre gedauert, bis diese Eisreste geschmolzen sind. Zurück blieben offene, mehr oder weniger große Wasserflächen, die Toteisseen genannt werden. Unter Naturschutz gestellt, hat sich bei Iffeldorf ein einzigartiges Biotop entwickelt, in dem wir nicht nur viele Libellen, Amphibien oder Vögel beobachten können; auch die dort wachsenden Blumen und das leise im Wind raschelnde Schilf sind äußerst sehenswert. Obendrein können wir natürlich in den ausgewiesenen Badezonen ins Wasser hüpfen.

**Blaue Gumpe** Vom Parkplatz aus wandern wir geradeaus auf dem breiten Sträßchen weiter und folgen stets der Rundweg-Beschilderung. Das dichte Schilf entlang unseres Weges zeigt, wie feucht der Untergrund ist. Der Teerstraße, auf die wir bald treffen, folgen wir nach rechts. Nach 50 Metern können wir rechts einen kurzen Abstecher zum See einlegen. Er bringt uns zur Blauen Gumpe. Dort lässt uns ein Steg in den tiefen Quelltrichter des Seegrundes schauen, aus dem Grundwasser bester Qualität austritt.

**Malerischer Badeplatz** Wir gehen zur Abzweigung zurück und wandern weiter in Richtung Lauterbach (bezeichnet). Autos stören hier kaum, die

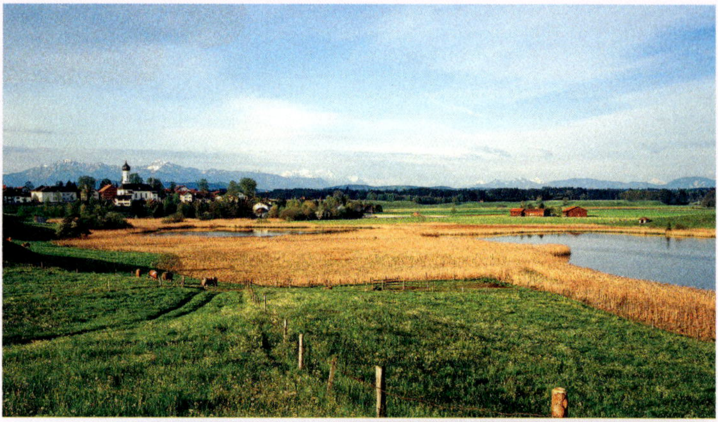

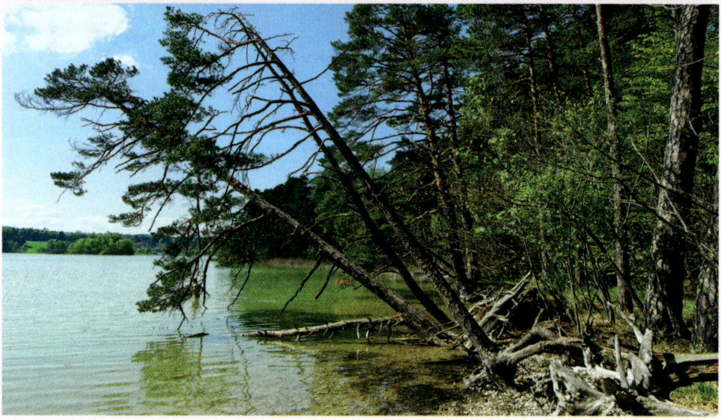

»Nur durch das Tor der Sinne zieht die Welt
in das Gemüt des Menschen ein.«

William Thierry Preyer

Straße ist nur für Anlieger freigegeben. Vor dem Gut Schwaig nehmen wir rechts den »Lauterbacher Seeweg« und gehen, jetzt wieder auf ungeteerter Straße, zuerst durch den Wald und dann über Weidewiesen. Hier bietet sich ein schöner Blick auf den See mit seinen Inseln und Buchten. Die private Herzklinik Lauterbacher Mühle lassen wir auf der rechten Seite liegen und folgen der Teerstraße nach rechts. Bald zweigt rechts der Wanderweg von der Teerstraße ab und wir haben das Nordende der Iffeldorfer Osterseengruppe erreicht. Am Bahndamm wendet sich der Weg nach rechts und führt nun in südlicher Richtung zurück. Jetzt folgt ein sehr guter Badeplatz, er liegt ganz in der Nähe von Gut Aiderbichl, dem bekannten Gnadenhof für Tiere. Hier können wir eine Rast oder Badepause einlegen.

**Stärkung mit Steckerlfisch** Das Schild »Rundweg Ostersee« weist uns wieder zum Wasser hinunter und wir folgen nun immer dem Seeufer. Dann hat der Große Ostersee ein Ende und wir wandern an der beschilderten Abzweigung dem Rundweg 5 in Richtung Fohnsee nach. Über eine Brücke queren wir den Wasserlauf, der den Fohnsee und Staltacher See verbindet. Über ein Campingplatzgelände erreichen wir einen Wanderparkplatz und eine weitere tolle Badestelle. Überdies bremst uns das Fohnseestüberl mit seiner großen Terrasse und frischem Steckerlfisch aus. Es ist gar nicht so

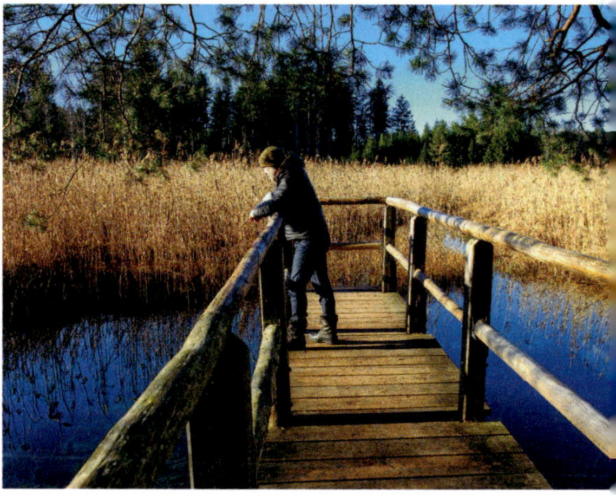

- ↑ **Iffeldorf liegt am Südende der Osterseen.**
- ↓ **Bizarr ragen die Bäume über die Wasserflächen.**
- → **An der Blauen Gumpe**

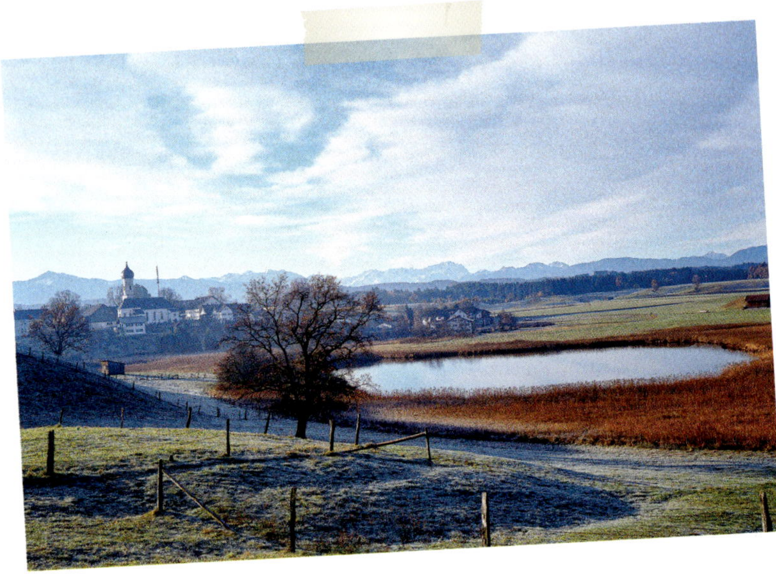

↑ **Wenn kein tiefer Schnee liegt, können wir zu dieser Wanderung das ganze Jahr über starten.**

leicht einen der aufgespießten und über Holzkohle gegrillten Saiblinge zu erwischen, sie sind immer schnell ausverkauft. Aber es gibt genügend andere leckere Alternativen auf der Speisekarte. Nach der Pause wandern wir zunächst in den Fohnseeweg und dann geradeaus in die Osterseestraße hinein. Das letzte Stück geht es zwischen den Häusern und dem kleinen Sengsee unterhalb der St.-Vitus-Kirche zum Ausgangspunkt zurück.

## Tipp

Ein Fest für die Sinne: Zwischen mystisch dunklen Toteisseen und sonniger Moorlandschaft führt ein wunderschöner Weg am Wasser entlang. Dramatisch wachsen Bäume auf die Wasseroberfläche hinaus, daneben stehen knorrige, verfallene Baumstümpfe im vielfarbig schillernden Moorwasser. Darin spiegeln sich die nahen Berge. Ein wunderbarer Ort, um nachhaltig zur Ruhe zu kommen.

# AUF EINEN BLICK

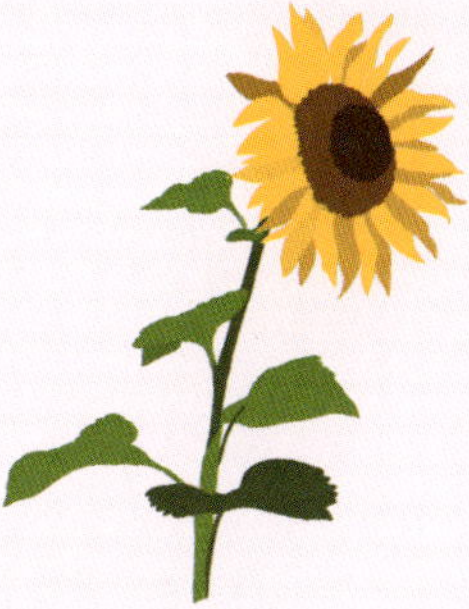

**Tour 11:** Tour für die Sinne

**Dauer:** 3 Std.

**Höhenmeter:** 40 Hm

**Länge:** 12 km

**Schwierigkeit:** leicht

**Tourencharakter:** Bequeme Rundwanderung, geeignet das ganze Jahr über. Mit viel Sonne und tollen Badegelegenheiten im Sommer. Fast ausschließlich auf Wanderwegen, nur kurze Abschnitte teilen wir uns mit dem Verkehr.

**Ausgangs-/Endpunkt:** Wanderparkplatz »An der Jägergasse« in Iffeldorf

**Anfahrt: Pkw:** Auf der A 95 bis Ausfahrt Penzberg, dort rechts und in Iffeldorf links über die Bahngleise. In der Ortsmitte von Iffeldorf nach dem Kriegerdenkmal rechts abwärts zum großen Wanderparkplatz.

**Bahn/Bus:** Mit dem Zug von München Richtung Garmisch, Haltestelle Iffeldorf/Staltach. Die Wanderung beginnt dann am Ostufer.

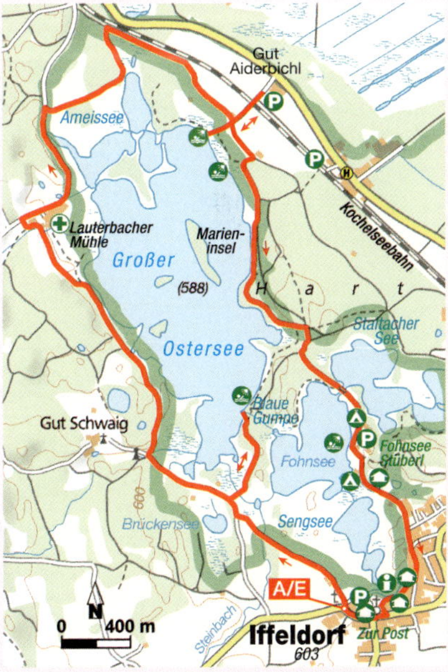


**Einkehr:** Landgasthof Osterseen in Iffeldorf mit großer Terrasse und weitem Blick über die Seen- und Moorlandschaft (Di Ruhetag); Fohnseestüberl am Badegelände (Mo Ruhetag)

**Information:** www.iffeldorf.de

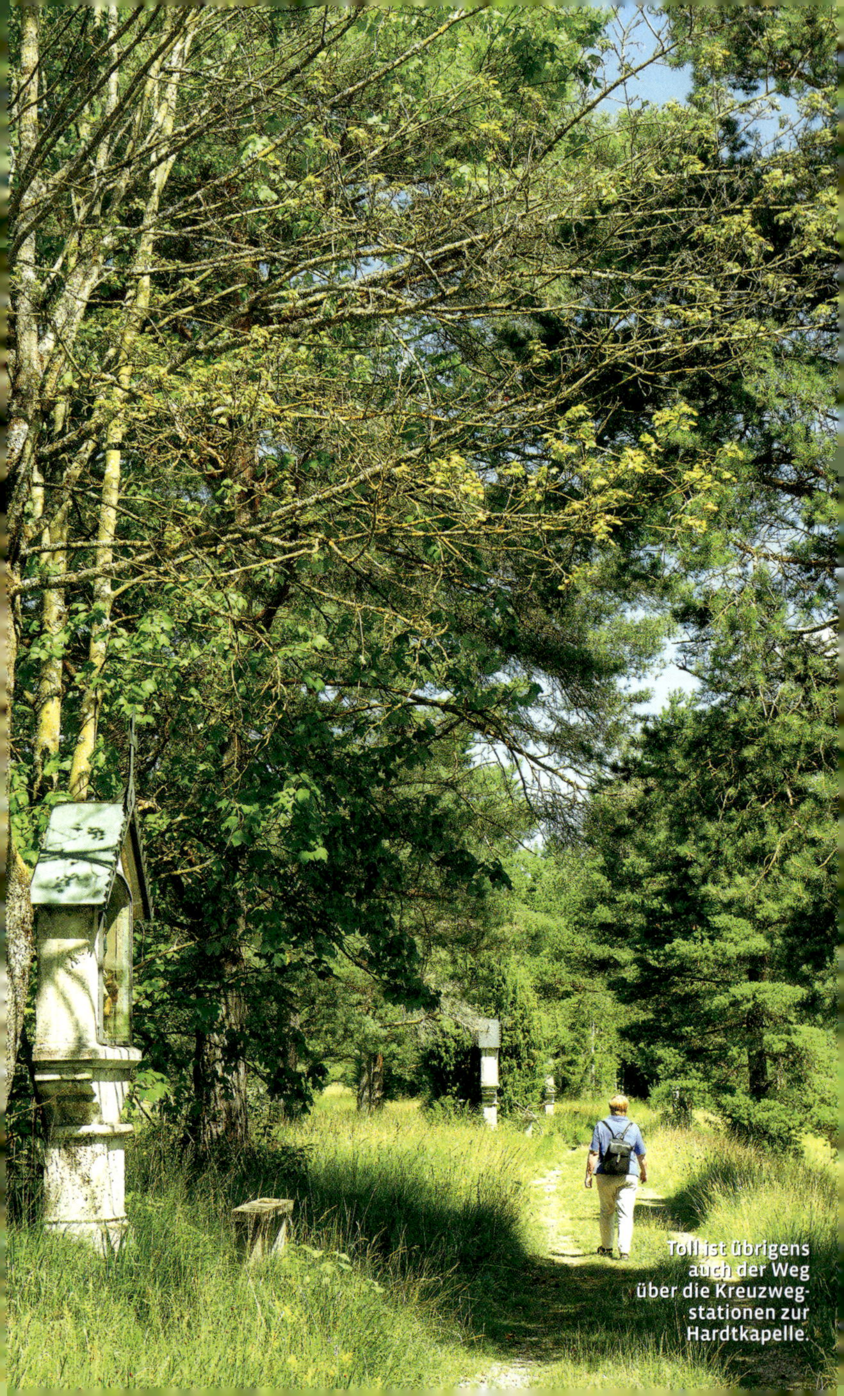

Toll ist übrigens auch der Weg über die Kreuzwegstationen zur Hardtkapelle.

# IM BLÜTENRAUSCH DER HARDTWIESEN

Tour für die Sinne

TOUR 12

## Durchs Blumenbiotop

Wie leer wäre die Welt ohne Blumen? Wievielmal schöner ist eine Blütenpracht, ewiges Bild für buntes Leben, Vielfalt und einzigartige Natur! So erfreut die Wanderung durch die Hardtwiesen nicht nur unsere Augen, sondern auch unser Gemüt.

**Blumenmeer Hardtwiesen** Vom Parkplatz unterhalb der Hardtkapelle wandern wir, mit der Kapelle im Rücken, zunächst auf der Straße für etwa 500 Meter nach rechts und biegen dann links in die kleine Straße ein, die uns zum Weiler Hardtwiese führt. Schon bald haben die landwirtschaftlich genutzten Felder ein Ende und wir wandern staunend durch das reiche Blütenmeer, das die Hardtwiesen berühmt gemacht hat. Feucht- und Trockenbiotope wechseln sich ab und sind der Nährboden einer üppigen Natur. Je nach Jahreszeit blühen auf den Hardtwiesen die unterschiedlichsten Blumen. Im Frühsommer etwa finden wir die rot leuchtende Sumpfgladiole vor und als Kontrast dazu die zarte weiße Graslilie. Die Orchideen sind mit dem Knabenkraut reichlich im Frühling vertreten und die normalen Wiesenblumen wie Wiesenflockenblume oder Weidenblättriges Ochsenauge blühen bis spät in den Sommer.

**Magnetsrieder Hardt** Wir passieren den Weiler Hardtwiese und biegen knapp einen Kilometer später nach links in Richtung Farchenbichl. Bevor wir den einsamen Hof erreichen, halten wir uns geradeaus. Der Pfad führt mitten ins Moor des Magnetsrieder Hardts hinein. Bald treffen wir wieder auf ein Asphaltsträßchen, das uns nach rechts mit feinstem Bergblick nach Magnetsried bringt, wo wir im Landgasthof Zur Quelle einkehren können. Für den Rückweg gehen wir in Magnetsried wieder an der Kirche vorbei, auf dem Hinweg, den wir schon kennen. Dann halten wir uns jedoch an

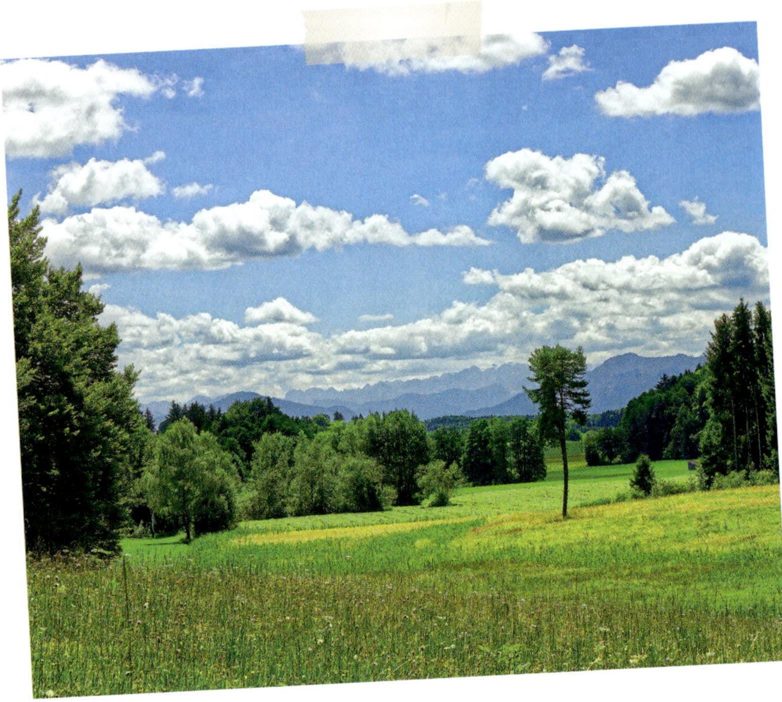

↑ **Jochberg, Karwendel und Herzogstand vom Naturschutzgebiet Hardtwiesen**

der Wegegabelung rechts. Nun führt uns der Weg nach Norden zurück und wieder mitten durch die Blumenwiesen. So erreichen wir die kleine Hardtkapelle am Parkplatz. Jetzt ist sicherlich noch Zeit, die Kapelle zu besichtigen oder einen Stadtspaziergang durch Weilheim zu unternehmen.

## Tipp

Weilheim: Die kleine Stadt mit viel Tradition war immer schon der wirtschaftliche Mittelpunkt des nördlichen Pfaffenwinkels. Eine Besichtigung lohnt und führt unweigerlich in die Altstadt, die von einer weithin erhalten gebliebenen Stadtmauer umgeben ist. Der Marienplatz mit dem alten Rathaus bildet das Herz der Stadt.

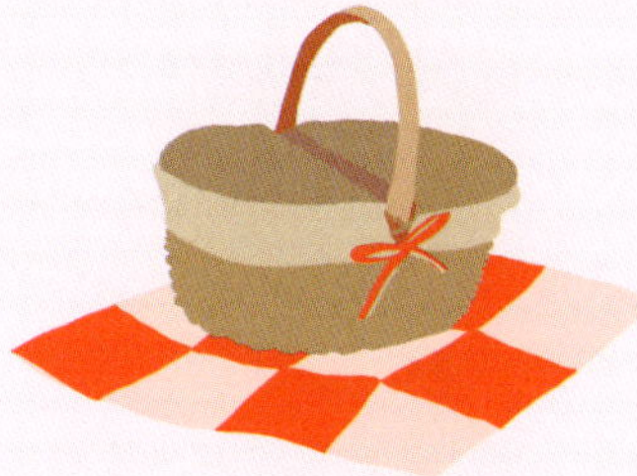

# AUF EINEN BLICK

**Tour 12:** Tour für die Sinne

**Dauer:** 3 Std.

**Höhenmeter:** 50 Hm

**Länge:** 10 km

**Schwierigkeit:** leicht

**Tourencharakter:** Sehr leichte und fast eben verlaufende Wanderung auf Feldstraßen und Wiesenwegen, für Kinderwagen geeignet. Trampelpfade, die nicht gesperrt sind, dürfen benutzt werden, Wege auf keinen Fall verlassen.

**Ausgangs-/Endpunkt:** Parkplatz an der Hardtkapelle nahe Weilheim

**Anfahrt:** **Pkw:** Auf der A 95 bis Ausfahrt Seeshaupt/Beuerberg, weiter über Seeshaupt nach Weilheim. Kurz nach der Ortseinfahrt rechts in den Narbonner Ring einbiegen, nach gut 500 Metern nochmals rechts auf die schmale Fahrstraße und dieser gut 5 Kilometer folgen bis zur Hardtkapelle.
**Bahn/Bus:** Mit der Bahn bis Weilheim, dann weiter mit dem Bus bis Magnetsried und die Wanderung von dort beginnen

**Einkehr:** Landgasthof Zur Quelle in Magnetsried (Do Ruhetag), in Weilheim großes Angebot verschiedenster Gasthäuser. Schön ist auch das Gasthaus Guggemos in Wilzhofen, wo wir eine Brotzeit vom Feinsten bekommen haben (Mo, Di Ruhetag). Ein großes Schild an der Anfahrtsstraße zur Hardtkapelle weist darauf hin (ca. 5 km).

**Information:** www.weilheim.de

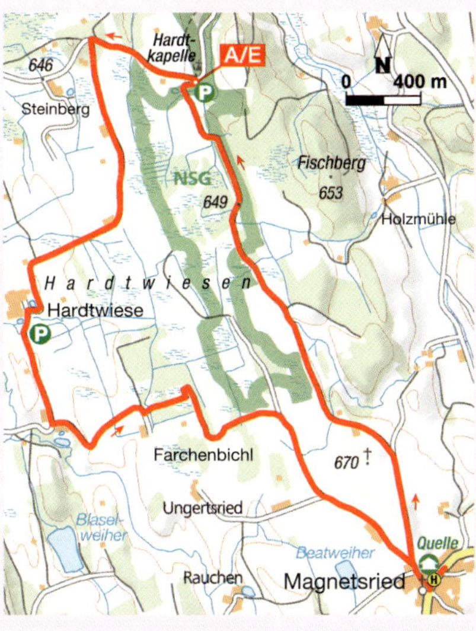

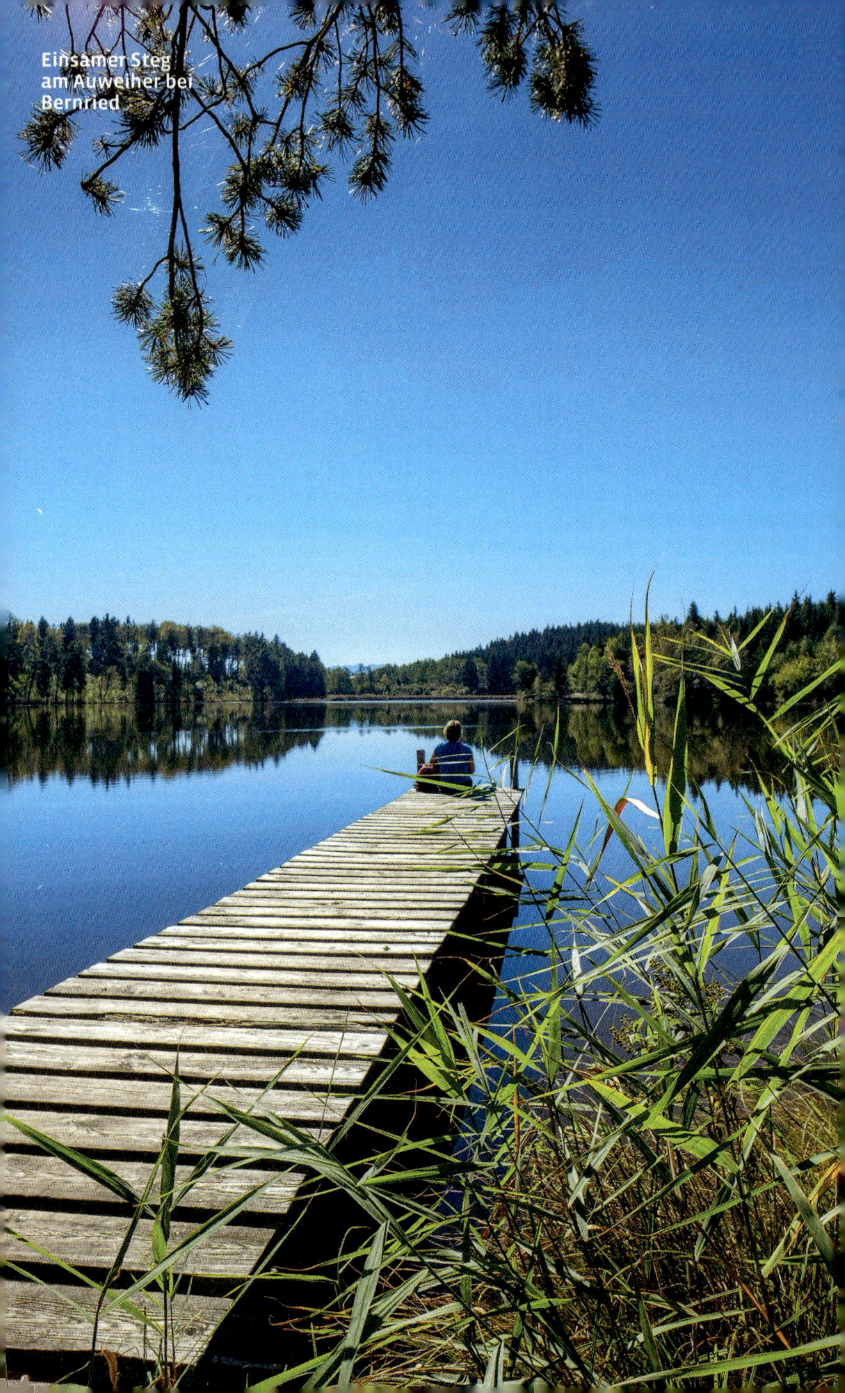

Einsamer Steg am Auweiher bei Bernried

# DIE BERNRIEDER KLOSTERWEIHER

Tour
TOUR 13
ohne Uhr

**Zeitlos zwischen Seen**

Bernried, das Dorf am Westufer des Starnberger Sees, ist prall gefüllt mit Kunst und Geschichte und umgeben von herrlicher Natur. Die Wanderung führt entlang vieler Klosterweiher, die einst zum ehemaligen Augustiner Chorherrenstift gehörten.

**Einladung zur Ruhe** Am Ende der Wanderung streifen wir den großen Starnberger See, wo wir den Tag, ohne auf die Uhr zu schauen, in aller Ruhe ausklingen lassen können. Dazwischen sind die Stunden ausgefüllt mit viel Ruhe und Muße, um die wunderbaren Weiher zu erkunden. Liegebänke laden zum Verweilen ein, Informationstafeln unterhalten mit meditativen Texten und obendrein faszinieren entlang des Weges immer wieder uralte knorrige Baumriesen in seltener Vielfalt. Auf unserer Wanderung begleitet uns stets das Symbol des Klosterweiher-Weges, zwei kleine verschlungene Fischlein.

**Hinaus in die Natur** Wir starten am Bernrieder Bahnhof und wandern in nördlicher Richtung entlang der Gleise auf der Bahnhofstraße. An ihrem Ende beginnt ein Fußweg, der uns bis zur Weilheimer Straße bringt. Hier wenden wir uns nach links und biegen dann noch einmal links in die Straße »Am Sportplatz« ein. Schon hier stehen einige riesengroße Bäume, von denen noch eine Menge mehr folgen. Nach wenigen Metern geht es rechts in den Hapberger Weg. An seinem Ende, hinter einem Bauernhof mit auffällig großen Kastanien, teilt sich der Weg. Links führt ein Abstecher zum sichtbaren Wasserturm; wir halten uns rechts und wandern nun über Felder.

**Neusee und Gallaweiher** An der nächsten Feldwegkreuzung geht es nach links und wir laufen mit herrlichem Alpenpanorama in den Wald

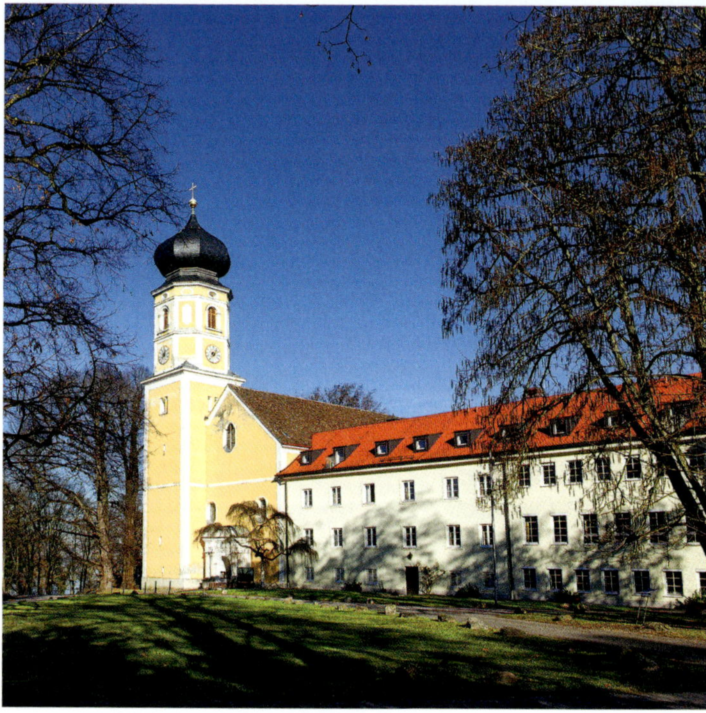

»Das Wasser ist ein freundliches Element für den,
der damit bekannt ist und es zu behandeln weiß.«

Johann Wolfgang von Goethe

hinein. Dort wendet sich der Weg nach rechts und führt leicht abwärts am ehemaligen Neusee entlang. Vom einstigen Weiher sind nur noch einige Schilfflächen und feuchte Wiesen zu sehen, der Rest ist verlandet. Nach dem Weiher wendet sich der Weg nach links und wandelt sich schließlich zu einem wurzeligen Pfad. Er führt uns zum Waldrand und dann leicht aufwärts entlang einer Wiese. Oben wendet er sich, nun wieder deutlich breiter, nach rechts und wir wandern auf einer Schneise durch einen Wald, bis wir auf eine Autostraße stoßen. Gegenüber, auf der anderen Seite, setzt sich unser Weg fort und bald erreichen wir das Nordufer des Gallaweihers. Ein Steg und eine Ruhebank laden zur Pause ein.

**Auweiher** Am Ende des Weihers steigt der Weg kurz an und führt entlang eines Zaunes hinunter zu den großen Pferdekoppeln des Bernrieder Gestüts. Das Pferdegestüt selbst liegt etwas südlich von hier im Weiler Unterholz und ist in Privatbesitz. Wir wandern nach links auf dem breit angelegten Weg zwischen den Pferdekoppeln, wo Hengste, Zuchtstuten und Fohlen wirklich viel Freiheit genießen. Am Ende der Zäune biegen wir nach rechts, unterqueren die Eisenbahn und erreichen mit weiterem Rechtsabbiegen den Auweiher. Wieder bremsen ein kleiner Steg und Ruheliegen unser Vorwärtskommen aus. Aber das ist das Schöne am Wandern ohne Uhr: Es eilt ja nichts …

**Hausstätter Weiher und Starnberger See** Weiter in östlicher Richtung wandern wir bald über Felder und feuchte Wiesen. Vorbei an Scheunen geht es dann nach rechts in den Wald und wir passieren den Hausstätter Weiher, der versteckt zwischen Bäumen liegt. Gleich

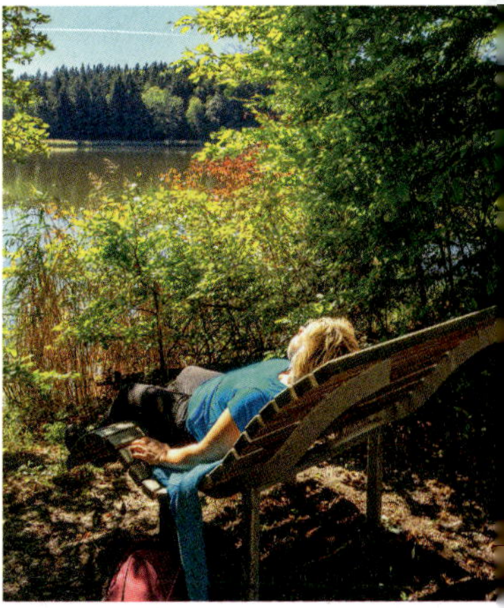

**← Das Kloster Bernried**
**→ Immer wieder laden auf der Strecke Ruhebänke zum Relaxen ein.**

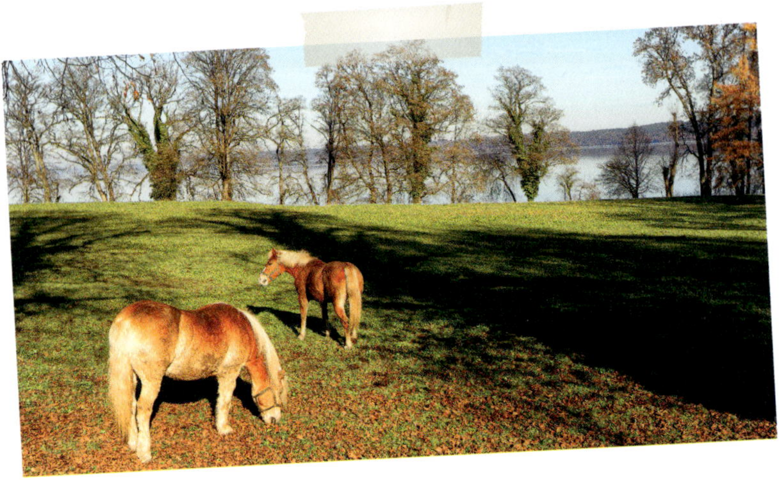

↑ **Haflinger grasen auf den Wiesen am Kloster Bernried.**

danach sind wir schon wieder am Ortsrand von Bernried. Auf dem Höhenrieder Weg erreichen wir die Allee mit den alten Bäumen, die die Weilheimer Straße flankieren. Wer gleich zum Bahnhof zurückmöchte, wandert hier nach rechts und dann links durch die Zugspitzstraße zum Ausgangspunkt. Viel schöner ist der Weiterweg hinunter zum Starnberger Seeufer. Dafür folgen wir noch vor der Weilheimer Straße dem kleinen Wiesenweg, der mit bester Aussicht hinunter zur Tutzinger Straße und zum Jachthafen Marina führt. Nach rechts oder geradeaus durch die Marina und dann entlang der Seepromenade lässt sich so noch hervorragend der Ort Bernried erkunden. Zurück zum Bahnhof geht es über die Dorfstraße in die Bahnhofstraße und dann immer der Nase nach.

## Info

Augustiner und Benediktiner: In Bernried stammen viele prächtige Bauten aus der Zeit der Augustinerchorherren. Später wurden sie von Adeligen übernommen, die obendrein weitläufige Parklandschaften anlegten. Das zeitweilig als Schloss genutzte Kloster kam erst 1949 wieder in Besitz einer Klostergemeinschaft. Benediktinerinnen betreiben dort heute ein Bildungshaus.

# AUF EINEN BLICK

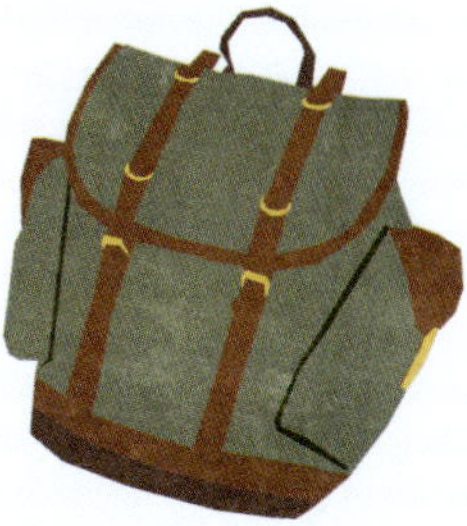

**Tour 13:** Tour ohne Uhr

**Dauer:** 3.45 Std.

**Höhenmeter:** 150 Hm

**Länge:** 13 km

**Schwierigkeit:** mittel

**Tourencharakter:** Leichte, aber etwas längere Runde auf Wanderwegen und Waldpfaden. Im Sommer Badesachen nicht vergessen. Brotzeit und Getränke mitnehmen, denn es gibt schöne Rastplätze, aber keine Einkehrmöglichkeiten unterwegs.

**Ausgangs-/Endpunkt:** Bahnhof in Bernried

**Anfahrt:** **Pkw:** Auf der A 95 bis Ausfahrt Seeshaupt und über Seeshaupt entlang des Starnberger Sees nach Bernried. Oder über Starnberg und Tutzing entlang des Westufers bis Bernried.
**Bahn/Bus:** Von München mit der Bahn über Tutzing nach Bernried

**Einkehr:** Unterwegs keine, erst am Ende der Tour gibt es in Bernried den netten Bernrieder Hofladen im Schlossgut Bernried, wo man auch Kaffee trinken kann (Mo Ruhetag). Unweit davon liegen die Konditorei Ziegler und das Gasthaus Drei Rosen.

**Information:** www.bernried.de

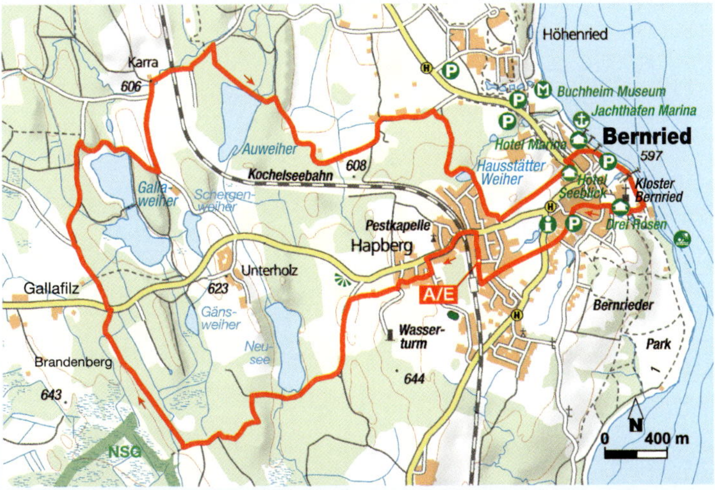

Bad Tölz liegt
direkt an der Isar.

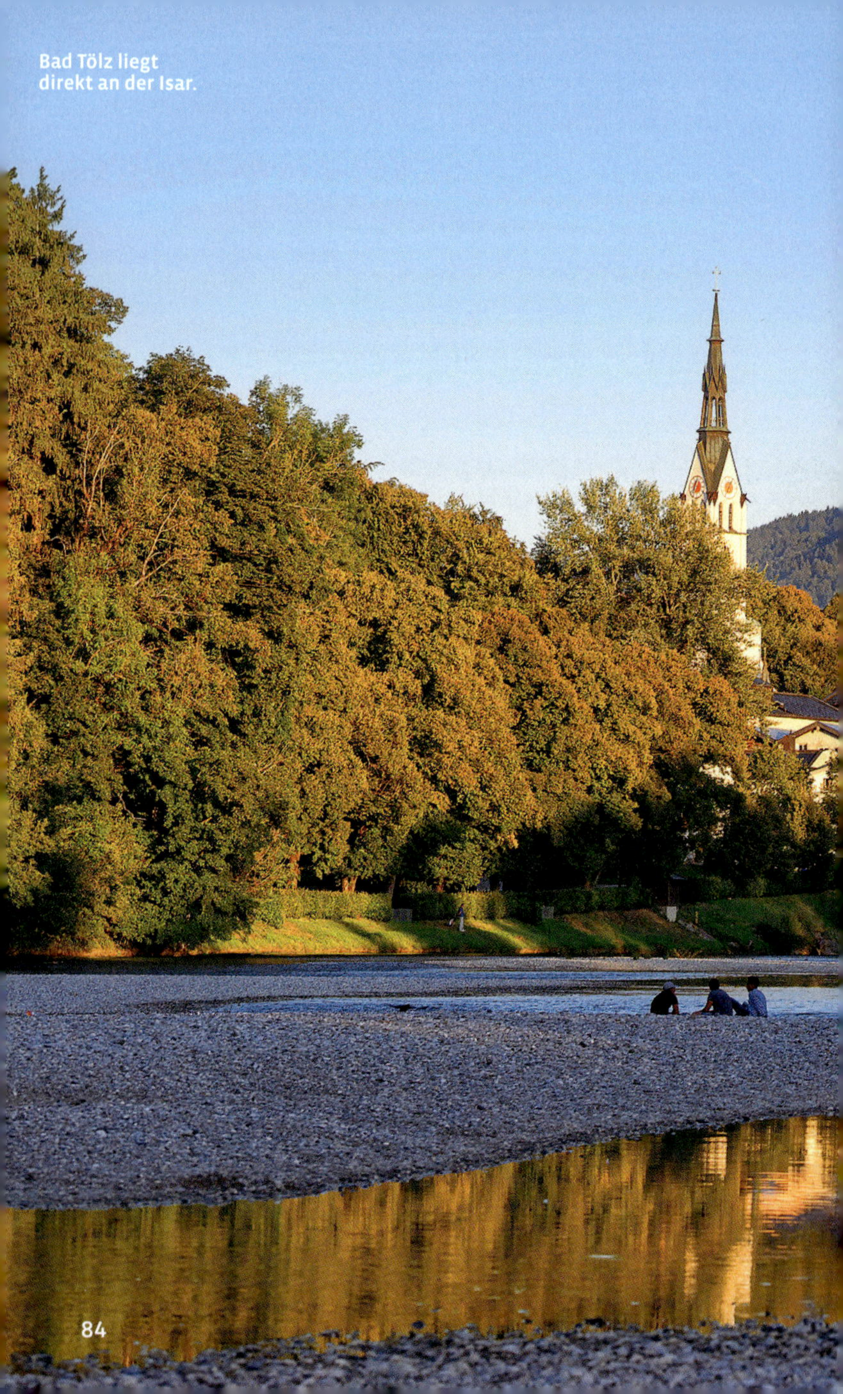

# HÜGELLAND ISARWINKEL UND LOISACHTAL

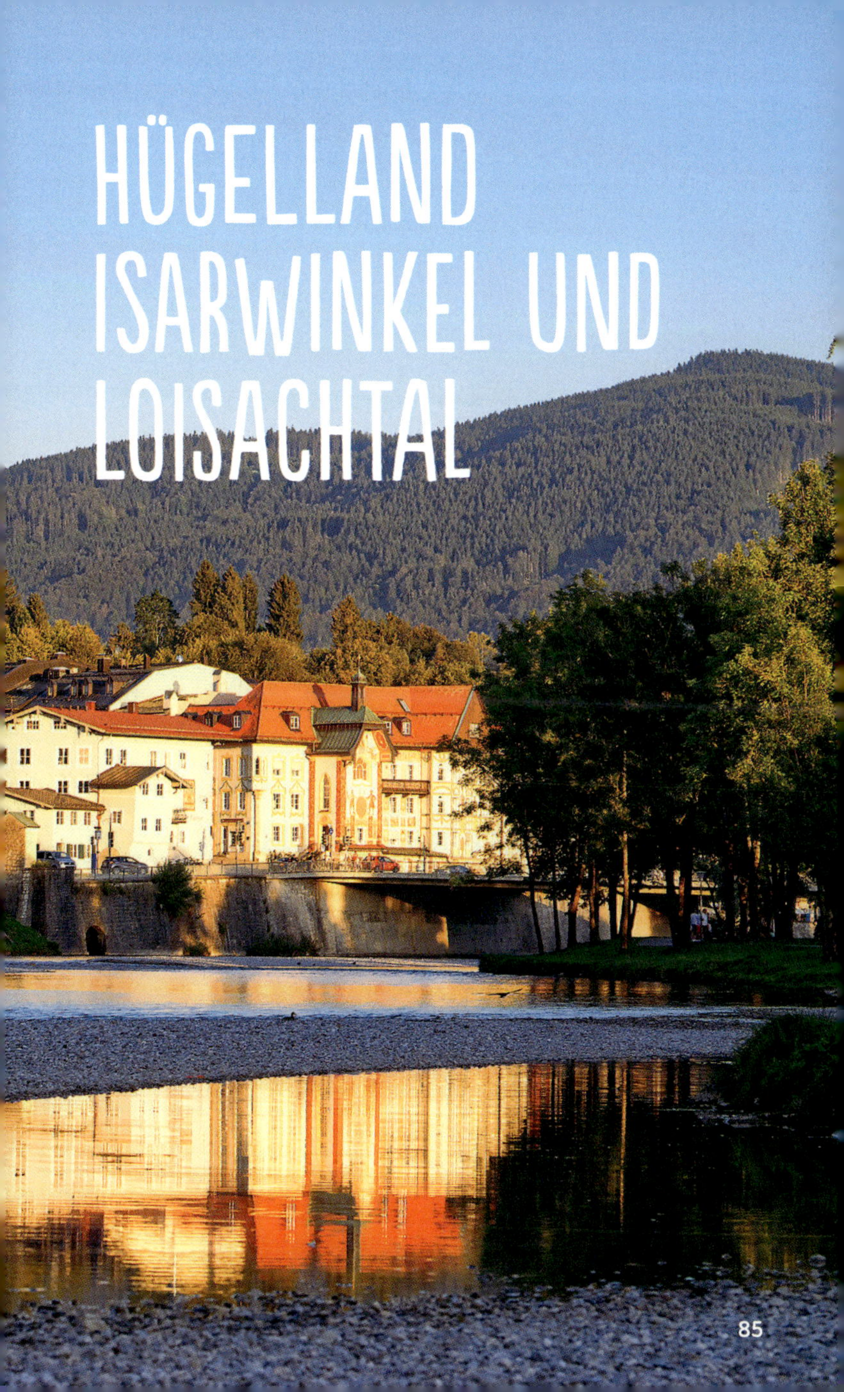

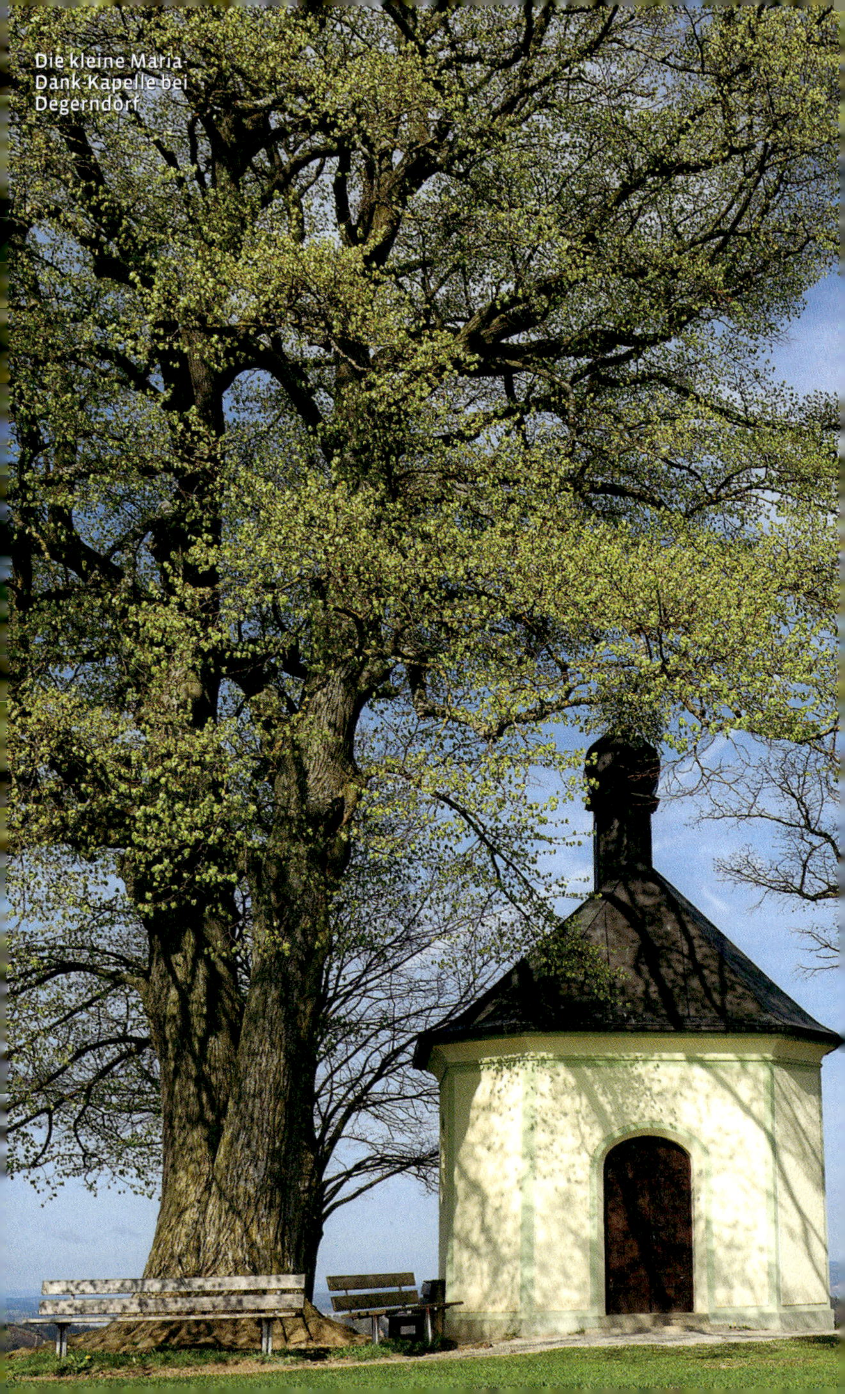

Die kleine Maria-Dank-Kapelle bei Degerndorf

# VON DEGERNDORF AN DEN STARNBERGER SEE

Tour für den Genuss
TOUR 14

## Schmankerltour mit Weitsicht

Auf dieser Wanderung sollten wir uns Zeit nehmen für den ein oder anderen Einkehrstopp. Aber nicht nur in kulinarischer Hinsicht ist die Tour eine echte Gourmetrunde. Wunderschöne Aussichtsplätze, alte Alleen und prima Badeplätze liegen am Weg.

**Zur Maria-Dank-Kapelle** Unterhalb der Degerndorfer Kirche wandern wir auf der Dorfstraße nach Süden. In die Straße Am Weiher biegen wir rechts ein und passieren selbigen. An der nächsten Kreuzung verlassen wir Degerndorf nach links auf der wenig befahrenen Straße. Die Abzweigung nach Ambach ignorierend, wandern wir zum nächsten Bauernhof und biegen rechts in den Feldweg, der uns zur Anhöhe mit der Maria-Dank-Kapelle hinaufführt. Gleich zu Beginn belohnt uns eine herrliche Aussicht. Vor uns liegt der Starnberger See und im Süden erhebt sich die Alpenkette. Ein bisschen Zeit, das alles zu genießen, räumen wir uns einfach ein. Danach steigen wir rechts abwärts zur kleinen Teerstraße, der wir bergab für etwa 800 Meter folgen. Dann biegen wir links auf den Feldweg, der an einer großen Scheune, die zur Hackschnitzelproduktion genutzt wird, in den Wald führt. Ein Schild mit der Aufschrift »Schloss Weidenkam« zeigt, dass wir richtig sind.

**Schloss Weidenkam** Im Wald folgen wir stets dem Hauptweg und erreichen bald das einzeln stehende Haus Birklkam. Hier biegen wir rechts ein, der Dampfersteg von Ambach ist bereits ausgeschildert. Nun wandern wir auf einer Allee entlang der leicht verwitterten, aber romantisch bewachsenen Weidenkamer Schlossmauer. Erst am Schlosstor sehen wir die Prachtvilla, die zu Beginn des 20. Jahrhunderts erbaut wurde. Weiter in Wanderrichtung, erreichen wir kurz darauf die große Autostraße, die um den

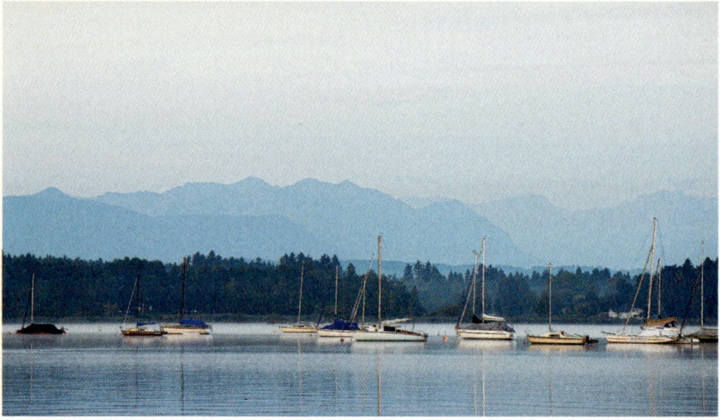

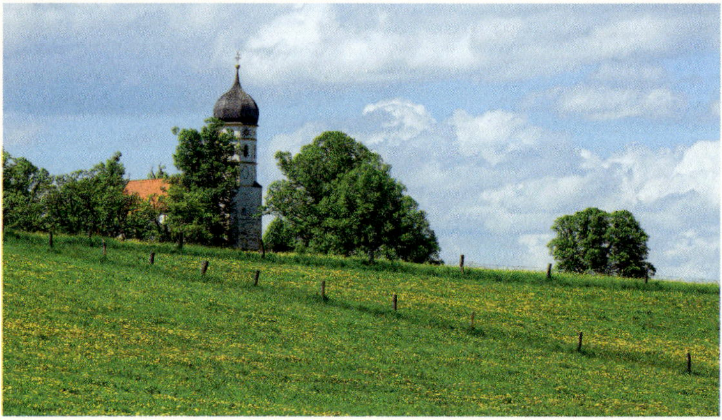

»Genieße mäßig Füll und Segen,
Vernunft sei überall zugegen,
wo Leben sich des Lebens freut.
Dann ist Vergangenheit beständig,
das Künftige voraus lebendig,
der Augenblick ist Ewigkeit.«

Johann Wolfgang von Goethe

Starnberger See führt. Wir queren die Straße etwas nach links, auf der gegenüberliegenden Seite beginnt wieder ein Wanderweg. Über eine Brücke und geradeaus die Treppen empor geht es auf einem Trampelpfad über eine Wiese auf einen Hügel. Vom Wiesenbuckel sehen wir den See schon ganz nah. Wir wandern auf die Hecke aus Sträuchern und Bäumen zu, halten uns links und schon beginnt wieder ein Feldweg, der uns an einem einsamen Haus vorbei direkt an die Seeuferstraße bringt. Nun sind es nur noch wenige Meter nach rechts und wir stehen am Dampfersteg vor dem Gasthaus Fischmeister.

**Schlossgut Oberambach** Für den Rückweg wandern wir weiter auf der Seeuferstraße, beachten das imposante Holztor der Bonsels-Villa, die einst dem Autor der Biene-Maja-Bücher gehörte, und halten uns wenig später rechts, weiter der Vorfahrtsstraße folgend, die uns weg vom See führt. Unmittelbar bevor die Straße in den Wald führt, biegen wir rechts in die Allee zum Schloss Oberambach. Wieder bergauf stehen wir wenig später vor dem Schlossgut Oberambach mit Hotel und Restaurant. Das Restaurant steht auch »Nicht-Hotelgästen« offen. Auf der Südseite liegt überdies das wunderschöne Café Rosengarten und es gibt einen netten Biergarten. Für den weiteren Weg wandern wir am Hotel links, über den Parkplatz am Badeteich und den Nebengebäuden vorbei. Dann beginnt ein kleiner Wiesenweg, der in nördliche Richtung auf die Kirche von Holzhausen zuführt. Unterhalb der auf einem Hügel gelegenen Kirche stoßen wir auf die Zufahrtsstraße, der wir nach dem Kirchenbesuch rechts bergabwärts folgen.

**Schlussakkord** Im Ort Holzhausen gehen wir links und biegen gegenüber dem ehemaligen Gasthaus Altwirt in die Brunnenstraße. Nach rund 150 Metern geht

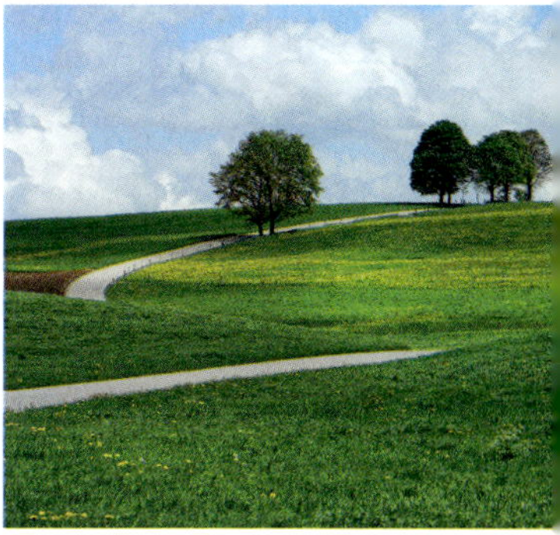

↑ **An klaren Tagen meint man, die Alpen erheben sich direkt am Südufer des Starnberger Sees.**
↓ **Die Kirche von Holzhausen liegt etwas abseits des Ortes.**
→ **Diese idyllisch gewundene Straße führt nach Degerndorf.**

↑ **Degerndorf liegt zwischen Isartal und Starnberger See.**

es rechts in den Höfertalweg auf die alte Attenkamer Straße. Wer sich jetzt zur Krönung des Tages noch Kaffee und Kuchen gönnen möchte, biegt nach etwa 250 Metern links auf den kleinen Pfad und kommt so zum Café Waldhauser. Alle anderen marschieren zur letzten Etappe weiter und erreichen nach wenigen Minuten über eine Linkskurve Attenkam. An Bauernhöfen vorbei, stoßen wir auf eine Vorfahrtsstraße, in die wir rechts einbiegen. Nun müssen wir nur noch einen letzten Hügel bezwingen (Achtung Straßenverkehr!), dann erreichen wir wieder Degerndorf.

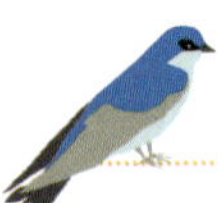

## Tipp

Beim Bierbichler: Als fast schon legendär gilt das Gasthaus Fischmeister in Ambach, das überall nur »Bierbichler« genannt wird. Zum einen liegt das am netten Biergarten, zum anderen an der kreativen Küche. Neben dem obligatorischen bayerischen Krustenbraten bietet die Speisekarte viele äußerst schmackhafte italienische Gerichte.

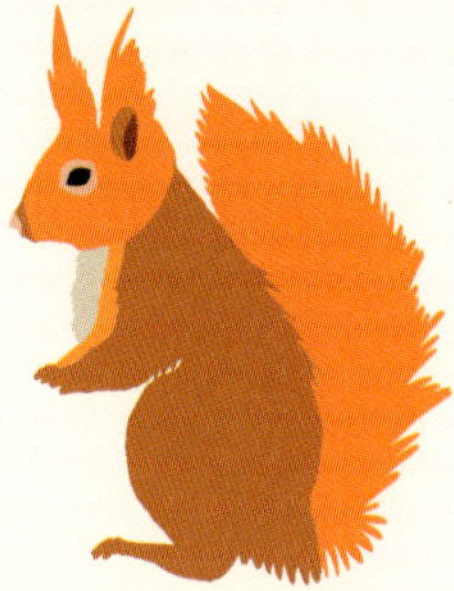

# AUF EINEN BLICK

**Tour 14:** Tour für den Genuss

**Dauer:** 3.15 Std.

**Höhenmeter:** –

**Länge:** 12 km

**Schwierigkeit:** mittel

**Tourencharakter:** Längere Rundtour mit leichten Steigungen, meist auf Wander- und Feldwegen und wenig befahrenen Nebenstraßen

**Ausgangs-/Endpunkt:** Kirche in Degerndorf bei Münsing

**Anfahrt:** **Pkw:** Auf der A 95 bis Ausfahrt Wolfratshausen/Münsing, weiter nach Münsing, dort links nach Degerndorf. Parkplätze an der Dorfstraße unterhalb der Kirche.
**Bahn/Bus:** Mit der S-Bahn S 7, Endstation Wolfratshausen, dann weiter mit dem Bus

**Einkehr:** Auf dem Weg liegen das Gasthaus Fischmeister und Schlossgut Oberambach. Das Café Waldhauser in Holzhausen hat nur am Wochenende geöffnet, aber seine leckeren Kuchen, allen voran die Himmlische Torte, sollte man sich nicht entgehen lassen.

**Information:** www.sta5.de

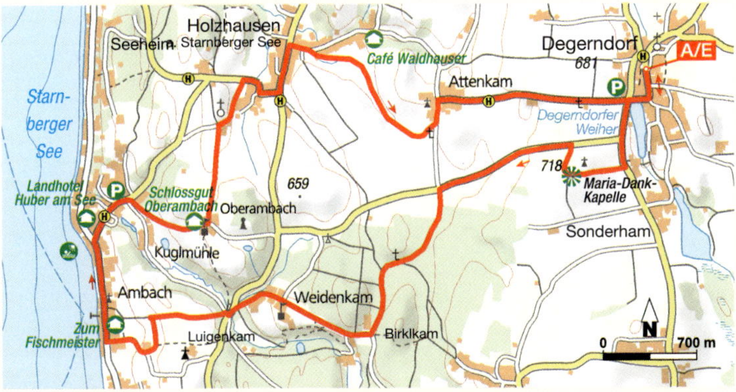

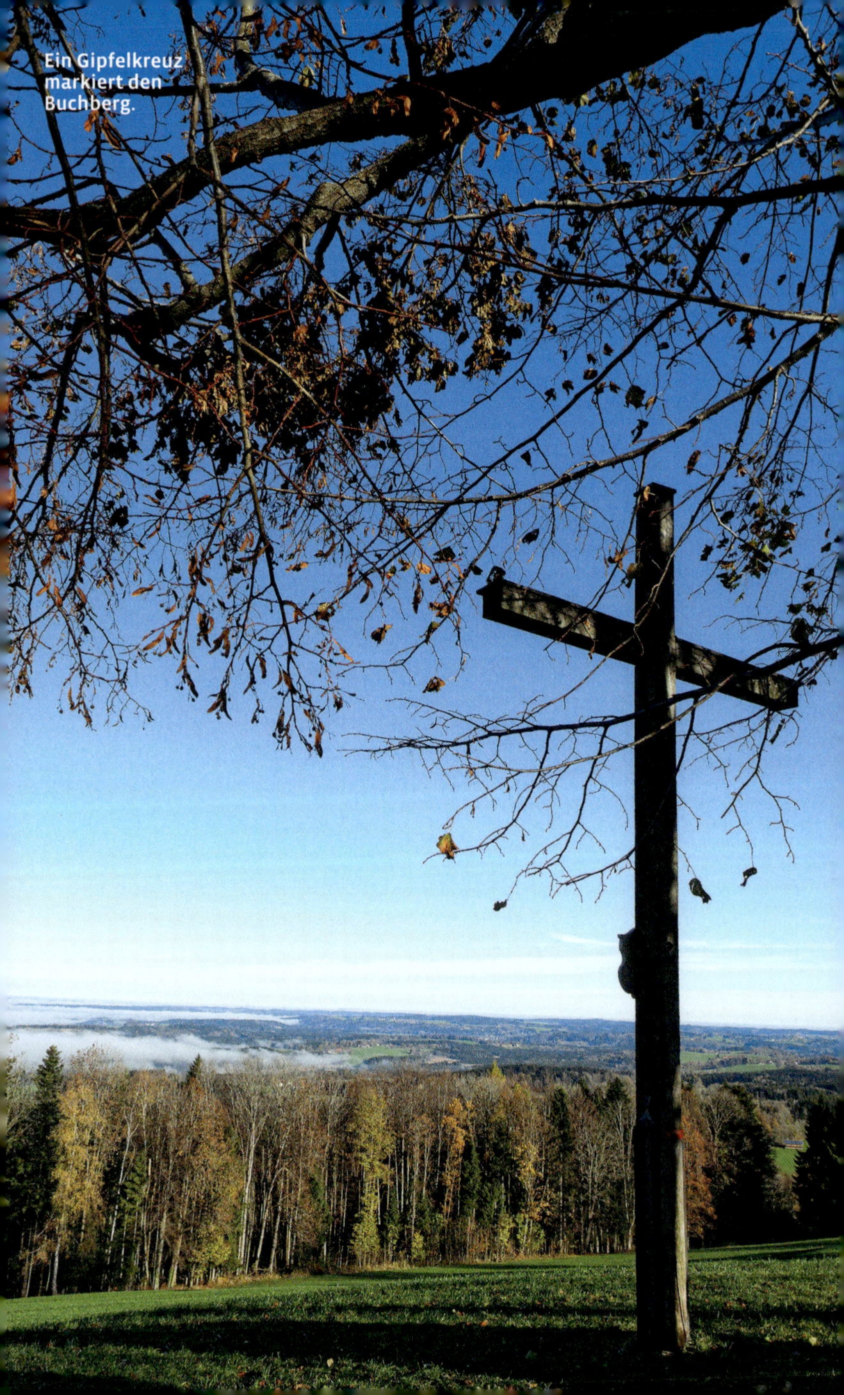

Ein Gipfelkreuz markiert den Buchberg.

Tour für TOUR 15 den Genuss

# VON BAD HEILBRUNN AUF DEN BUCHBERG

## Aussichts- und Einkehrfreuden

Das ganze Jahr über beschenkt uns der Weg zum Buchberg reichlich mit den Gaben der Natur: Bärlauch im Frühjahr, Kräuter im Sommer, Holunder im Herbst und Schneeglitzern im Winter. Alles garniert mit schöner Aussicht und tollen Einkehrmöglichkeiten.

**Im Kräuterpark** Wir starten am Parkplatz und wandern zunächst durch den großen Erlebnis-Kräutergarten, der uns sicherlich gleich etwas Zeit kostet. Der Kräuterpark endet an der Grundschule. Dort folgen wir dem Fußweg, der links davon verläuft und am Fußballplatz vorbeiführt. Am Wertstoffhof mündet der Weg in eine querende Straße. Dieser folgen wir nach links, biegen aber vor der Brücke, die über den Stallauer Bach führt, rechts in den kleinen Privatweg ein. Nach nur wenigen Metern gibt es noch eine Brücke, die uns nun nach links über den Bach bringt. Auf der anderen Seite steigt der Weg über ein paar Stufen an und mündet in einen Feldweg. Diesem folgen wir nach rechts und erreichen über eine Linkskurve freie Felder. Nun geht es stets geradeaus, leicht bergauf zu den zwei Bauernhöfen von Wörnern, wo wir nicht der Teerstraße nach rechts folgen, sondern weiter geradeaus bleiben.

**Zum Gipfelkreuz** Vorbei an Almwiesen, kommen wir zum hübschen Weiler Buchberg. Gerade im Sommer sind die Höfe mit ihrer bunten Blumenpracht auf den Balkonen eine Augenweide. Der kleinen Teerstraße, die hier beginnt, folgen wir für etwa 400 Meter bis zum Beginn des Waldes. Dann biegen wir rechts auf einen Trampelpfad und kommen über eine Wiese zum Gipfelkreuz des Buchbergs. Oben freuen wir uns über das unerwartet weite Panorama. Wer jetzt keine Lust auf einen längeren Rundweg hat, wandert einfach denselben Weg zurück.

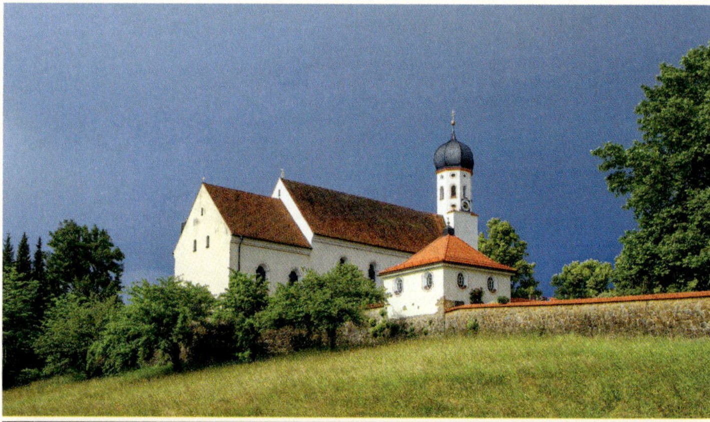

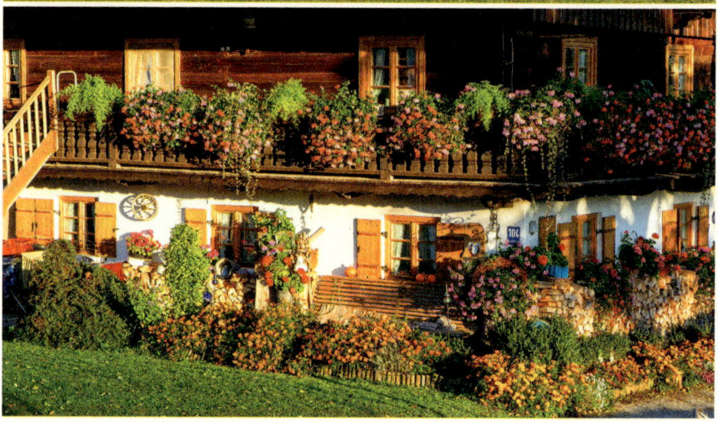


»Die Gaben der Natur und des Glücks sind
nicht so selten wie die Kunst, sie zu genießen.«

Luc de Clapiers, Marquis de Vauvenargues

**Runde am Buchberg** Ansonsten wandern wir noch ein Stück in östlicher Richtung zu dem großen Haus und erfreuen uns dabei an der mächtigen nebenstehenden Linde. Wir umrunden das Haus und wandern nach rechts auf einem Feldweg auf das nächste einsame Gehöft zu. Wir umgehen es ebenfalls und steigen auf einen Pfad abwärts in den Wald. Zunächst führt der Weg etwas nach links am Berghang entlang, unter uns ist der Parkplatz der Blombergbahn zu sehen. Dann wendet sich der Pfad in einem scharfen Rechtsknick zurück, ein Schild zum ehemaligen Café Nirwana dient zur Orientierung. Schließlich erreichen wir abwärts den Weiler Stallau und biegen am Café Nirwana rechts in die Teerstraße ein. Dieser folgen wir und wandern dann an der nächsten querenden Straße nach rechts über Wiesen zum Campingplatz Demmel. Als Wanderer dürfen wir den Platz queren und gleich darauf geht es am nördlichen Stallauer Seeufer weiter. Das Wasser glitzert in der Sonne und zwei Schwäne ziehen ihre Kreise; hier lässt es sich gut aushalten. Am ehemaligen Gasthof Wiesweber halten wir uns rechts und folgen gleich erneut nach rechts der kleinen geteerten Straße, die nach Wörnern führt.

**Wunderbarer Biergarten RamsAu** Nun wandern wir auf dem Hinweg zurück, biegen dann jedoch nicht links zu den Treppenstufen ab, sondern erreichen weiter auf dem Feldweg die Häuser von Hub. In Hub bleiben wir, mit einem klitzekleinen Rechts-Links-Schwenk, in ursprünglicher Wanderrichtung. An dem windschiefen Schuppen mit seiner dreieckigen Fensteröffnung halten wir uns links und laufen mit Aussicht bald nach links in den Ort Ramsau. Zwischen den Häusern stoßen wir auf eine größere Straße, der wir links und dann geradeaus zum Gasthaus RamsAu

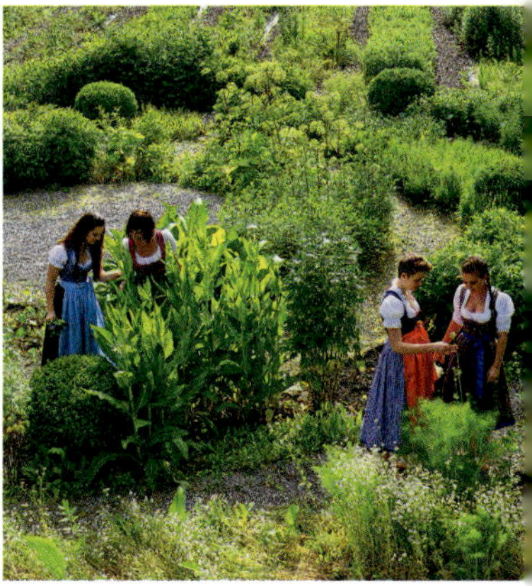

**↑ St. Kilian in Bad Heilbrunn liegt auf einem kleinen Hügel.**
**↓ Der Bauernhof in Buchberg ist bekannt für seine Blumenpracht.**
**→ Im Kräuter-Erlebnispark in Bad Heilbrunn dreht sich alles um die Heilpflanzen.**

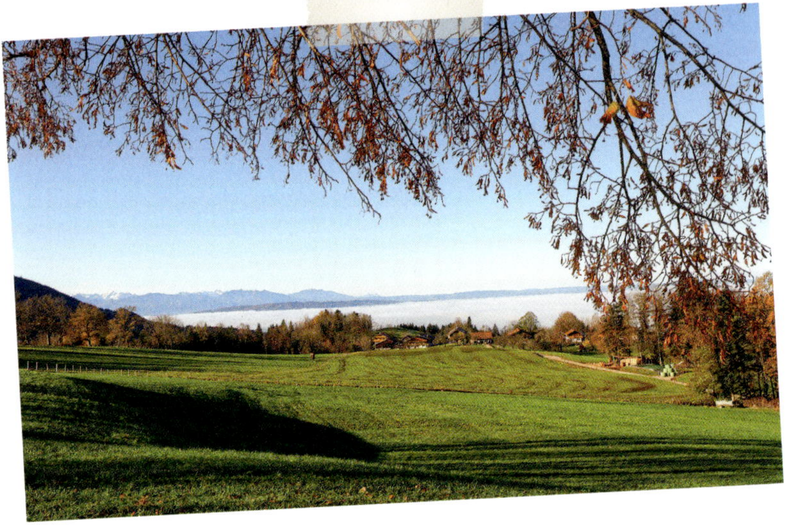

↑ **Wer die Berge kennt, kann vom Buchberg aus ganz im Westen sogar den Grünten im Allgäu sehen.**

folgen. Das Gasthaus mit seinem herrlichen Biergarten ist die Krönung unseres genussreichen Tags und eine sehr gute Adresse, um einzukehren. Für den Rückweg queren wir am Gasthaus den Stallauer Bach und steigen über ein paar Stufen zu einer Wiese. Geradeaus treffen wir hinter einem Bauernhof auf eine kleine Teerstraße. Sie führt uns rechts leicht bergauf über sonnige Wiesen, vorbei an einer Kapelle nach Bad Heilbrunn. Ein letztes Mal genießen wir die Aussicht über das Loisachtal, dann wenden wir uns nach links in den Talweg, der uns zu unserem Startplatz zurückbringt.

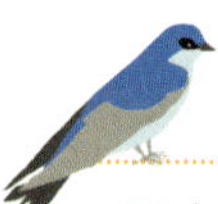

## Tipp

Bärlauch oder Rams: Der mittlerweile sehr beliebte Bärlauch wächst rund um Ramsau und Hub im Frühjahr besonders üppig. Bärlauch heißt auf Bayerisch übrigens »Rams«, das erklärt den Namen des Bad Heilbrunner Ortsteils. Aber Vorsicht beim Pflücken! Gefährlich ist die Verwechslung mit Maiglöckchen.

# AUF EINEN BLICK

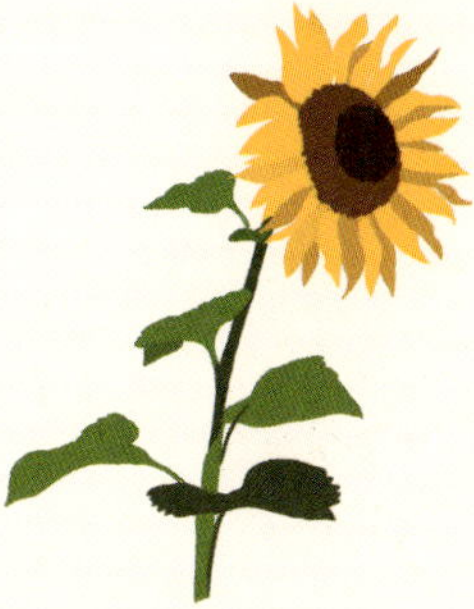

**Tour 15:** Tour für den Genuss

**Dauer:** 3.30 Std.

**Höhenmeter:** 250 Hm

**Länge:** 12 km

**Schwierigkeit:** mittel

**Tourencharakter:** Leichte, aber etwas längere Runde auf einen aussichtsreichen, recht unbekannten Voralpengipfel. Vorwiegend auf Forstwegen und kleinen Pfaden.

**Ausgangs-/Endpunkt:** Parkplatz Kräutergarten in Bad Heilbrunn

**Anfahrt:** **Pkw:** Auf der A 95 bis Ausfahrt Sindelsdorf/Bad Tölz. Weiter in Richtung Bad Tölz, dann durch Bad Heilbrunn. Am Kreisverkehr links in den Ort. Wenn die Straße eine Linkskurve macht, scharf rechts in den Wörnerweg abbiegen. Kurz nach der Gästeinfo kommt auf der rechten Seite der gebührenpflichtige Parkplatz des Kräutergartens.
**Bahn/Bus:** Mit der Bayerischen Oberlandbahn BOB nach Bad Tölz, weiter mit Bussen bis Bad Heilbrunn, Haltestelle Birkenallee.

**Einkehr:** Unterwegs keine, erst am Ende der Tour gibt es in Bad Heilbrunn mehrere Möglichkeiten. Neben dem Gasthof RamsAu verwöhnt die Parkvilla in der Ortsmitte mit leckeren und stets frischen Gerichten (Mo Ruhetag). Köstlich sind die gegrillten Tintenfische oder der üppige Salat mit gegrilltem Gemüse.

**Information:** www.bad-heilbrunn.de

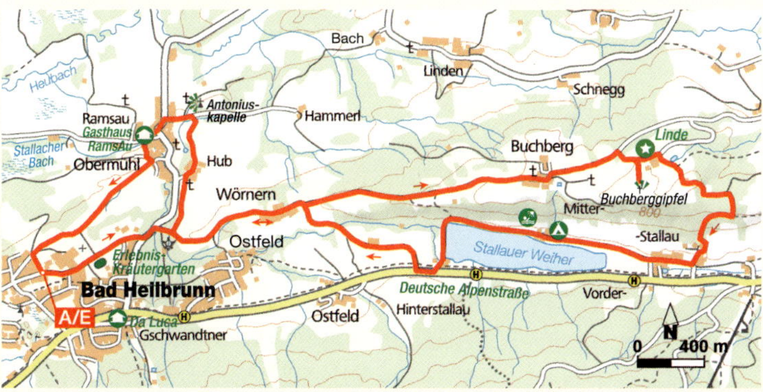

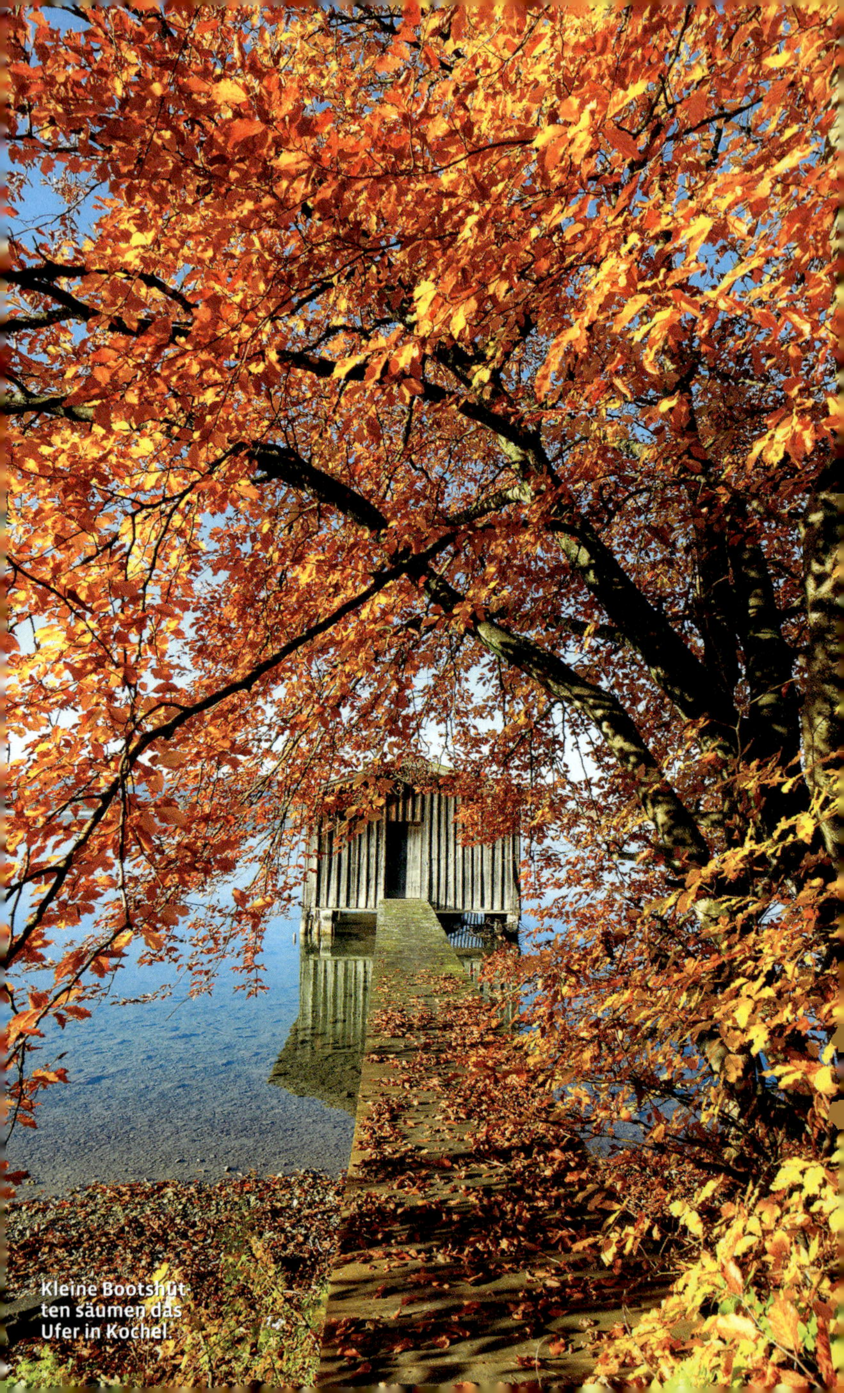

Kleine Bootshütten säumen das Ufer in Kochel

Tour für TOUR 16 die Sinne

# VON BENEDIKTBEUERN NACH KOCHEL

## Entdeckungstour durchs weite Moor

Ein Lebensraum mit vielfältigem Gesicht: sonnig und warm, aber auch dunkel, düster, feucht oder federnd der Boden. Das Moor bei Benediktbeuern gleicht einer Insel im urbar gemachten Bauernland und eignet sich perfekt für eine Entdeckungstour.

**Barfußpfad** Wir beginnen unsere Wanderung im Klosterhof von Benediktbeuern und staunen über die harmonische Architektur, die für die Mönche so selbstverständlich war. Sie bauten schließlich zur Ehre Gottes! Den Hof verlassen wir über den Durchgang gegenüber der Klosterkirche und stoßen auf den modernen Bau der Mensa und Bibliothek. Hinter dem Neubau führt ein schnurgerader Weg ins Moor. Obwohl er an beiden Seiten mit Schatten spendenden Bäumen bepflanzt ist, gibt er einen ersten Eindruck von der Weite der Landschaft. Schon nach wenigen Minuten hat unser Weg Interessantes zu bieten. Rechts geht es zu einem Barfußpfad, der wie eine Acht in zwei großen Schleifen um zwei Moorseen herumführt. Also, Schuhe und Strümpfe ausgezogen und los. Für uns, die wir ja fast das ganze Leben beschuht herumlaufen, ist es überraschend, welch unterschiedliche Empfindungen unsere Fußsohlen nun erleben. Steine oder Sand, normaler Waldboden oder Matsch, ein Knüppeldamm oder ein Bretterweg – alles fühlt sich anders und teilweise neu an.

**Zwei Zuckerl** Als kleines »Zuckerl« noch führt ganz hinten ein kleiner Stichweg zu einem hölzernen Aussichtsturm. Er zeigt uns das alte Kloster von seiner schönsten Seite, unverbaut in der Landschaft gelegen mit dem markanten Felsrücken der Benediktenwand im Hintergrund. Übrigens, der ganze Barfußpfad ist so gebaut, dass man auf ihm auch einen Kinderwagen mitnehmen kann. Wo es für diesen unpassierbar wird, gibt es eine

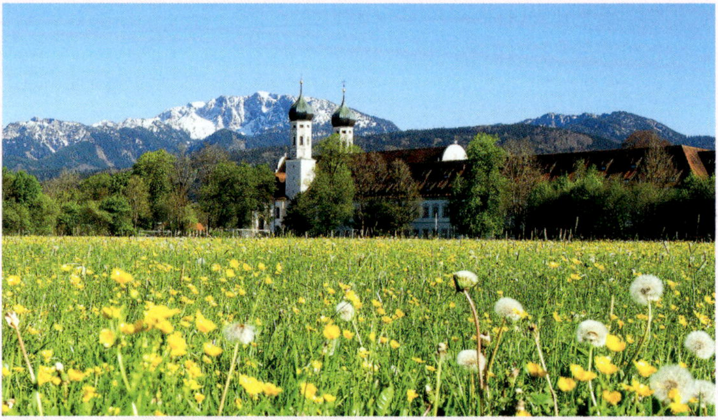

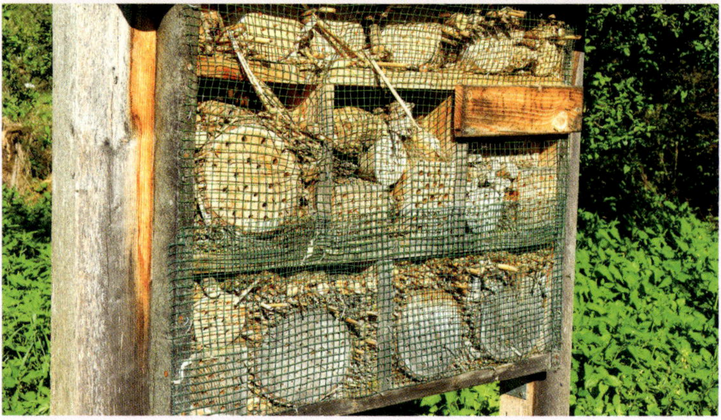

»Leben heißt nicht atmen, sondern handeln; es heißt, sich unserer Organe, unserer Sinne, Fähigkeiten, kurz, sich aller der Teile von uns zu bedienen, welche uns die Empfindung unseres Daseins verleihen. Nicht der Mensch hat am meisten gelebt, der die höchsten Jahre zählt, sondern der, der sein Leben am meisten empfunden hat.«

Jean-Jacques Rousseau

Umgehung. Zurück an der Straße, bietet sich sofort das nächste Schmankerl an. Nach links geht es zu einem Schmetterlingspfad, der ebenfalls um einen Weiher herumführt. Hier gedeihen viele Pflanzen, die gar nicht so sehr auffallen. Umso mehr aber werden sie von Schmetterlingen umflattert.

**Klangpfad** Weiter geht es auf der kleinen Allee und kurz darauf haben die Bäume ein Ende; das weite Moor liegt direkt vor uns. An dem kleinen Wanderparkplatz verzweigen sich die Wege, wir bleiben geradeaus und folgen der Beschilderung »Moorrundweg/Moosmühle«. Der nächste Spaß steht an und wir können bald nach rechts auf den Klangpfad abzweigen. Er mündet nach einem Bogen wieder in unseren Wanderweg. An einzelnen Stationen wird gezeigt, wie unglaublich vielfältig die unterschiedlichsten Geräusche entstehen.

**Vogelstation und Moorpfad** Ein kleines Stück weiter kommen wir zur Vogelbeobachtungsstation Moosmühle, wo wir das ganze Jahr über durch einen Bretterzaun die verschiedensten Vögel wie Goldammer, Gimpel, Sperber, Grauspecht, Wacholderdrossel, auch Kleinspecht und Bergfink, genau beobachten können. An der Vogelstation biegen wir kurz rechts ab, folgen dem Bächlein, um schon nach wenigen Metern wieder links in Richtung Loisach zu wandern. Kurz vor dem Fluss lenkt uns nochmals ein Lehrpfad vom Vorwärtskommen ab: der Moorpfad. Er wurde dort gebaut, wo das Hochmoor in ein Niedermoor übergeht. Ein sehr abwechslungsreicher Bohlenweg führt dorthin. Abwechslungsreich, weil er mit ein paar herrlichen »Schikanen« wie einer Handfähre über einen Weiher, einer Seilrutsche oder einem Wippbalken gespickt ist. Aber natürlich kann man diese auch umgehen.

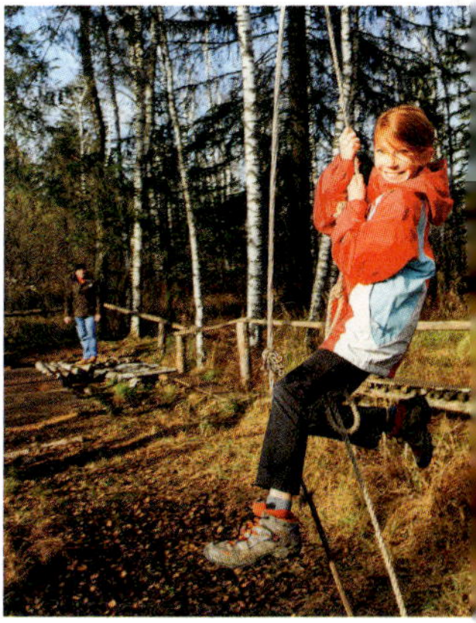

**↑ Hinter den Doppeltürmen des Klosters Benediktbeuern steht die Benediktenwand.**
**↓ Insektenhotel**
**→ Kinder haben besonders viel Spaß an den Erlebnisstationen im Moor.**

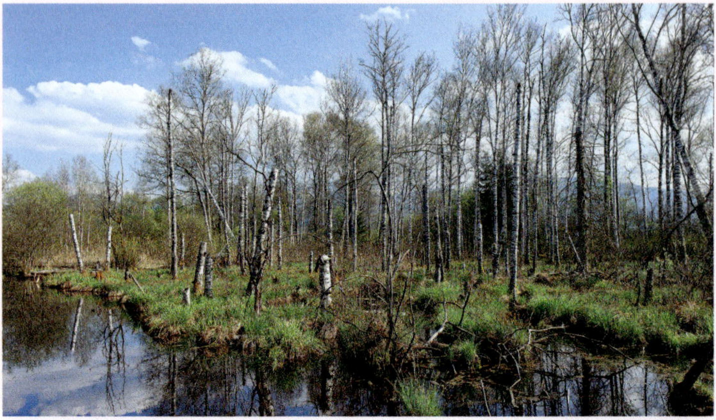

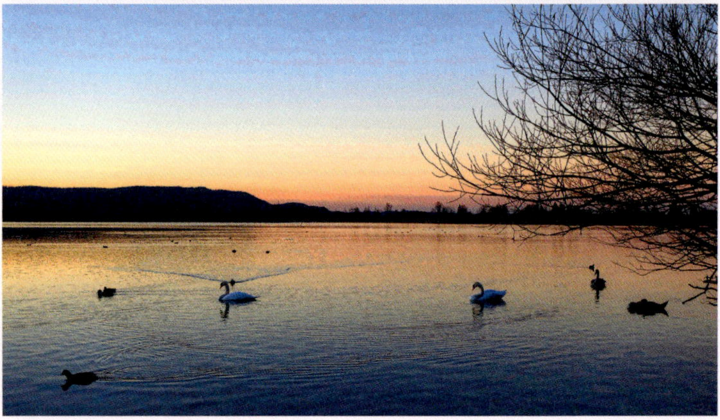

»Die größten Ereignisse – das sind nicht
unsre lautesten, sondern unsre stillsten Stunden.«

Friedrich Wilhelm Nietzsche

**Biberwerk an der Loisach** Nach dem Moorpfad knickt unser Weg schräg links ab und wir erreichen das Loisachufer, das uns jetzt nach Süden führt. Über Fluss und Moor stehen die Berge um den Kochelsee mit dem Jochberg, Herzogstand und dem Heimgarten. Noch wirken sie klein. Aber mit jedem Schritt werden sie wachsen, bis sie am Ende des Weges über dem Kochelsee als mächtiger Wall erscheinen. Der Pfad führt immer dicht am Fluss entlang, einmal auf dem Damm, dann wieder daneben. Manchmal sind nur überwachsene Pfadspuren zu erkennen. Der Weg verbreitet eine gewisse Urtümlichkeit, die wir als angenehmen Gegensatz zu unserer zivilisierten und regulierten Welt empfinden. Dazu trägt bei, dass allenthalben das Werk der Biber sichtbar wird. Immer wieder finden wir angenagte oder gefällte Bäume, deren Rinde den Nagern wohl besonders schmeckt. Die Biber selbst lassen sich kaum sehen. Sie sind nachtaktiv.

**Am Lainbach** Nach einer guten halben Stunde kommen wir an die Mündung des Lainbachs, der das Tal zwischen Benediktenwand und Zwiesel entwässert. Hier schwenkt unser Weg kurz von der Loisach ab und folgt dem Lainbach. Diesen queren wir und wandern dann sofort nach links, vorbei am einsamen Hof von Brunnenbach, wo wir rechts haltend wieder die Loisach erreichen. Nun liegt noch ein traumhaft schönes, naturbelassenes Wegstück vor uns. Rechts plätschert die Loisach im schönsten Blau, links erstreckt sich das Moor mit seinem niedrigen Bewuchs. Schilfhalme wiegen sich im Wind und Wasservögel suchen sich Verstecke an der Uferböschung. Nur die fast schnurgerade Loisach unterbricht das Fließen der Natur.

**Erfrischendes Bad** Wir queren noch den Stümpfelbach, dann endet unser Weg an der Straße von Kochel nach Ohlstadt.

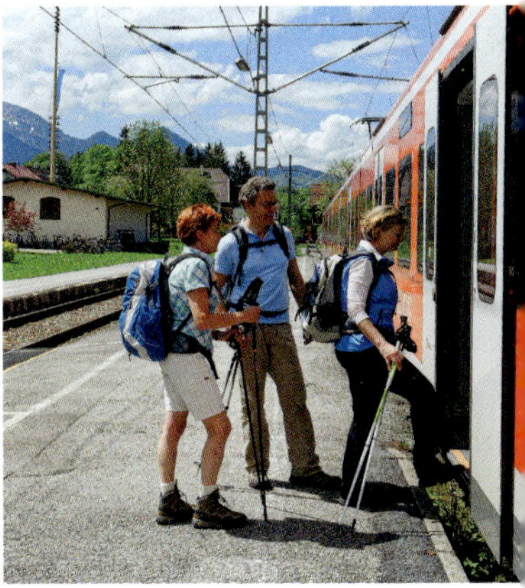

↑ **Birken am Hochmoorpfad**
↓ **Sonnenuntergang am Kochelsee**
→ **Die Rückfahrt aus Kochel treten wir mit der Bahn an.**

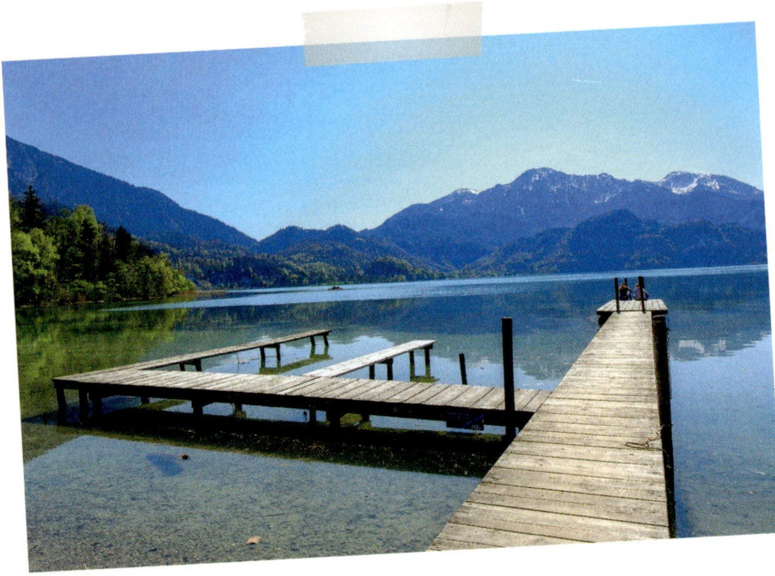

↑ **Den Rest des Tages verbringen wir am Kochelsee.**

Wer jetzt Lust zum Baden hat, folgt dem Uferweg geradeaus über die Straße weiter und kommt an die Kristalltherme, ein Warmbad mit Saunalandschaft, das das ganze Jahr über geöffnet hat. Von dort kommt man auch an die Kocheler Uferpromenade, wo man unentgeltlich ins Wasser des Sees hüpfen kann. Wer zum Zug will, biegt links in die Schlehdorfer Straße ein und nimmt gut 100 Meter weiter nochmals links den Döllerfeldweg, der uns direkt zum Bahnhof nach Kochel bringt.

## Info

Kloster Benediktbeuern: Benediktbeuern war eines der bedeutendsten Klöster im süddeutschen Raum. Als es im Zuge der Säkularisation aufgelöst wurde, richtete der Münchner Unternehmer Utzschneider dort eine Glashütte und optische Werkstätten ein. So blieb nicht nur die Klosterkirche in ihrer barocken Pracht erhalten, sondern auch der Kreuzgang sowie zwei barocke Festsäle.

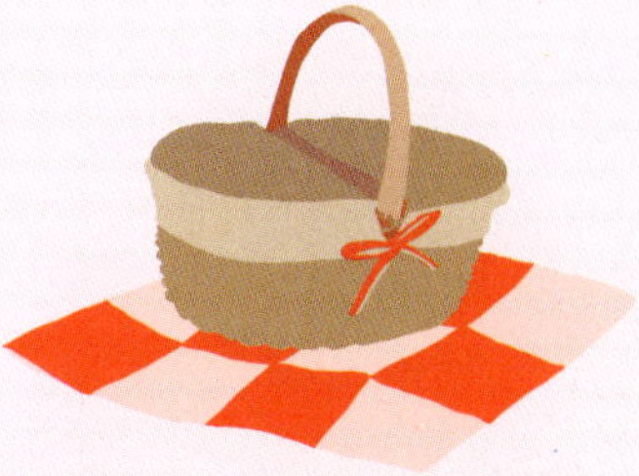

# AUF EINEN BLICK

**Tour 16:** Tour für die Sinne

**Dauer:** 2.30 Std.

**Höhenmeter:** 20 Hm

**Länge:** 9,5 km

**Schwierigkeit:** leicht

**Tourencharakter:** Sonnige Streckenwanderung ohne größere Steigungen durch landwirtschaftlich genutzte Flächen und Moorgebiete. Im Sommer Mückenschutz unbedingt erforderlich. Hunde sind auf den Lehrpfaden nicht erlaubt.

**Ausgangspunkt:** Klosterhof Benediktbeuern

**Endpunkt:** Bahnhof in Kochel

**Anfahrt:** **Pkw:** Auf der A 95 bis Ausfahrt Sindelsdorf und weiter in Richtung Bichl/Benediktbeuern. Bei der Straßengabel rechts auf die B 11 und unmittelbar vor dem Bahnübergang rechts nach Benediktbeuern. Die Parkplätze des Klosters sind ausgeschildert.
**Bahn/Bus:** Mit der Bahn von München über Tutzing und Penzberg nach Benediktbeuern. Zurück ab Kochel nach Benediktbeuern oder weiter Richtung München.

**Einkehr:** In Benediktbeuern das bekannte Klosterbräustüberl oder das nette »Otti's Eis & Cafégarten« nahe dem Bahnhof (Öffnungszeiten: www.ottis-cafe.de). In Kochel gibt es einen sehr guten Italiener, La Pineta, mit wunderbaren selbstgemachten Nudeln, sowie das Restaurant Grauer Bär, direkt am See mit hervorragender Fischküche.

**Information:**
www.benediktbeuern.de

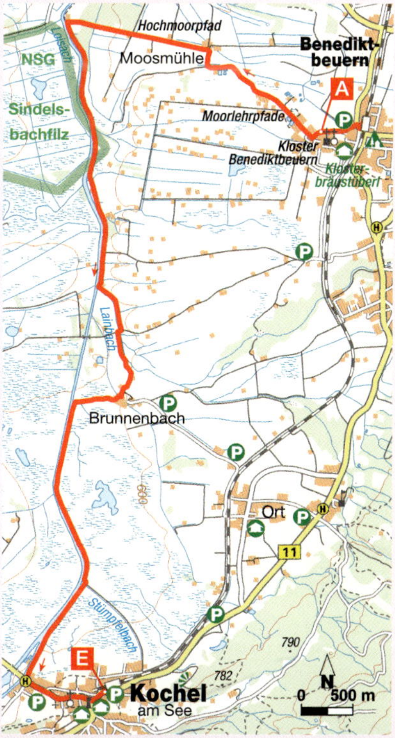

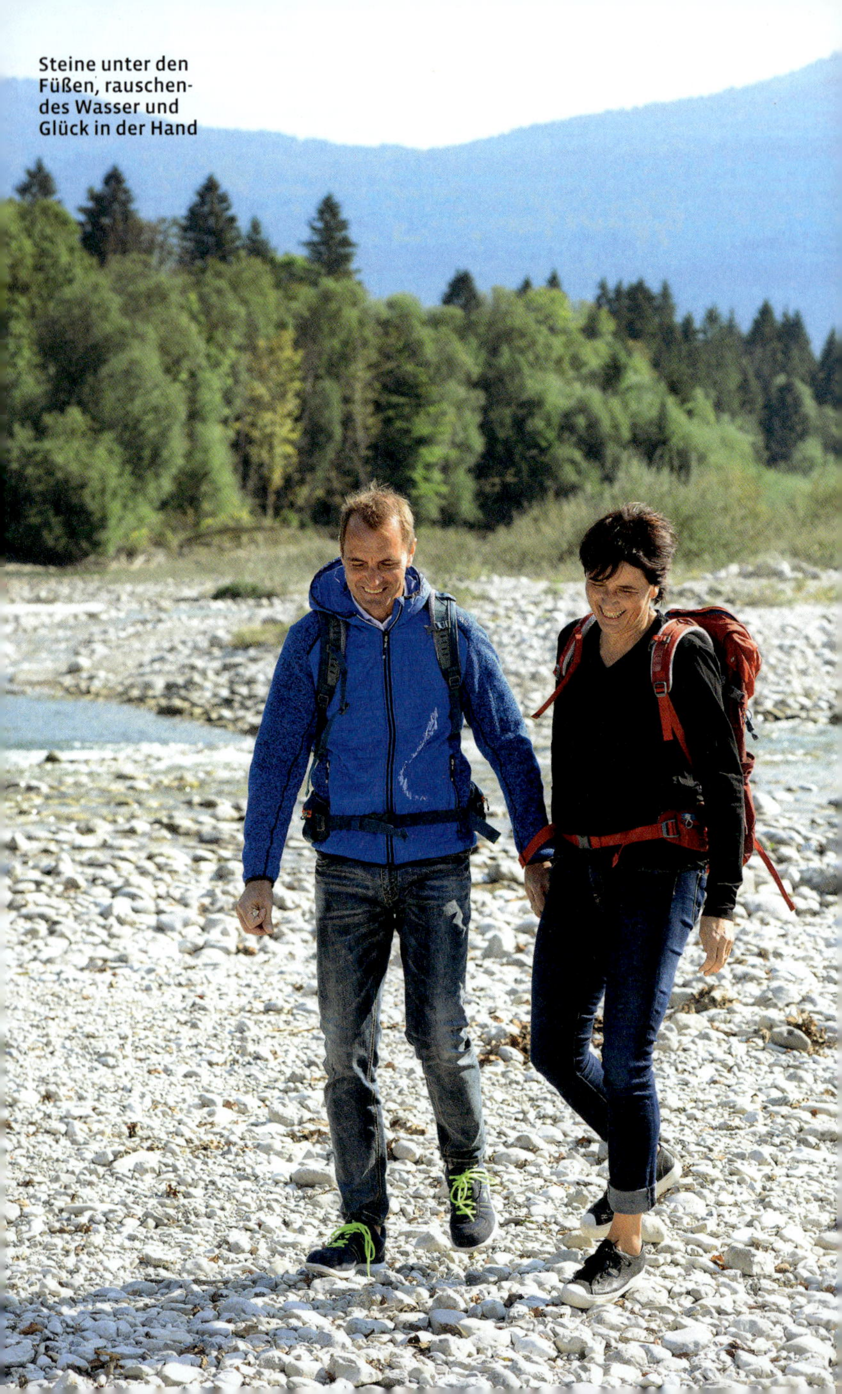

Steine unter den Füßen, rauschendes Wasser und Glück in der Hand

# BAD TÖLZ UND SEINE ISARAUEN

Tour
TOUR 17
ohne Uhr

## Genussvoll gen Süden

So fühlen sich Glücksmomente an! Die Sonne scheint uns auf die Nase, vor uns, im Dunst des Lichts, erheben sich friedvoll die Isarwinkler Berge und neben uns rauscht die wilde Isar und singt ihr Lied vom ewigen Leben in den Isarauen.

**Inmitten der Isarauen** Nicht nur die Isar lockt uns heute: Wir besichtigen wie nebenbei die kleine Kurstadt Bad Tölz und erobern die alten Hochufer der Isar mit ihren landwirtschaftlich geprägten Feldern und bildschönen Dörfern. Los geht die Runde in Bad Tölz unterhalb der Marktstraße an der Brücke über die Isar. Wir queren den Fluss auf die Kurviertel-Seite und nun gibt uns die Isar die Richtung vor. Schnurstracks verlassen wir den Ort auf dem Isarwanderweg in Richtung Süden. Die Glücksmomente stellen sich gleich ein, denn es dauert nur wenige Minuten und wir sind inmitten der herrlichen Isarauen. Hell leuchten die Kiesbänke und vereinzelt wachsen Wacholderbäume, Weiden und kleine Kiefern. Im Sommer wird es hier heiß, denn der Schatten ist rar.

**Nach Wackersberg** Nach gut 50 Minuten erreichen wir die große Wegeverzweigung »Bibermühle«, wo wir nach rechts die Isar verlassen. Kurz darauf halten wir uns noch einmal rechts auf den Pfad, der uns direkt zu den Häusern von Bibermühle bringt. Hier stoßen wir auf eine Autostraße, die wir vorsichtig queren. Auf der anderen Seite steigen wir steil aufwärts, auf das alte Isarhochufer in Richtung Wackersberg. Kaum treten wir ganz oben aus dem Wald, wenden wir uns scharf nach rechts und wandern an der Hangkante entlang einer Wiese in nördliche Richtung. Immer wieder öffnet sich nach rechts der Blick auf die Isar und die Gaißacher Berge. Links von uns sehen wir das hübsche Dorf Wackersberg, zu dem unser Feldweg

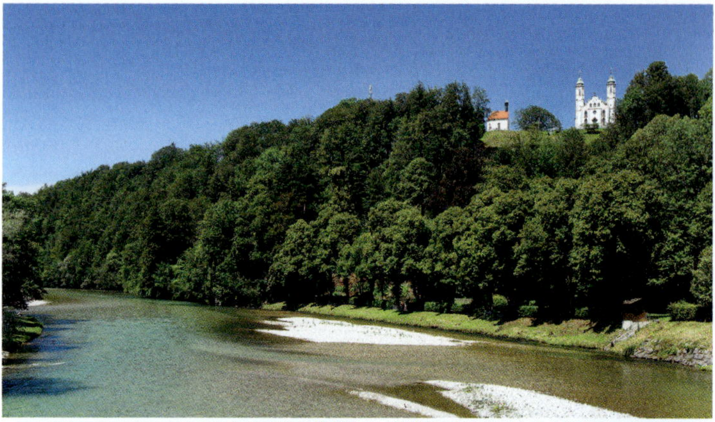

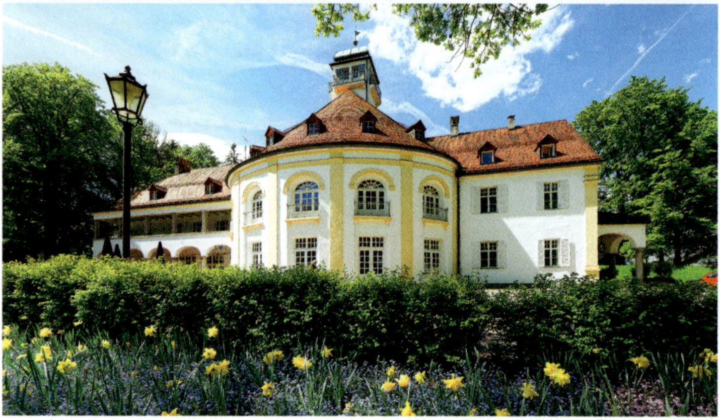

»Wer der Sonne entgegenwandert,
lässt die Schatten hinter sich.«

Afrikanisches Sprichwort

dann über eine Linkskurve führt. Am Ortsanfang von Wackersberg treffen wir wieder auf eine Straße. Wer Hunger oder Durst hat, kann nach links einen Abstecher zum Gasthaus Altwirt unternehmen. Auch das hübsche Bauernhofensemble an der Wackersberger Kirche ist eine Besichtigung wert. Wer keinen Hunger verspürt oder diesen erfolgreich gestillt hat, folgt hier dem Fußweg nach rechts parallel zur Straße. Wenn die Straße sich gabelt, wechseln wir nach links auf das Sträßchen nach Burger in Richtung Sonnershof.

**Bogen zurück nach Tölz** Nun geht es wieder über Felder, Wiesen und durch kleine Waldabschnitte. An dem großen Gut Sonnershof biegen wir rechts auf den Sonnershofweg, der uns schließlich leicht abwärts und dann erneut nach rechts zur größeren Wackersdorfer Straße führt. Dieser folgen wir auf dem Fußweg nach links. Der schnellste Weg zurück wäre nun, dieser Straße durch das Kurviertel von Tölz an die Isar zu folgen. Viel schöner ist jedoch der kleine Umweg über das Spielhahn-Denkmal. Dafür biegen wir in der starken Linkskurve rechts auf den Waldweg ein, der sogleich im leichten Auf und Ab an der Hangkante entlangführt. Das Kriegerdenkmal ist schnell erreicht, von dort genießen wir den einzigartigen Ausblick über Bad Tölz. Nach der Schaurast geht es ein Stück auf gleichem Weg

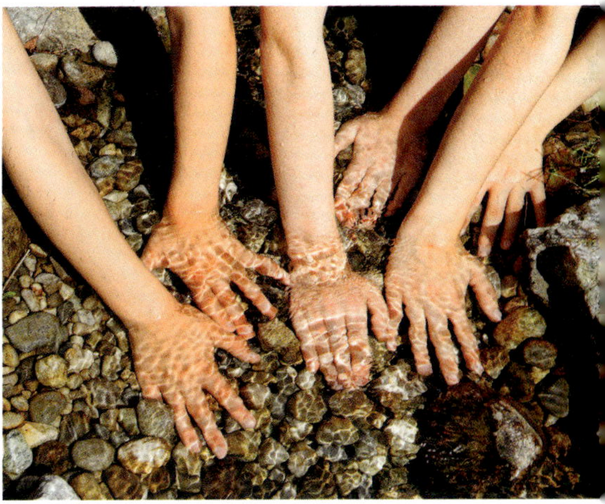

**↑ Hoch über der Isar thront die Kalvarienbergkirche über Bad Tölz.**
**↓ Das Alte Kurhaus von Bad Tölz**
**→ Bei der Wanderung ist Abkühlung immer erwünscht.**

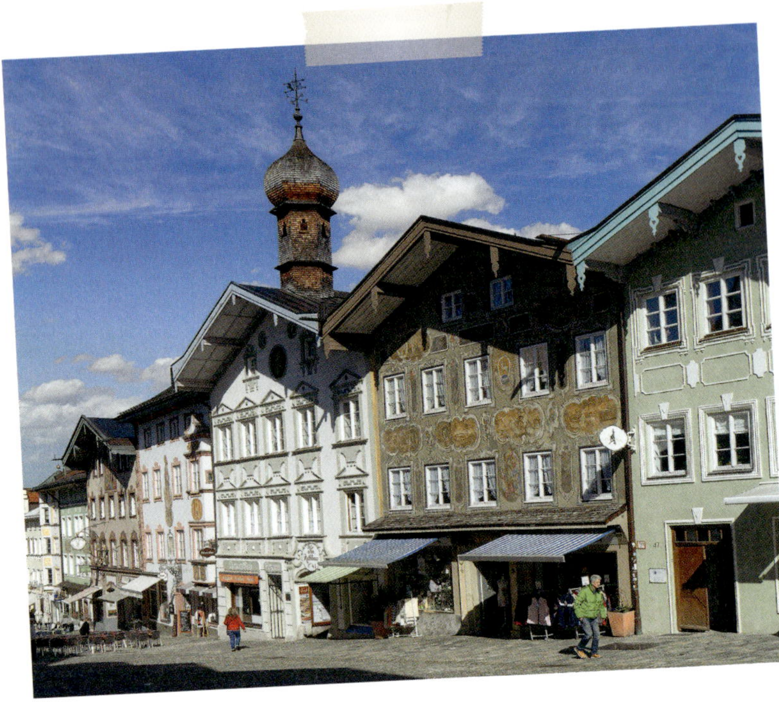

↑ **Am Ende bleibt hoffentlich noch viel Zeit, um sich Bad Tölz anzusehen.**

zurück, dann steigen wir steil nach Tölz hinab. An der Straße Am Manfredhof erreichen wir die ersten Häuser, halten uns links, laufen unter der Umgehungsstraße hindurch und sind schon wieder an der Isar. Jetzt geht es nur noch flussabwärts zu unserem Ausgangspunkt.

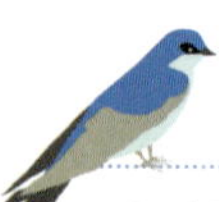

## Tipp

Bad Tölz: Die lebendige kleine Stadt ist nicht erst seit der Fernsehserie »Der Bulle von Tölz« bekannt. Die schöne, für den Verkehr gesperrte Marktstraße ist ihr Herzstück, darüber thront die Kalvarienbergkirche. Auch die kleinen Gassen rund um den Jungmayrplatz sind sehr malerisch. Eine Erkundung lohnt!

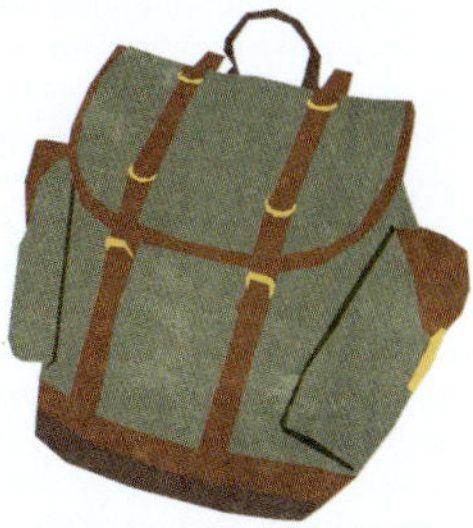

# AUF EINEN BLICK

**Tour 17:** Tour ohne Uhr

**Dauer:** 3.30 Std.

**Höhenmeter:** 180 Hm

**Länge:** 11 km

**Schwierigkeit:** leicht

**Tourencharakter:** Rundwanderung mit viel Sonne, vorwiegend auf Wanderwegen mit einem kleinen Anstieg auf die Anhöhe von Wackersberg. Fast das ganze Jahr über möglich.

**Ausgangs-/Endpunkt:** Isarbrücke in Bad Tölz

**Anfahrt:** **Pkw:** Auf der A 95 bis Ausfahrt Sindelsdorf, weiter über Bichl und Bad Heilbrunn nach Bad Tölz. Dort sind zahlreiche Parkplätze ausgewiesen. **Bahn/Bus:** Mit der Bayerischen Oberlandbahn BOB nach Bad Tölz. Vom Bahnhof 15 Minuten Weg über die Bahnhofstraße zur Salzstraße und durch die Marktstraße hinunter an die Isarbrücke.

**Einkehr:** Gasthaus Altwirt in Wackersberg (Mi, Do Ruhetag), in Tölz sehr viele Möglichkeiten rund um das Isarufer oder in der Altstadt. Wir sitzen im Sommer gern im Café Love nahe der Isarbrücke oder lassen uns in der Marktstraße ein Eis schmecken.

**Information:** www.badtoelz.de

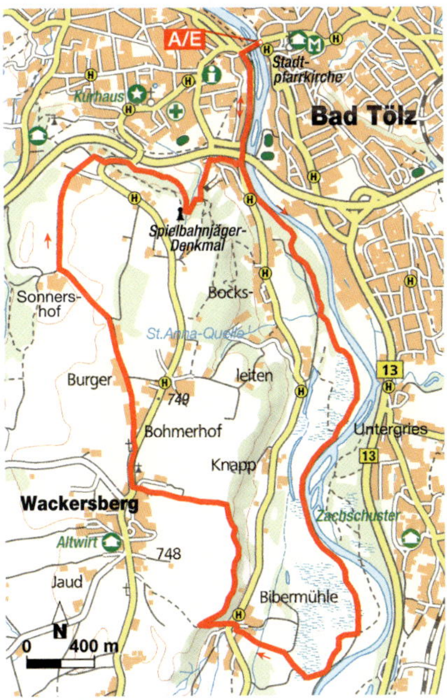

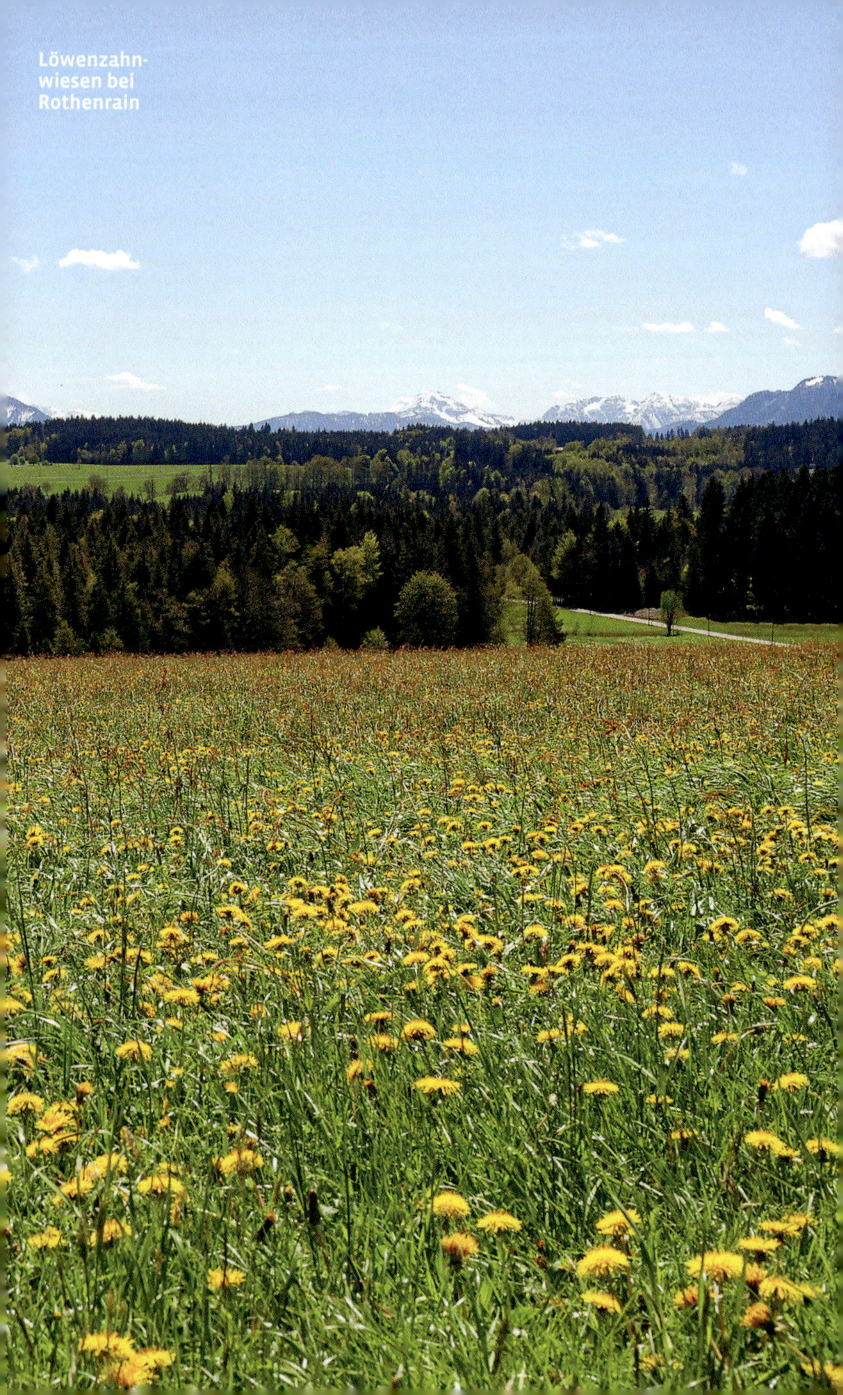

Löwenzahn-
wiesen bei
Rothenrain

Tour für
TOUR 18
den Genuss

# VON BAD TÖLZ NACH FISCHBACH

**Hunger willkommen!**

Die einsame Wanderung führt über lauschige Waldwege und saftige Wiesen, allein das macht glücklich. Mit zwei exzellenten Einkehrmöglichkeiten, passend zum Mittagessen und später dann für Kaffee und Kuchen, wird sie zur perfekten Genusstour.

**Immer dem Bach nach** Wir starten an der Bad Tölzer Isarbrücke, begeben uns auf die Kurviertel-Seite und folgen der Isar auf der Promenade flussabwärts. Wir passieren den Wohnmobilstellplatz und die Fußgängerbrücke (über sie kehren wir nach der Wanderung zurück) und verlassen den Uferweg an der Einmündung des Einbaches in die Isar und wenden uns nach links zur großen Straße. Dieser folgen wir nach rechts vorbei am Futterhaus bis zur Bushaltestelle »Hocheneck«. Dort queren wir die Straße und biegen links in die Straße »Am Hoheneck« bzw. »Bürg« ein. Sie bringt uns nach gut 200 Metern an eine Weggabelung. Hier halten wir uns rechts, queren den Peterbach und folgen der Straße links noch ein minimales Stück in den Wald. Dann beginnt links ein Wanderweg, der direkt am Bach verläuft. Der idyllische Wegabschnitt führt nun am plätschernden Wasser entlang. Am Ende geht es leicht aufwärts und wir verlassen den Wald auf eine Wiese.

**Über Wald und Wiesen** An der nahen Scheune treffen wir auf einen Feldweg, dem wir nach links folgen. Er führt wieder in den Wald. Stets auf dem Hauptweg bleibend, kommen wir erneut über Wiesen zum einsamen Haus von Lechen. Hier bleiben wir geradeaus und folgen dem Feldweg, der auf der linken Seite des Hauses verläuft. Wieder geht es in den Wald hinein, und wir erreichen bergab einen Wanderparkplatz an der Straße. Jetzt geht es für wenige Meter nach links aufwärts zur kleinen Kirche von Fisch-

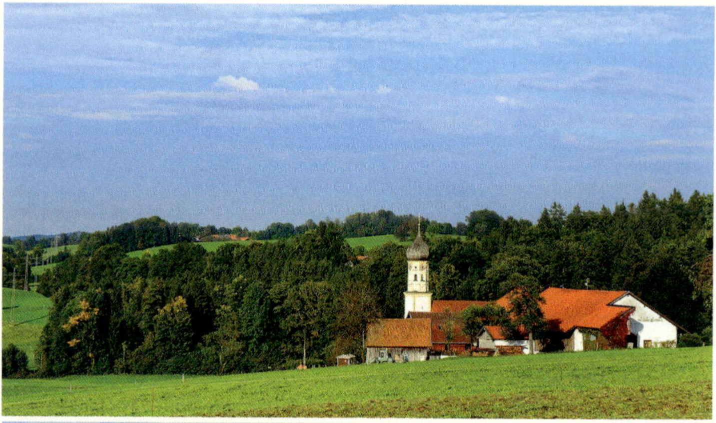

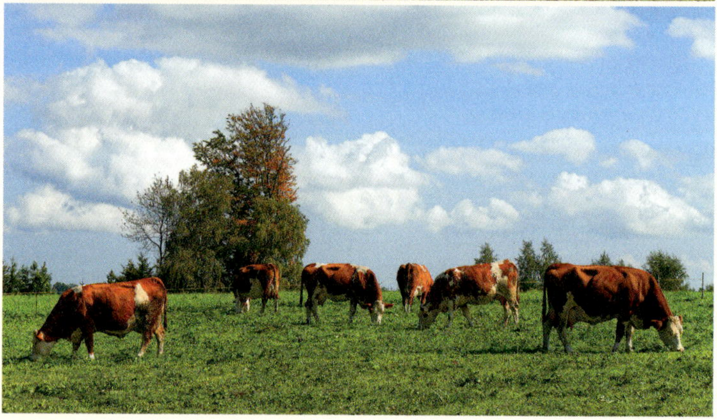

»Eine gute Küche ist das Fundament allen Glücks.«

Georges Auguste Escoffier, französischer Meisterkoch

bach und zum Gasthof, wo sich eine Einkehr immer lohnt. Hinter dem Haus liegt ein kleiner Biergarten, aber auch innen ist es sehr gemütlich. Wer jetzt schon müde ist, kann hier die Wanderung abkürzen und sich auf den Heimweg machen, der Rückweg beginnt wieder am Wanderparkplatz.

**Abstecher ins Moor** Alle, die trotz vollen Bauchs noch Kraft für weitere fünf Kilometer haben, dürfen sich über eine aussichtsreiche, gut ausgeschilderte Strecke freuen. Sie führt durch ein kleines Moor. In Höhe der Fischbacher Kirche beginnt der Heilklimaweg 50 über die Wiese. Beim Stadel am Waldrand biegt unser Weg nach rechts in ein Waldstück ab. Kaum haben wir es verlassen, geht es schnurgerade auf einem Pfad über Feuchtwiesen in ein kleines Moor. Schmetterlinge tanzen um Bach-Nelkenwurz, Knabenkraut, Mädesüß und Blutweiderich, alles Pflanzen, die feuchte Füße lieben. Wir queren das Bächlein Rottach und folgen dem sanft ansteigenden Weg nach Wolfsöd, wo wir auf einen breiteren Weg stoßen. Auf diesem gehen wir nach rechts in den Wald hinein, Rothenrain ist bereits ausgeschildert. In Rothenrain wandern wir zwischen den Häusern hindurch, an einer Kapelle vorbei zum Café Bolzmacher. Die feinen Kuchen verführen uns schon wieder zu einer Kalorienzufuhr, aber etwas Zucker macht auch glücklich.

**Wanderziel Fischbach** Zurück nach Fischbach folgen wir beim Café der Teerstraße abwärts. Kurz nachdem wir noch einmal die Rottach queren, biegen wir rechts auf einen Forstweg, der uns an den Häusern von Fischbachmühl vorbei wieder zum Wanderparkplatz von Fischbach führt. Dort halten wir uns diesmal links und steigen über ein paar Treppenstufen aufwärts. Gleich queren wir

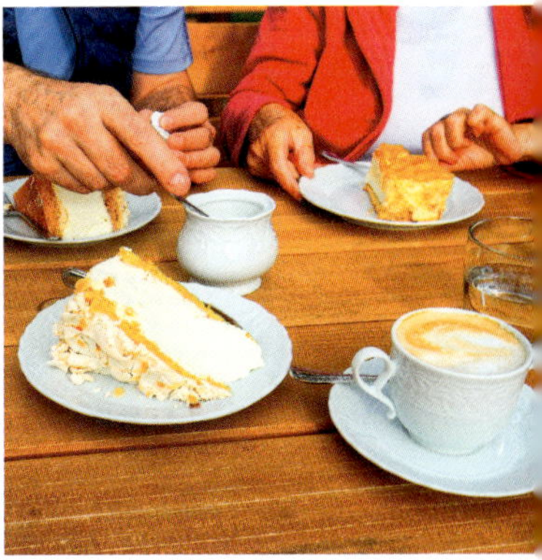

**↑ Oberfischbach mit seiner Kirche St. Johannes**
**↓ Viele Kühe säumen die Wege auf dieser Wanderung.**
**→ Kaffee und Kuchen gibt es im Bauernhofcafé von Rothenrain.**

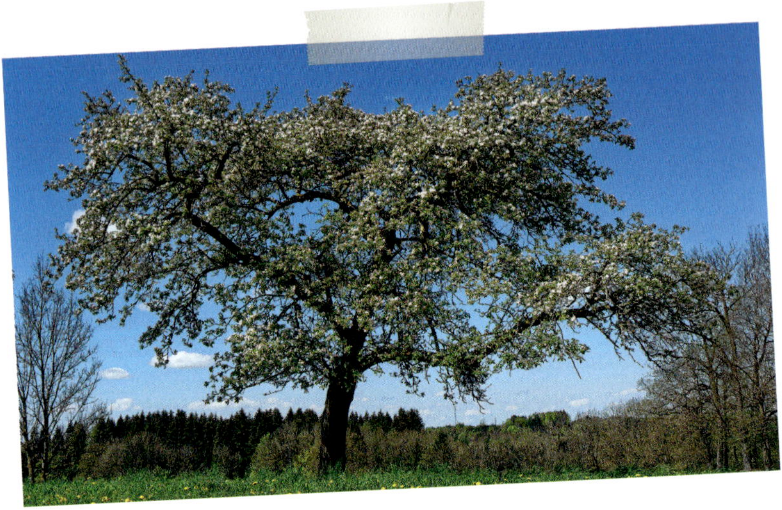

Viele Bauern pflegen Streuobstwiesen vor ihren Höfen.

den Lechnerbach und wandern am Rand einer Wiese nun auf dem Heilklimaweg 21 zum Weiler Prösteln. Dort folgen wir einem Wiesenweglein nach Abberg, wo wir uns rechts halten und hinunter zur großen Straße gehen. Diese queren wir und sind nun wieder an der Isar, die hier aufgestaut ist. Ein Stück wandern wir am Ufer nach links, dann queren wir am Isarkraftwerk den Fluss. Auf der anderen Seite führt der Weg verkehrsberuhigt zurück, wofür wir uns möglichst in Fluss- bzw. Stauseenähe halten. Über den Walgerfranzweg kommen wir zum Restaurant Altes Fährhaus, wo wir den Isarsteg benutzen, um auf die Uferseite vom Hinweg zu wechseln. Nun ist es nicht mehr weit und nach links vollenden wir die Runde.

## Tipp

Wirtshaus von Fischbach: In Fischbach gibt es ein urgemütliches Wirtshaus, wie man sie leider nur noch selten findet. Einst prägten solche Wirtschaften den ländlichen Raum und begleiteten die Landbevölkerung durch das Leben. Hier traf man sich, wurden Neuigkeiten ausgetauscht und natürlich wurde gefeiert: von der Taufe über die Hochzeit bis zum Leichenschmaus.

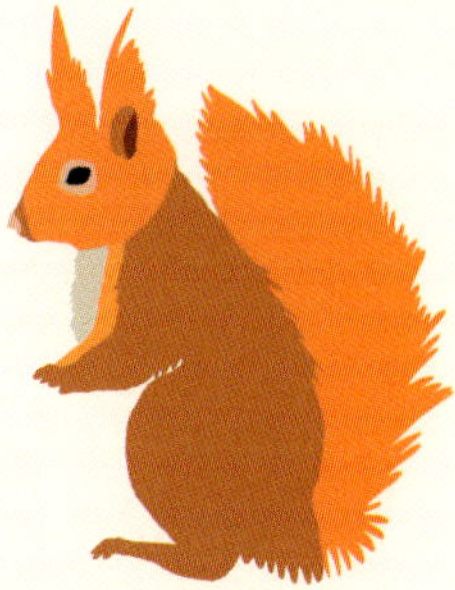

# AUF EINEN BLICK

**Tour 18:** Tour für den Genuss

**Dauer:** 4.30 Std.

**Höhenmeter:** 250 Hm

**Länge:** 15 km

**Schwierigkeit:** mittel

**Tourencharakter:** Längere Runde auf Wanderwegen und wenig befahrenen Nebenstraßen. Die Tour lässt sich in Fischbach abkürzen.

**Ausgangs-/Endpunkt:** Isarbrücke in Bad Tölz am Ende der Marktstraße

**Anfahrt:** **Pkw:** Auf der A 95 bis Ausfahrt Sindelsdorf, weiter nach Bad Tölz. **Bahn/Bus:** Mit der Bayerischen Oberlandbahn BOB nach Bad Tölz. Vom Bahnhof 15 Minuten Weg an die Isarbrücke.

**Einkehr:** Das Gasthaus Fischbach verwöhnt mit hervorragender bayerischer Küche (Mo Ruhetag, von Nov. bis April nur Fr–So, außer in den Ferien). Bauernhof-Café Bolzmacher (Mi–So ab 9 Uhr)

**Information:** www.bad-toelz.de

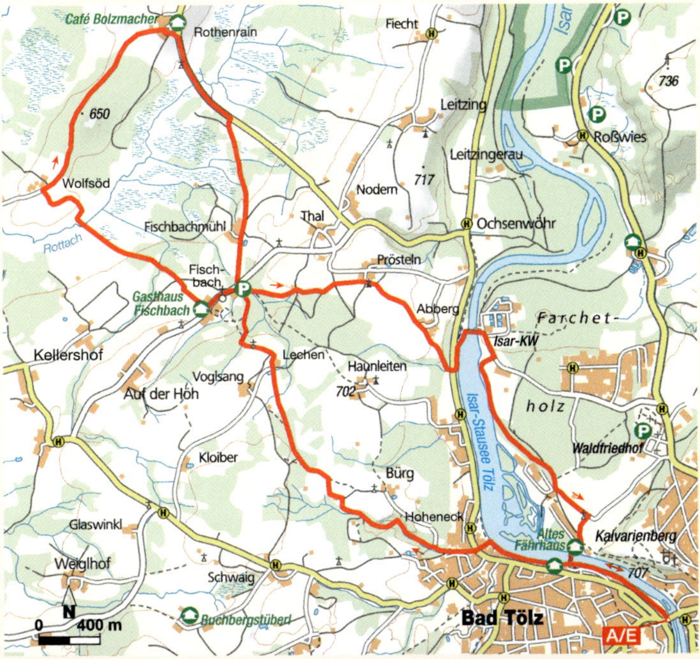

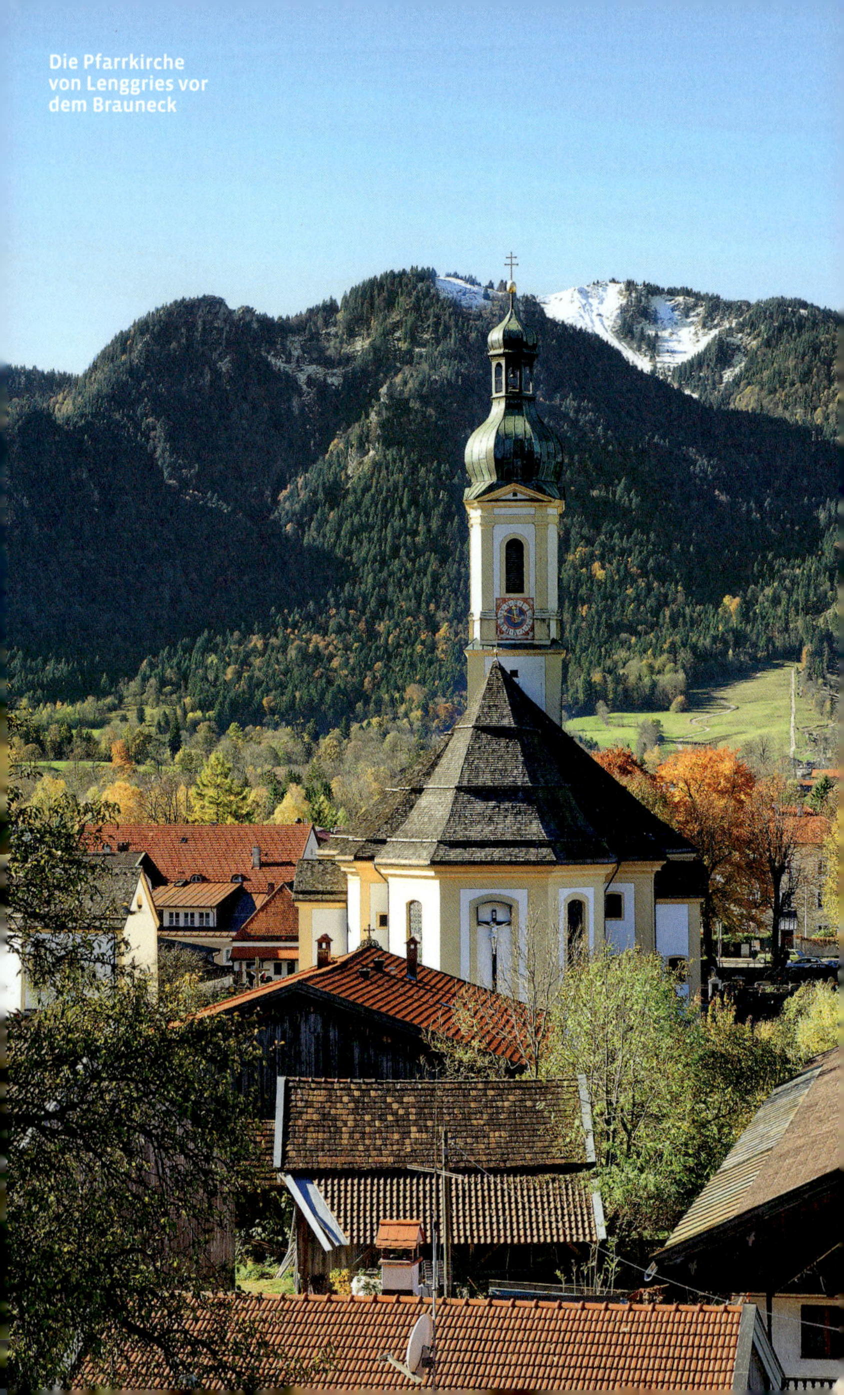

Die Pfarrkirche von Lenggries vor dem Brauneck

# ZUR DENKALM

Tour
TOUR 19
ohne Uhr

## Nachmittagssonne über dem Isartal

Die nach Westen ausgerichtete charmante Denkalm oberhalb von Lenggries ist ein Klassiker unter den Ausflugsalmen. Das ganze Jahr über kann man hier heraufsteigen, neben dem Berggefühl viel frische Luft tanken und obendrein nett einkehren.

**Variante über den Keilkopf** Auf der anderen Seite des Parkplatzes am Schwimmbad zieht sich ein klitzekleiner Wiesenweg in nördliche Richtung (Schild »Denkalm«). So kommen wir zu einem Teerweg, dem wir nach rechts folgen. Wir passieren bald den großen Wasserbehälter von Lenggries. Dann erreichen wir an einer Brücke den Tratenbach. Links geht es auf direktem, schnellstem und auch leichtestem Weg hinauf zur Alm. Wir wollen uns sportlich ein wenig austoben und entscheiden uns für die längere Variante nach rechts über den Keilkopf. Der schattige Weg zieht sich mal mehr, mal weniger nah am Tratenbach entlang und überquert ihn schließlich nach links. 300 Meter später halten wir uns erneut links und passieren den Keilkopfgipfel, wo wir eine Aussicht jedoch vergeblich suchen. Aber wir haben den höchsten Punkt erreicht und steigen nun steiler abwärts.

**In sonniger Höhe** Plötzlich taucht an einer Almwiese, auf der sich meistens schon ein paar Besucher in der Sonne räkeln, die Denkalm auf. Jetzt genießen wir die Sonne an der holzverkleideten Hauswand, wo uns obendrein die hausgemachten Kuchen glücklich stimmen. Nach Südwesten haben wir etwas Aussicht. Nicht viel, aber immerhin. Die Denkalm ist eben unspektakulär, aber gerade deswegen so liebenswert. Für den Abstieg folgen wir dem breiten Almweg hinunter. Eine Kurve lotst uns nach links und wir queren den »Andreasgraben«. Zumindest steht ein entsprechendes Schild an der kleinen Senke und wir können unserer Fantasie freien Lauf lassen, welcher Einheimische wohl darin gelandet ist. Schließlich geht es steil bergab und wir erreichen wieder die Tratenbachbrücke. Jetzt kommen

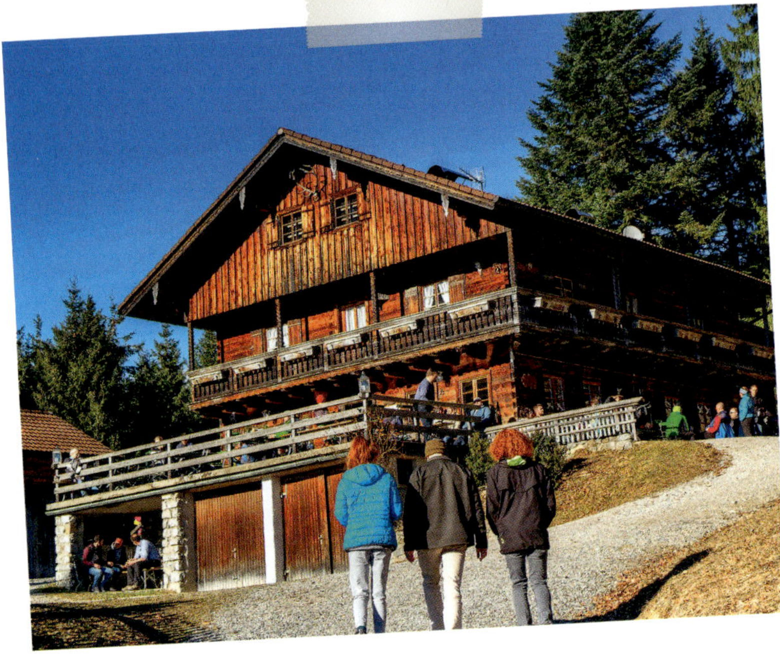

↑ **Die gemütliche Denkalm ist das Glücksziel der heutigen Wanderung.**

wir sicher zum Ausgangspunkt zurück. Jetzt ist sicherlich noch etwas Zeit übrig um sich Lenggries anzusehen. Der Ort zeichnet sich durch seine gelungene Mischung zwischen Tradition und Moderne aus. In der Ortsmitte finden wir viele schöne Bauernhäuser, aber auch nette Cafés, Geschäfte und Eisdielen.

## Tipp

Baden in der Isar: In Lenggries gibt es viele wunderbare Badestellen an der Isar, um sich nach einer sommerlichen Wanderung zu erfrischen. Eine gut erreichbare und für Familien mit Kindern besonders schöne Stelle an einem Altwasserarm ist direkt an der Isarbrücke auf der Braunneckseite. Für ein Picknick kann man sich im danebenliegenden Supermarkt eindecken.

# AUF EINEN BLICK

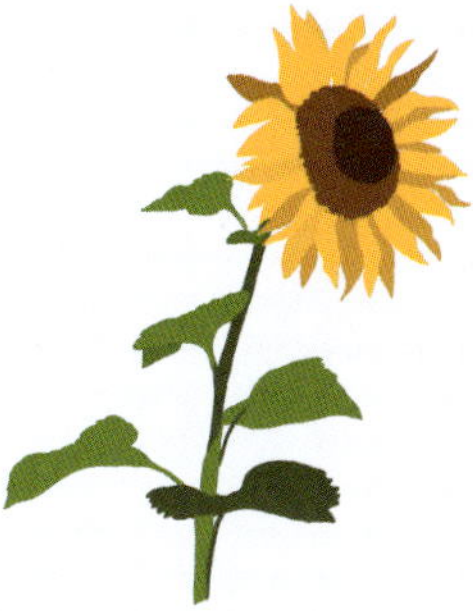

**Tour 19:** Tour ohne Uhr

**Dauer:** 2.15 Std.

**Höhenmeter:** 400 Hm

**Länge:** 7 km

**Schwierigkeit:** mittel

**Tourencharakter:** Rundtour auf Forststraßen und Bergpfaden mit einem Anstieg zur Denkalm. Relativ schattig. Lässt sich ohne Keilkopf deutlich abkürzen.

**Ausgangs-/Endpunkt:** Schwimmbad Isarwelle in Lenggries

**Anfahrt:** **Pkw:** Auf der A 95 bis Ausfahrt Penzberg/Iffeldorf, weiter nach Bad Tölz, dann nach Süden bis Lenggries. Dort in die Ortsmitte und der Beschilderung zur »Isarwelle« in die Goethestraße folgen.
**Bahn/Bus:** Mit der Bayerischen Oberlandbahn BOB bis Lenggries, dann zusätzlicher Fußweg von ca. 20 Minuten

**Einkehr:** Die Denkalm hat ganzjährig geöffnet, wobei der Tagesbetrieb wetterabhängig ist (Mi, Do Ruhetag).

**Information:** www.lenggries.de

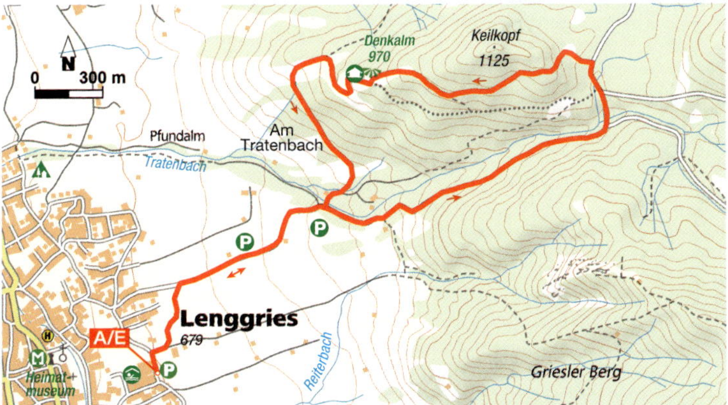

Am Hackensee

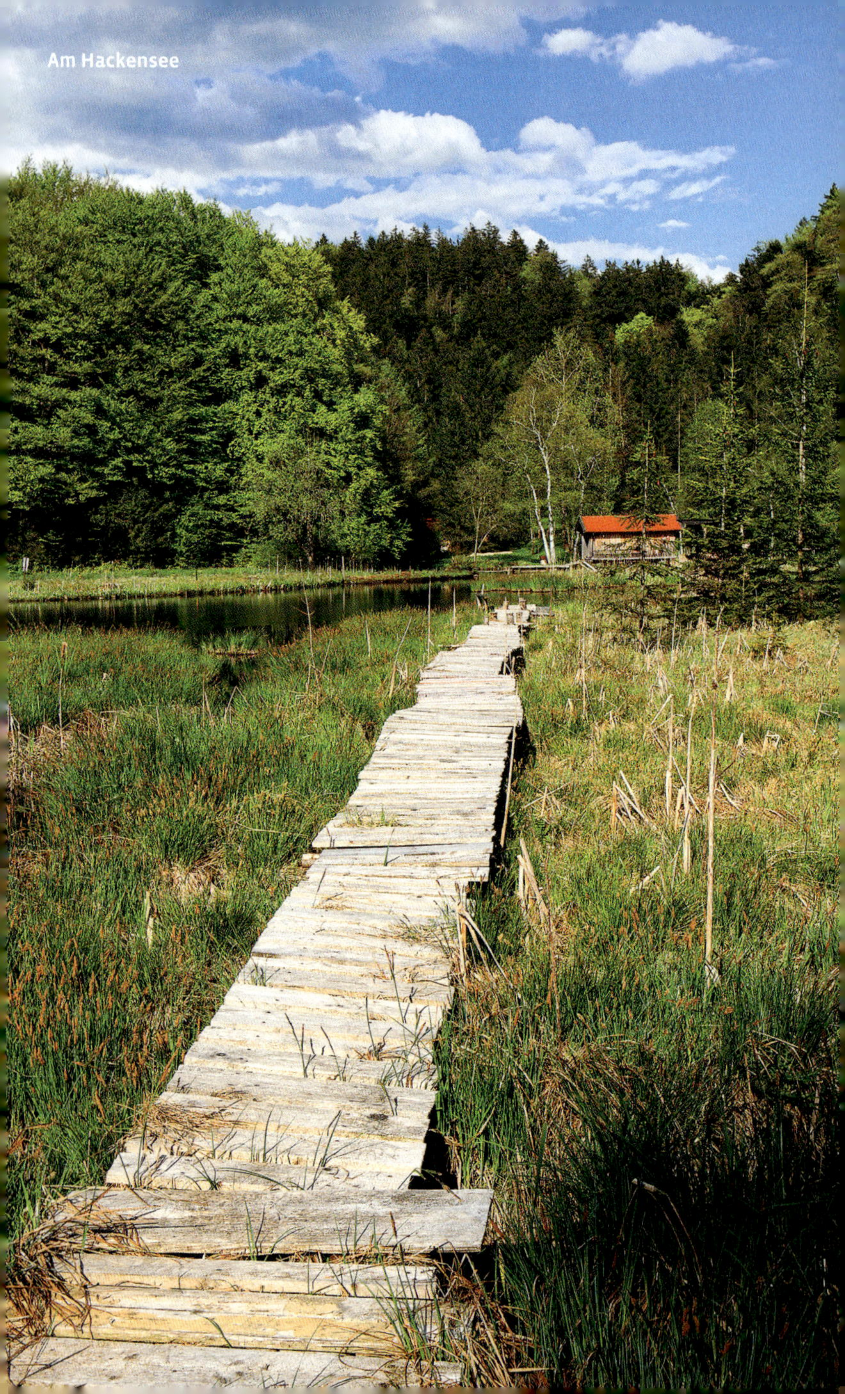

# VON DIETRAMSZELL ZUM HACKENSEE

Tour
TOUR 20
der Stille

## Wald, Weiher und wilde Wege

Definitiv gehört Entdeckerlust zu dieser Wanderung dazu. Es gibt wenig Beschilderung, aber genau darin liegt der Reiz. Wo sonst findet man direkt vor den Toren Münchens ein so herrliches Miniatur-Abenteuer?

**Nach Reith** Still und ruhig erstreckt sich der Zeller Wald südöstlich von Dietramszell. Aber nicht nur der Wald ist unser Ziel. Glücklich machen uns auch die zwei Badeweiher auf der Strecke. Aber zuerst machen wir uns auf den Weg. Wir wählen die Straße, die zwischen dem Kloster und der Klosterschänke aus dem Ort in Richtung Holzkirchen führt. Dieser folgen wir für einen Kilometer, leider gibt es keinen reinen Fußweg. Doch gleich beim ersten Waldstück haben wir es geschafft und ab jetzt haben wir die Wege fast für uns allein. Im Waldstück biegt gleich rechts ein kleiner Forstweg ab, dem wir folgen. Der Weg ist kein ausgeschilderter Wanderweg, also Abenteuer pur. Er führt an eine Wiese, die wir den Spuren nach geradeaus queren. Am Rand eines Wäldchens wird der Feldweg wieder deutlicher und wir folgen ihm entlang eines Bächleins. Leicht bergauf stoßen wir auf eine Teerstraße, auf der wir nach rechts die malerischen Bauernhäuser von Reith erreichen. Sie liegen in einer traumhaft schönen, hügeligen Voralpenlandschaft.

**Im Zeller Wald** Hinter dem ersten Bauernhaus, in dem eine Künstlerin Marionetten baut, teilt sich der Weg. Wir halten uns links, unter der Scheuneneinfahrt hindurch, und verlassen den Weiler an der kleinen Kapelle. Über die Felder geht es zu einer Scheune, wo sich der Weg erneut verzweigt. Jetzt halten wir uns rechts und erreichen den Wald, wo wir wieder an einer Scheune rechts in den Wald einbiegen. Nach wenigen Metern

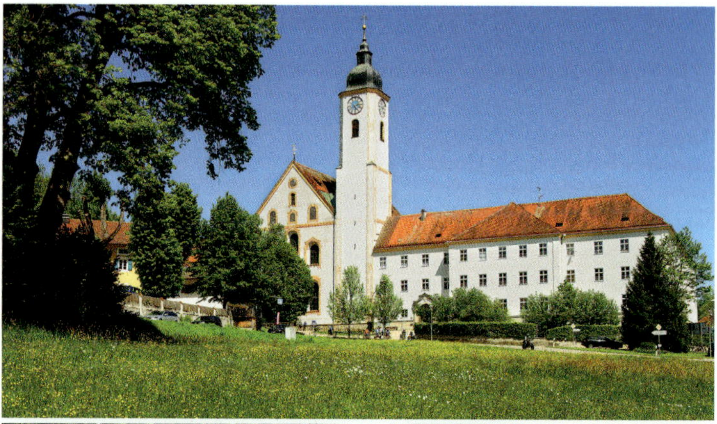

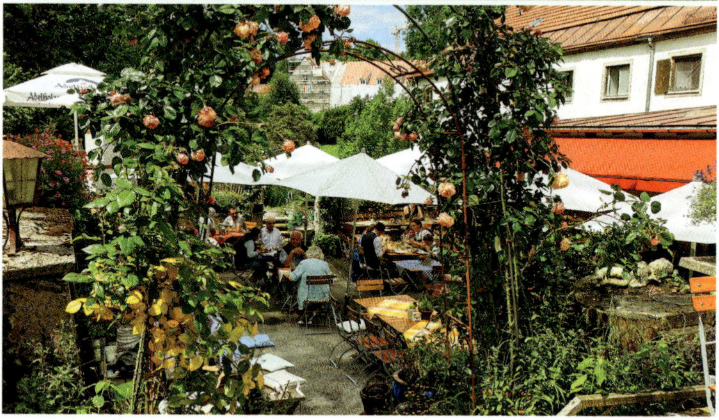

Ich ging in die Wälder, weil ich bewusst leben wollte. Ich wollte das Dasein auskosten. Ich wollte das Mark des Lebens einsaugen! Und alles fortwerfen, das kein Leben barg, um nicht an meinem Todestag innezuwerden, dass ich nie gelebt hatte.«

Henry David Thoreau

folgen wir dann dem linken Abzweig. Jetzt sind wir im Zeller Wald unterwegs. Wir stoßen auf eine größere Forststraße, diese können wir fast geradeaus queren. Nun geht es bergab und kurz darauf stehen wir schon an einem kleinen Weiher mit einer Fischhütte. Hier kommen wir beim Rückweg wieder vorbei.

**Der Hackensee** Zum Hackensee geht es nun nach links. Wir queren den Kirchseebach und erreichen kurz darauf nach einem Holzlagerplatz den idyllischen See mit seinen großen Moorzonen. Die Badeplätze sind rar, aber es lohnt sich, ihn komplett zu umrunden, um sich ein Rastplätzchen zu suchen. Denn ein so romantischer, fast schon mystischer Weiher ist etwas Besonderes. Ein kleiner Steg genügt, um ins Wasser zu kommen. Eines ist klar: Das ist kein offizieller Badeplatz mit Bademeister, hier ist jeder für sich selbst verantwortlich. Dafür sind wir an einem wahren Naturjuwel. Libellen schwirren von einem Schilfhalm zum nächsten, Vögel singen im Wald und am anderen Seeufer hören wir das schnarrende Quaken der Entendamen. Es ist leicht, sich vom Hackensee verzaubern zu lassen.

**Schwenk zum Dietramszeller Waldweiher** Für den Rückweg wandern wir zunächst auf gleichem Weg zurück bis zu dem Weiher mit der Fischerhütte. Diesmal bleiben wir einfach geradeaus und folgen dem Forstweg tiefer in den Wald hinein. Es ist erstaunlich, wie viele Alltagsgeräusche die großen Bäume verschlucken. Still ist es hier. Der Weg mündet in eine weitere Forststraße, der wir nun nach rechts folgen. Am nächsten Wegedreieck halten wir uns rechts, dieser Weg bringt uns nun zurück nach Dietramszell. Auch wenn es

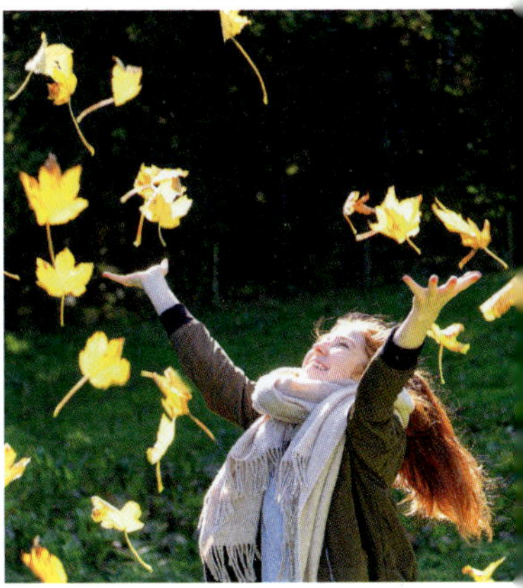

- ↑ **Kloster Dietramszell ist Ausgangspunkt der Wanderung.**
- ↓ **Im Biergarten der Dietramszeller Klosterschänke findet sich bestimmt noch ein Platz.**
- → **Besonders im Herbst ist der Wald wunderschön.**

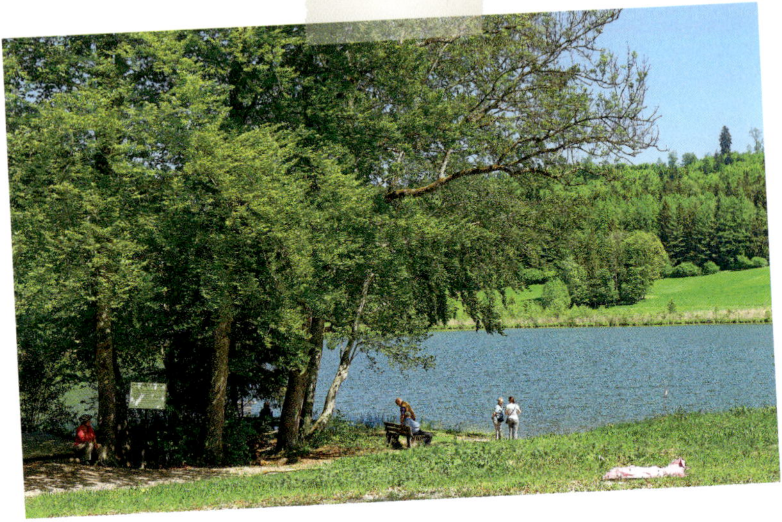

↑ **Im naturbelassenen Waldweiher darf man schwimmen.**

im Wald einige Abzweigungen und Kurven gibt, ist der Hauptweg gut ersichtlich. Kurz vor Dietramszell können wir links zum Dietramszeller Waldweiher einbiegen. Der Weiher wurde als Fischweiher für das nahe Kloster künstlich angelegt. Er eignet sich ebenfalls für eine Badepause. Zum Kloster folgen wir dann einfach dem Weg, der nach der Fischerhütte rechts in den Wald führt. Er trifft auf den Wanderparkplatz, der nur wenige Meter von unserem Ausgangspunkt entfernt liegt. Jetzt dürfen wir gut und gern in der Klosterschänke neben dem Kloster den irdischen Genüssen ausgiebig frönen.

## Info

Das Kloster Dietramszell geht auf das 11. Jahrhundert zurück und erlebte seinen Höhepunkt im 18. Jahrhundert, als nach den Zerstörungen im 30-jährigen Krieg das gesamte Kloster neu aufgebaut wurde. So stammen Stuck und viele Bilder in der Klosterkirche von Johann Baptist Zimmermann, einem der bekanntesten barocken Künstler im süddeutschen Raum.

# AUF EINEN BLICK

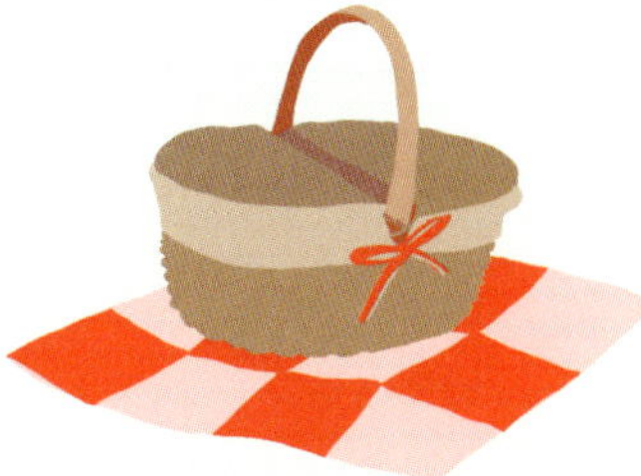

**Tour 20:** Tour der Stille

**Dauer:** 2.45 Std.

**Höhenmeter:** 150 Hm

**Länge:** 11 km

**Schwierigkeit:** leicht

**Tourencharakter:** Gerade im Sommer sehr schön schattige Rundtour mit Bademöglichkeit. Im Wald ist Orientierung nötig, es gibt so gut wie keine Beschilderung. Der Boden auf den Wegen kann an manchen Stellen etwas aufgewühlt sein, daher feste Schuhe tragen!

**Ausgangs-/Endpunkt:** Klosterkirche in Dietramszell

**Anfahrt:** **Pkw:** Auf der A 8 bis Ausfahrt Holzkirchen, weiter in Richtung Bad Tölz. Kurz nach dem Ortsende von Holzkirchen rechts nach Dietramszell. Parkplätze kurz vor der Klosterschänke, an der Tölzer Straße beim Rathaus oder an der Münchner Straße nach dem Kloster.
**Bahn/Bus:** Mit der S-Bahn S 3 nach Deisenhofen, mit dem MVV-Bus 381 nach Dietramszell oder mit der S 7 bis Wolfratshausen und weiter mit dem Bus

**Einkehr:** Klosterschänke Dietramszell mit wunderschön ruhigem Biergarten und historischen Innenräumen (Mo, Di Ruhetag)

**Information:** www.dietramszell.de

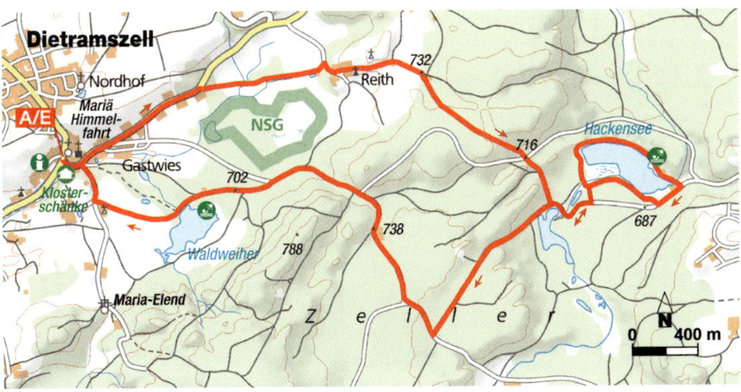

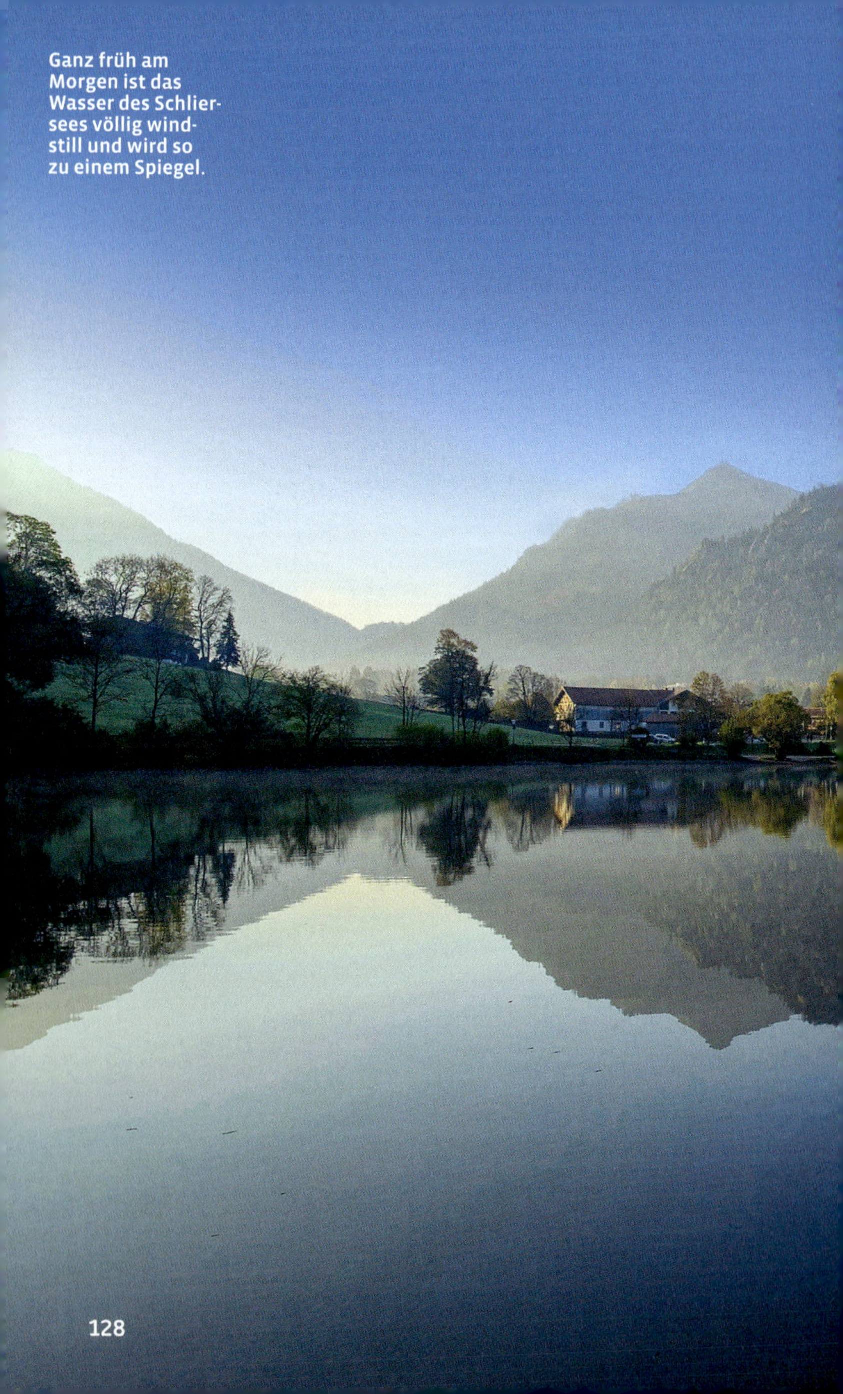

Ganz früh am Morgen ist das Wasser des Schliersees völlig windstill und wird so zu einem Spiegel.

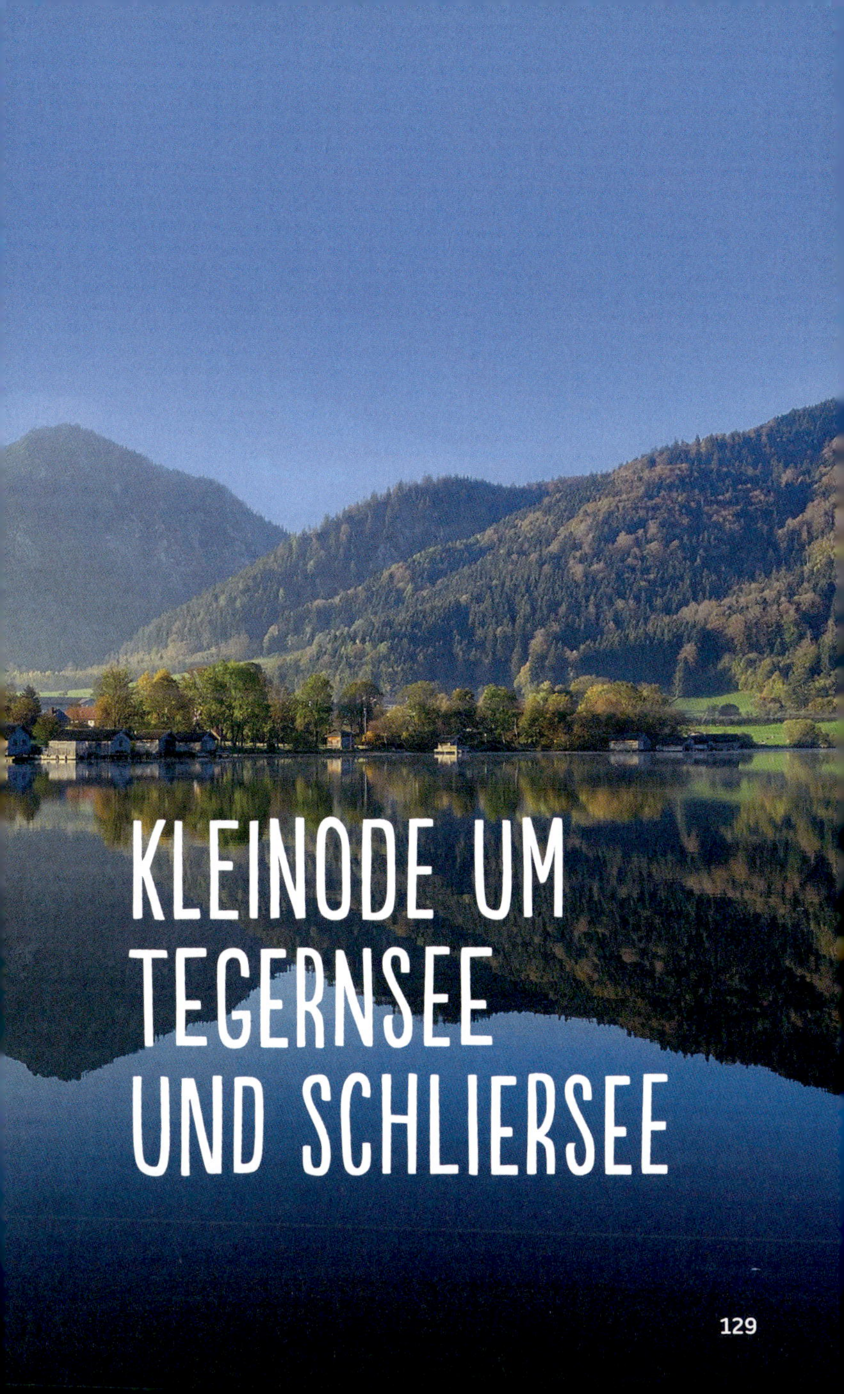

# KLEINODE UM TEGERNSEE UND SCHLIERSEE

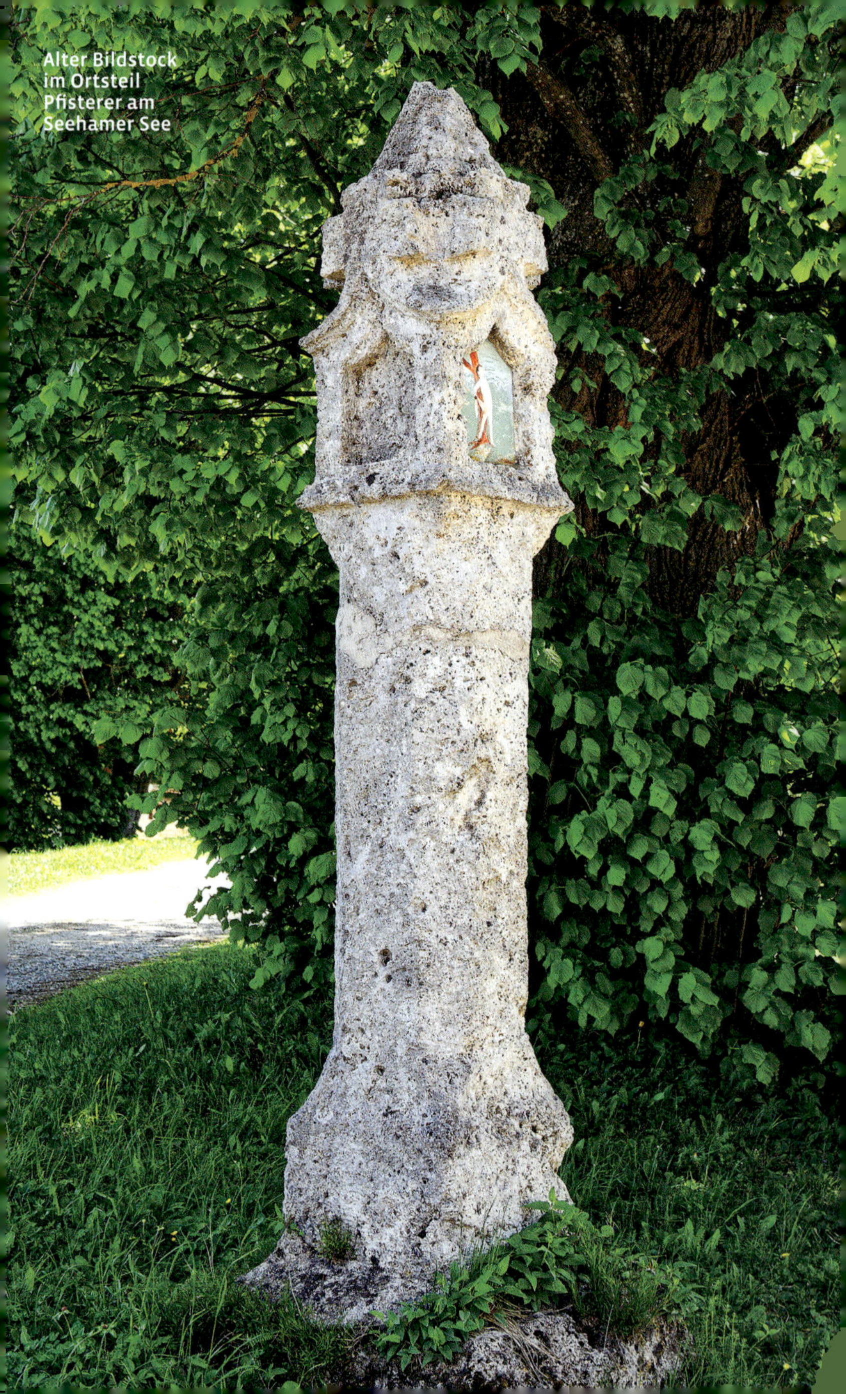

Alter Bildstock im Ortsteil Pfisterer am Seehamer See

Tour
TOUR 21
ohne Uhr

# RUNDE UM DEN SEEHAMER SEE

**Einfach mal anders!**

Völlig unbekannt ist der Seehamer See nicht. Aber ganz zufällig kommt man normalerweise hier auch nicht vorbei. Und so wandern wir einfach mal auf anderen Wegen, die mit glänzender Aussicht durch ein Landschaftsschutzgebiet führen.

**Über fünf Inseln auf den Wendelstein** Einsam und tief in die Natur eintauchen können wir am Seehamer See nicht, dazu liegt er zu nah an der Autobahn. Einige Uferbereiche stehen unter Landschaftsschutz und dürfen nicht betreten werden. Natürlichen Ursprungs ist der See auch nicht. Er wurde als Pumpspeichersee für das nahe Leitzachkraftwerk 1911 aufgestaut. Da stellt sich die Frage, warum wir um den Seehamer See trotzdem glücklich wandern können? Das liegt zum einen an den wunderschönen Ausblicken über fünf Inseln auf den markanten Wendelstein. Zum anderen blühen auf den umliegenden Feuchtwiesen besonders schöne Blumen. Und im Sommer ist der See eine tolle Alternative zu allen anderen oberbayerischen Seen.

**Reizvolle Seerunde** Am Parkplatz wandern wir mit Blick zum See nach rechts auf der kleinen Straße in Richtung Kleinseeham. Kurz davor, in einer Rechtskurve, laufen wir geradeaus auf den Feldweg und erreichen nach einem Waldstück wieder Wiesen und den kleinen Seebach-Kanal. An ihm entlang geht es nach rechts, an einer Brücke wieder nach links. In einem lichten Wald kommen wir wieder in Ufernähe. Kurz darauf stoßen wir an die Quelle »Deife ria di« (hochdeutsch: »Teufel, rühr dich«), die außer Wasser auch feinen Sand an die Oberfläche befördert. Das Ganze sieht wie eine blubbernde Vulkan-Fumarole aus. Nach kurzer Zeit wird unser Wanderweg breiter und stößt schließlich auf die Straße, die von Reichersdorf nach

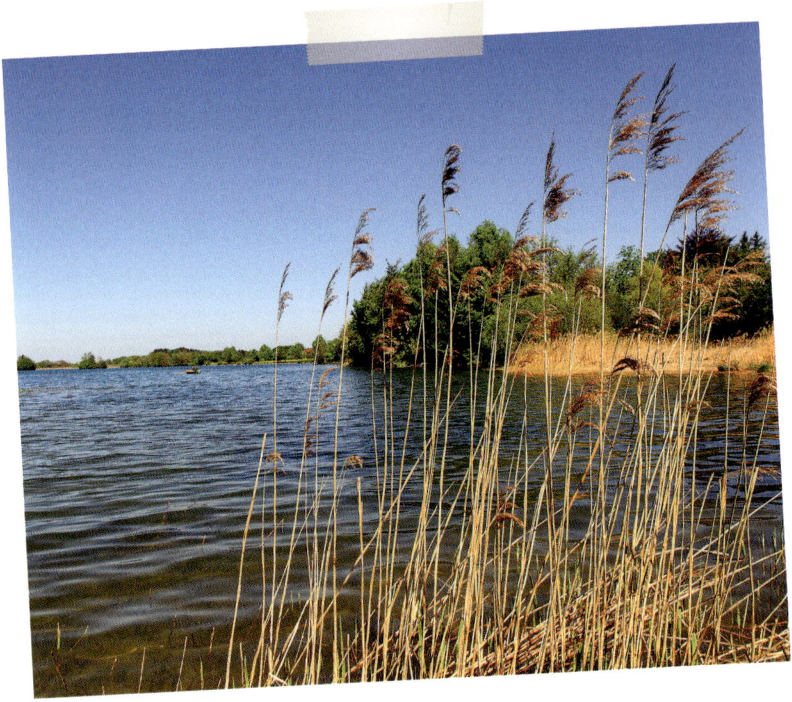

↑ **Viele Uferstellen sind von Schilf eingewachsen.**

Großseeham führt. Ihr folgen wir nach links und sind nun in Autobahnnähe. Der See gibt weiter die Richtung vor und vorbei am Campingplatz und seiner Gaststätte Seehamer See, wo wir einkehren können, durchqueren wir Großseeham bis zum Ausgangspunkt.

## Tipp

Kunst in Weyarn: Wer nicht auf die Uhr schauen muss, besucht im Anschluss den nahen Ort Weyarn – vor allem für Kunstliebhaber eine interessante Exkursion. In der Kirche St. Peter und Paul des ehemaligen Augustiner-Chorherrenstifts finden wir bedeutende Figuren des Bildhauers Ignaz Günther.

# AUF EINEN BLICK

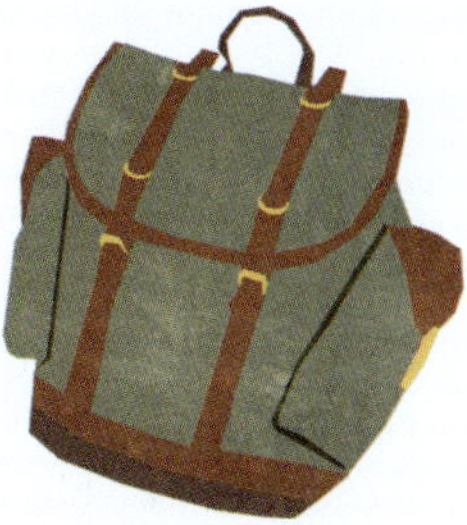

**Tour 21:** Tour ohne Uhr

**Dauer:** 2 Std.

**Höhenmeter:** 60 Hm

**Länge:** 6,5 km

**Schwierigkeit:** leicht

**Tourencharakter:** Fast eben verlaufende Wanderung auf schmalen Pfaden und einer Anliegerstraße. Im Sommer Badesachen nicht vergessen. Etwas Autobahnlärm.

**Ausgangs-/Endpunkt:** Parkplatz in Großseeham bei Weyarn

**Anfahrt:** **Pkw:** Auf der A 8 bis Ausfahrt Weyarn, in Weyarn links nach Großseeham. Dort großer Wanderparkplatz am Beginn des Ortes.
**Bahn/Bus:** Mit der Bayerischen Oberlandbahn BOB bis Darching, weiter mit Bussen nach Großseeham

**Einkehr:** Gasthaus Seehamer See am Campingplatz, in der Nebensaison Mo Ruhetag

**Information:** www.samerberg.de

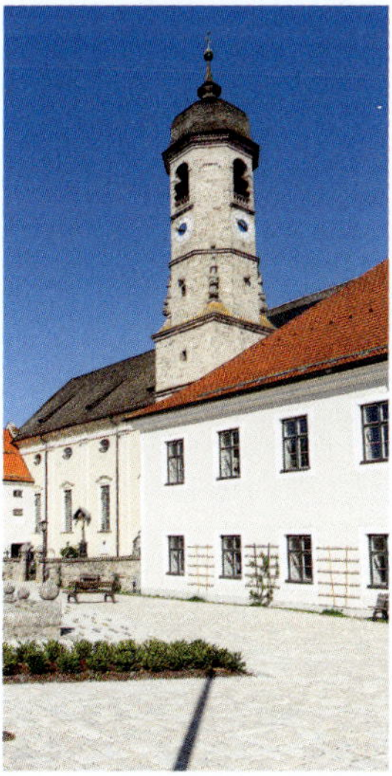

← **Die Klosterkirche von Weyarn beherbergt wertvolle Kunstschätze.**

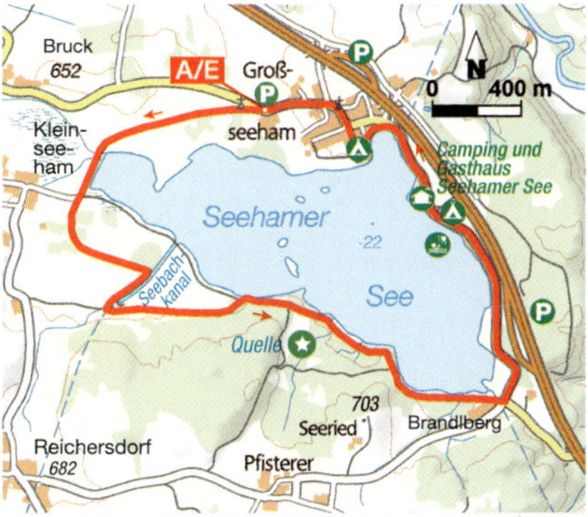

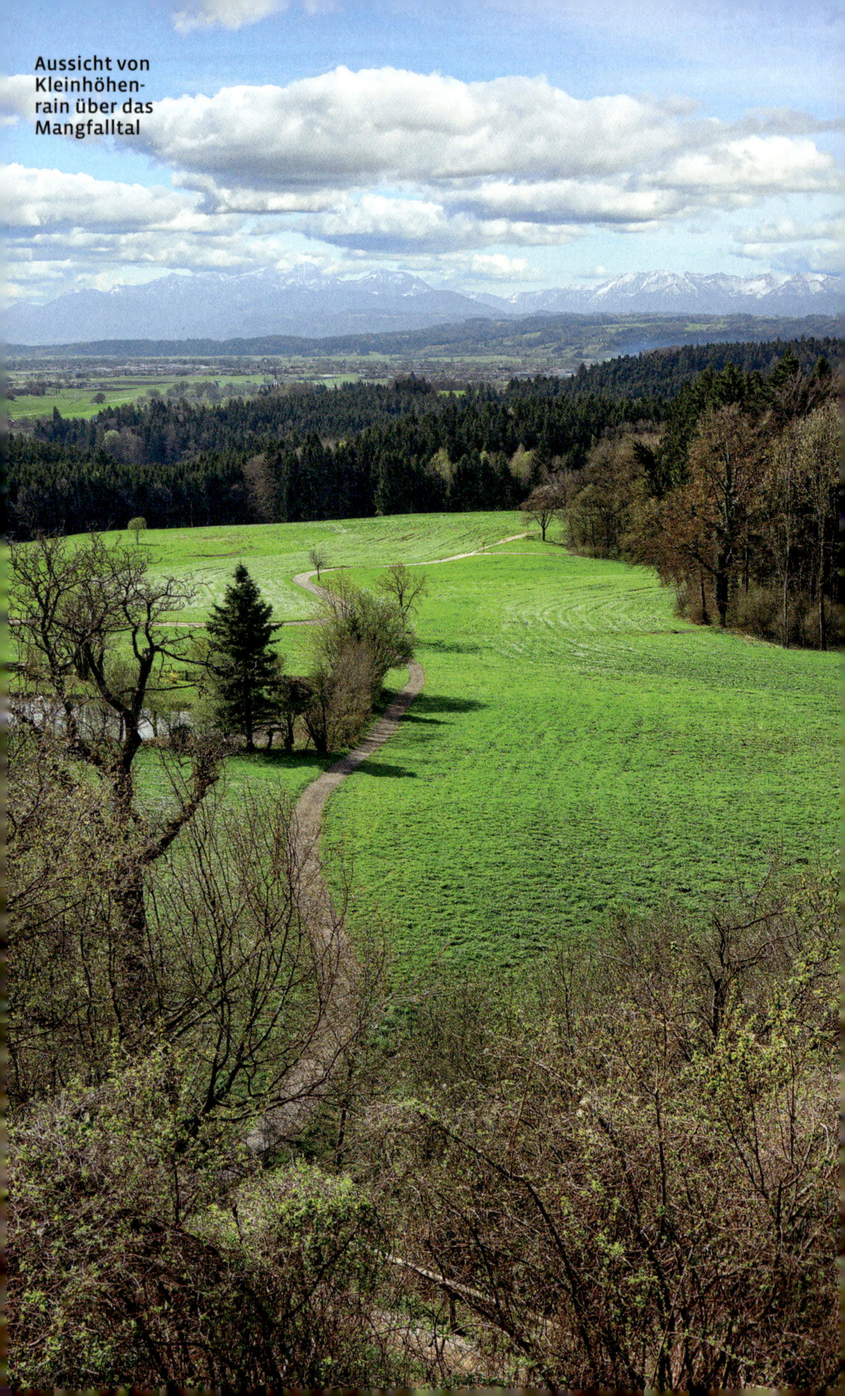

Aussicht von Kleinhöhenrain über das Mangfalltal

# NACH KLEINHÖHENRAIN

Tour für
TOUR 22
die Sinne

**Sinnenfroh auf stillen Wegen**

Bruckmühl liegt eben im Mangfalltal und erscheint wenig aussichtsreich. Falsch gedacht – denn von da führt ein wunderbarer Wanderweg auf einen tollen Aussichtshügel, wo wir zu unserem Glück einen urigen Biergarten mit Alpenpanorama finden.

**Am Moosbach nach Maxhofen** Wir folgen der Bahnhofstraße nach links, biegen rechts in die Müller-zu-Bruck-Straße, dann links in die Berghamer Straße. Wir befinden uns nun hinter dem Saluswerk. Die Straße teilt sich, wir halten uns zweimal rechts und verlassen Bruckmühl. Unser Sträßchen führt über Felder zur Bundesstraße, die wir am Gasthof Großer Wirt überqueren. An seinem Parkplatz wählen wir rechts den kleinen Wiesenweg, der uns, einmal eine Straße kreuzend, an einer Hofkapelle vorbeiführt. Am Wegedreieck dahinter bleiben wir kurz geradeaus, dann beginnt links ein schmaler Weg, der uns am Moosbach entlang nach Maxhofen führt. Wir passieren einen Weiher, das Schloss Maxhofen und erreichen einen Wanderparkplatz. Unser Aufstieg nach Kleinhöhenrain beginnt, wobei wir uns bei der ersten Gabelung rechts halten und zum frei stehenden Baum wandern.

**Zur schönen Aussicht** Der Weg ist als »Wanderweg der Sinne« bezeichnet und ein Hochgenuss; definitiv etwas zum Hinsehen, Hinhören und Hinsinnen. Außerdem freuen wir uns über die erste Aussicht auf die Alpen. Vom ersten einsamen Baum geht es über die Felder zum querenden Feldweg, dem wir mit einem Links-rechts-Schwenk folgen. Kreuzwegstationen zeigen, dass wir richtig sind. Wir erreichen einen Waldrand, unter der großen Eiche steht eine wunderbare Rastbank. Jetzt führt der Weg in den Wald. Malerisch geht es über ein Brücklein. Wir bleiben über alle Abzweigungen hinweg geradeaus und erreichen im leichten Auf und Ab eine offene Wiese. Eine letzte Anstiegsmühe bringt uns hinauf zur bereits

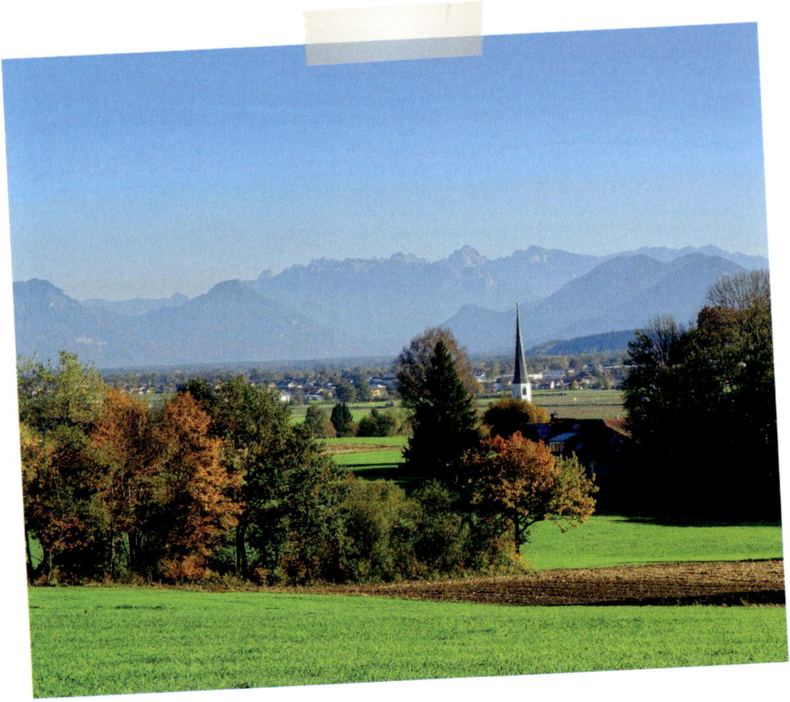

↑ **Kirchdorf**

sichtbaren Kirche und zum Gasthaus Zur schönen Aussicht. Hier kehren wir ein, wobei wir zuvor einen Blick in die Wallfahrtskirche werfen. Und natürlich ist der Name verpflichtend. Es gilt in die Weite zu schauen und sich vom Bergpanorama glücklich stimmen zu lassen. Der Rückweg verläuft auf dem Hinweg.

## Tipp

Naturerkundung: In Bruckmühl gibt es noch mehr Interessantes zu besichtigen. Sowohl das Tierkundemuseum als auch das Salus Auwald-Biotop eignen sich, um die Natur noch genauer zu erforschen (beide geöffnet Mi, Sa und So von 14–16 Uhr, im Sommer bis 17 Uhr).

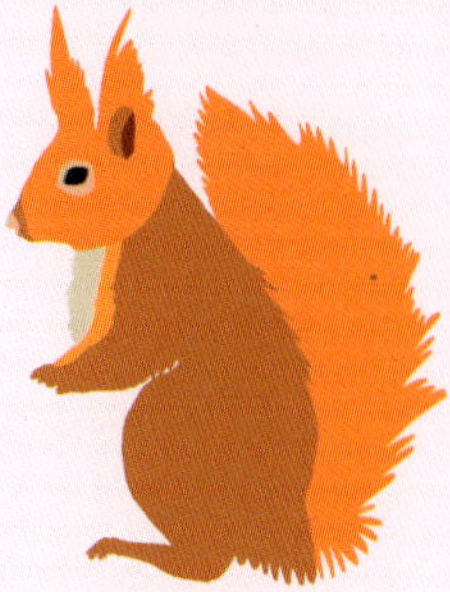

# AUF EINEN BLICK

**Tour 22:** Tour für die Sinne

**Dauer:** 2.45 Std.

**Höhenmeter:** 150 Hm

**Länge:** 10 km

**Schwierigkeit:** leicht

**Tourencharakter:** Kaum anstrengende Wanderung über kleine Nebenstraßen, Feld- und Waldwege, leicht ansteigend bis Kleinhöhenrain. Der Rückweg verläuft auf dem Hinweg.

**Ausgangs-/Endpunkt:** Bahnhof in Bruckmühl

**Anfahrt:** **Pkw:** Auf der A 8 bis Ausfahrt Irschenberg. Weiter nach Irschenberg und von dort bergab ins Mangfalltal nach Bruckmühl. Parkplätze am Bahnhof.
**Bahn/Bus:** Mit der Bahn von München nach Bruckmühl

**Einkehr:** Gasthaus Zur Schönen Aussicht in Kleinhöhenrain (Mi Ruhetag)

**Information:** www.bruckmuehl.de

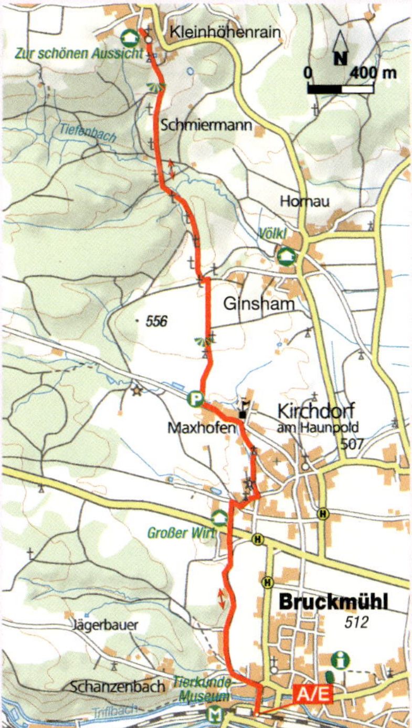

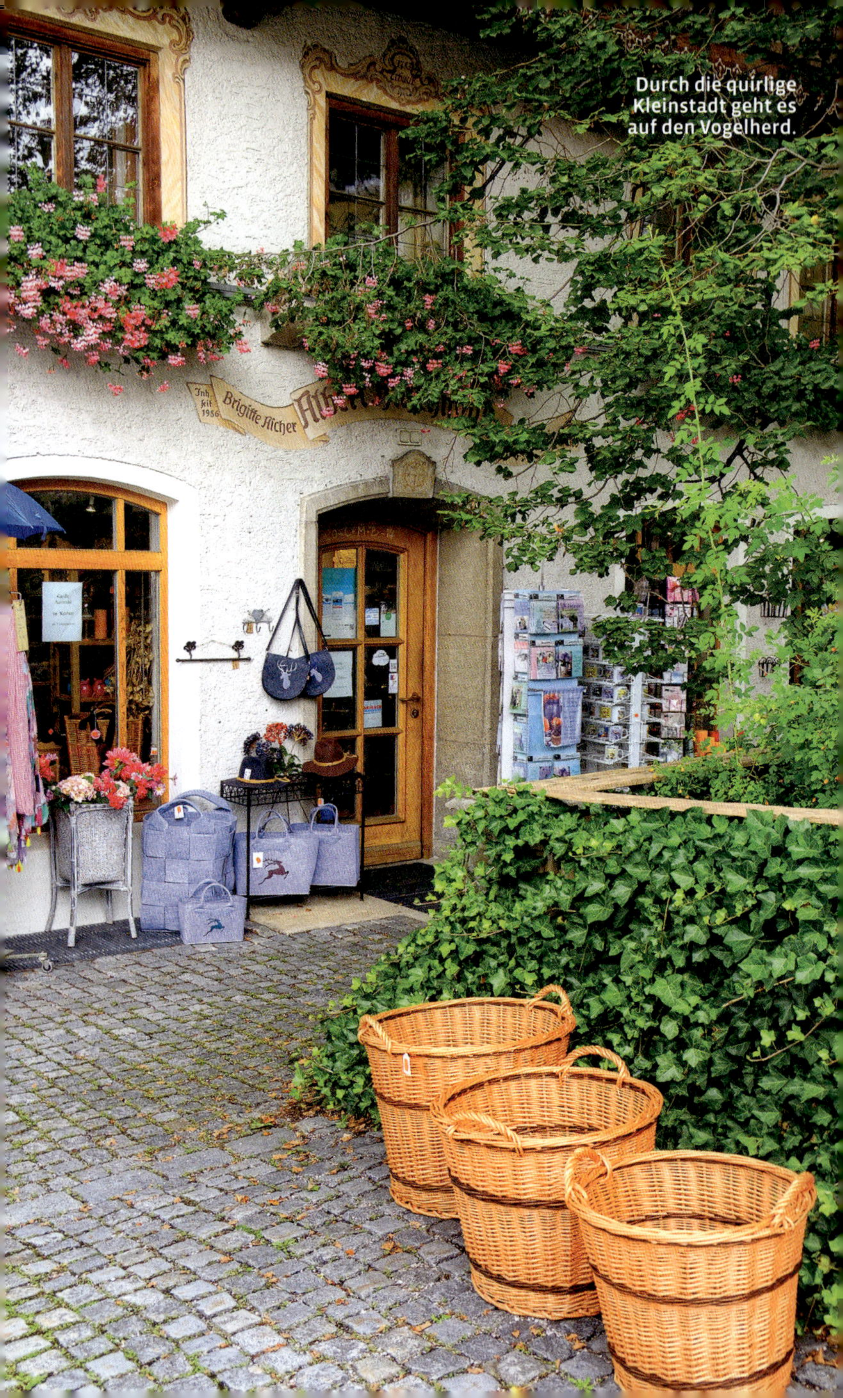


Durch die quirlige Kleinstadt geht es auf den Vogelherd.

Tour
TOUR 23
ohne Uhr

# ZUM VOGELHERD

## Aussichtshügel mit Kleinstadtcharme

Unvermutet liegt ein vortrefflicher Aussichtshügel östlich von Miesbach. Das lebhafte Treiben einer idyllischen Kleinstadt lässt sich so mit völliger Ruhe in der Natur verbinden. Den Tag können wir in Miesbach beliebig ausklingen lassen.

**Über Bauernland** Wir starten am Bahnhof, wandern auf der Bahnhofstraße nach rechts und links in die Fraunhoferstraße. Auf dieser laufen wir geradeaus und steigen den Lebzelterberg hinauf zum Stadtplatz. Die vielen Cafés und Einkehrmöglichkeiten behalten wir uns für den Rückweg vor. Dort folgen wir der Rosenheimer Straße über die große Ampelkreuzung hinweg. Wir passieren ein Gewerbegebiet und biegen in die letzte Straße, die Schießstattstraße, links ein. Diese bringt uns zur Gaststätte Schießstätt. Dahinter beginnt ein ruhiger Weg, der über Wiesen nach Bergham führt. Er mündet in eine kleine Straße. Dieser folgen wir nach rechts und biegen dann gleich links in den kleineren Weg ein. Leicht bergauf erreichen wir ein kleines Waldstück. An dessen Ende biegen wir links in den ansteigenden Pfad, der zum Vogelherd beschildert ist. Am Waldrand entlang, erreichen wir so schnell den Aussichtshügel Vogelherd. Neben der historischen Gedenksäule gibt es einige Rastbänke, perfekt gelegen für eine mitgebrachte Brotzeit. Der Wendelstein scheint zum Greifen nah und der Blick schweift über das hügelige Alpenvorland bis hinüber über die Mangfallebene in Richtung Rosenheim. Einen solchen Aussichtshügel hätte man hier wahrlich nicht vermutet.

**Über Wald und über Wiesen** Für den Rückweg halten wir uns weiter in ursprünglicher Wanderrichtung, das heißt, wir wandern hinter der Gedenksäule in den Wald hinein. Der Weg steigt zunächst minimal an und führt danach abwärts, bis wir nach einer auffälligen Kapelle aus dem Schatten auf eine Wiese treten. Links sehen wir Miesbach und vor uns

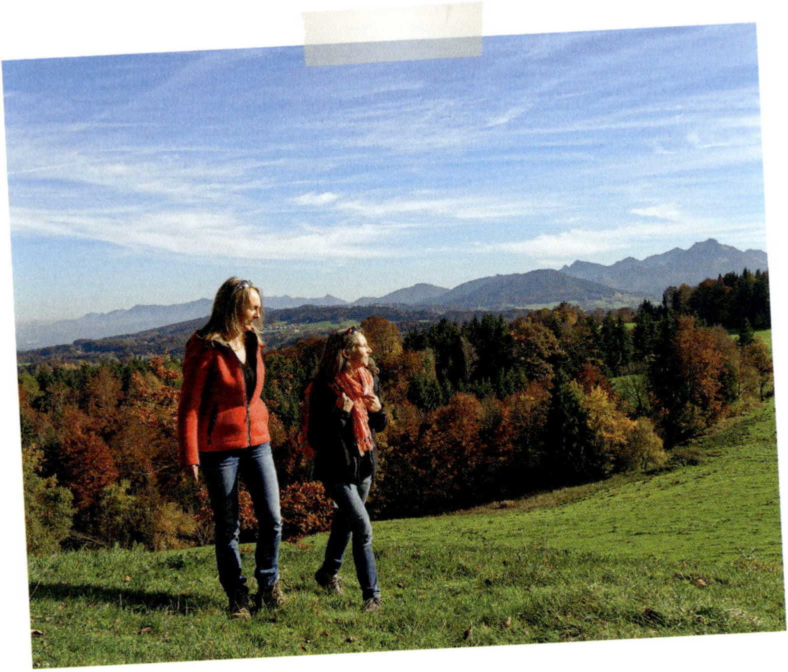

↑ **Völlig unvermittelt dürfen wir herrliche Aussichten genießen.**

einen einsamen Bauernhof. Auf einem Trampelpfad wandern wir zu diesem hinunter und folgen dann links dem Feldweg, auf den wir stoßen. Er führt uns bald an einer Baumreihe entlang zum Weiler Bergham, den wir vom Hinweg kennen. Jetzt nur noch nach rechts und auf gleichem Weg zurück nach Miesbach.

## Tipp

Die Kreisstadt entdecken: Miesbach ist eine lebendige Kleinstadt, die ihren Charme aus der Kombination pfiffiger Cafés, moderner Veranstaltungen und traditioneller Trachtengeschäfte gewinnt. In der verwinkelten Altstadt mit ihren kleinen Gassen finden wir viele kleine Läden, Kaffee- und Wirtshäuser. »Elisabeths Platzerl« am Stadtplatz ist eines der gemütlichsten Cafés.

# AUF EINEN BLICK

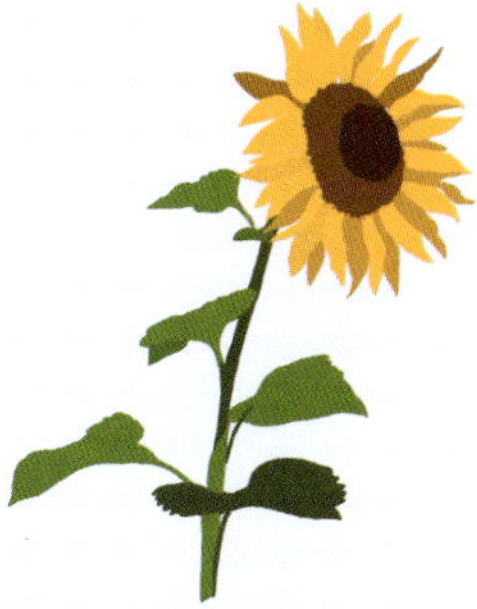

**Tour 23:** Tour ohne Uhr

**Dauer:** 2.30 Std.

**Höhenmeter:** 200 Hm

**Länge:** 8 km

**Schwierigkeit:** leicht

**Tourencharakter:** Wenig anstrengende Wanderung über Wiesenweg und Pfade

**Ausgangs-/Endpunkt:** Bahnhof in Miesbach

**Anfahrt:** **Pkw:** Auf der A 8 bis Ausfahrt Weyarn/Miesbach und weiter auf der Staatsstraße nach Miesbach. Nahe des Bahnhofs gibt es Parkplätze.
**Bahn/Bus:** Mit der Bayerischen Oberlandbahn BOB nach Miesbach, auch mit dem Bus von allen größeren Orten der Umgebung zu erreichen.

**Einkehr:** Unterwegs keine, Brotzeit einpacken! Erst im Anschluss zahlreiche Möglichkeiten in Miesbach. Wer es deftig mag, kommt beim Bräuwirt auf seine Kosten. Jeden Do ist übrigens bis 13 Uhr Markttag, an dem die Erzeuger aus der Umgebung ihre Produkte anbieten.

**Information:** www.miesbach.de

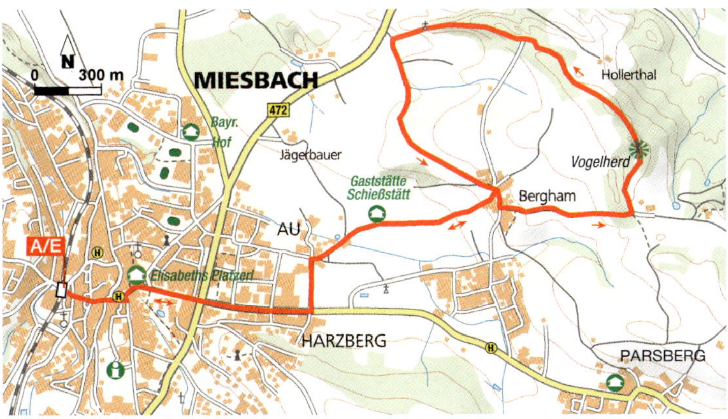

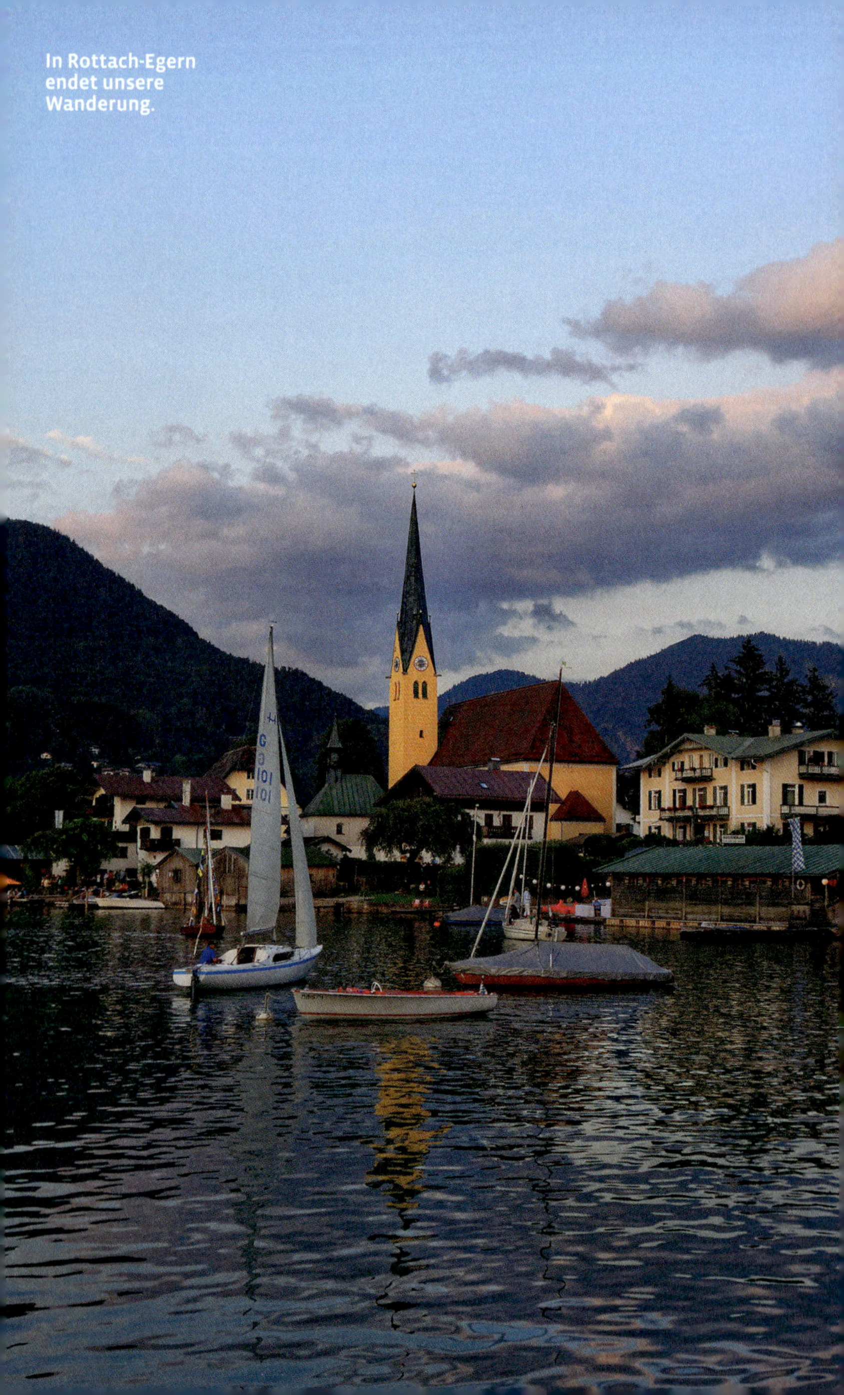
In Rottach-Egern endet unsere Wanderung.

# TEGERNSEER HÖHENWEGE

Tour für den Genuss
TOUR 24

## Das Glück über dem See

Genussvoll ist das Panorama hoch über dem Tegernsee. Immer wieder öffnet sich der Wald, um den Blick auf das glitzernde Wasser freizugeben. Überaus schmackhaft sind auch die Einkehrmöglichkeiten und Sehenswürdigkeiten auf der Wanderung.

**Über Gasse** Wir beginnen unsere Wanderung an der Mangfallbrücke in Gmund und gehen die Bundesstraße in Richtung Tegernsee entlang, bis nach wenigen Schritten links der Osterbergweg abzweigt. Jetzt geht es etwas aufwärts, dann biegen wir rechts in die Gasslerstraße ein. Über Wiesen und Felder kommen wir zur großen Schlierseer Straße. Eine Unterführung bringt uns auf die andere Seite und wir sind damit schon in Gasse. Aber um es vorwegzunehmen: »Gasse« ist hier nicht eine schmale Straße, sondern ein Ortsteil von Gmund, der vor allem durch seine schönen Bauernhöfe punktet. Wir gehen an den Bauernhöfen vorbei und treffen auf eine Kreuzung. Wir biegen nach rechts, halten uns kurz darauf an der Straßengabel links und erreichen über die durch Baum- und Buschgruppen unterteilten Felder den Weiler Unterbuchberg. Dort schickt uns ein Wegweiser nach links auf den Höhenweg in Richtung Tegernsee.

**Auf dem Höhenweg** Der Weg ist hervorragend markiert, man kann kaum fehlgehen. Er verläuft zuerst im Wald, dann überqueren wir eine große Schneise, die uns den Blick auf den Tegernsee und auf die kleine Kirche St. Quirin mit ihrer Heilquelle öffnet. Nach ein paar Häusern tauchen wir wieder in den Wald ein und verlassen ihn erst wieder, wenn wir auf die ersten Häuser der Stadt Tegernsee treffen. Wir gehen oberhalb der Häuser vorbei, dann wird aus unserem Höhenweg der Ludwig-Gschossmann-Weg, der uns abwärts zum Bahnhof bringt. Wer jetzt schon vom Wandern genug hat, kann vom Bahnhof aus abkürzen und die Rückfahrt antreten. Aber versprochen: auf dem Weiterweg liegen noch einige Höhepunkte.

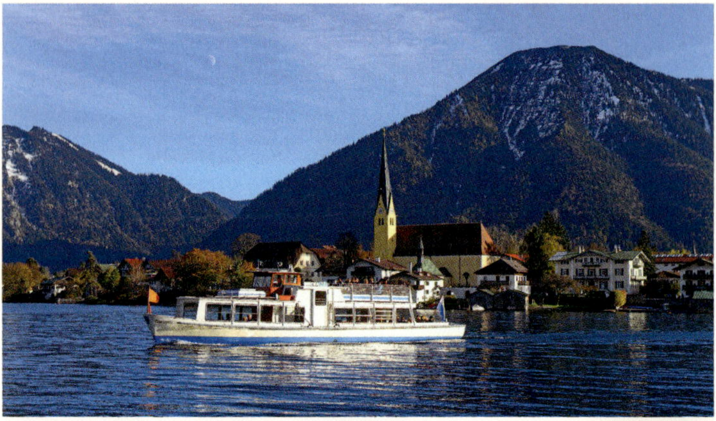

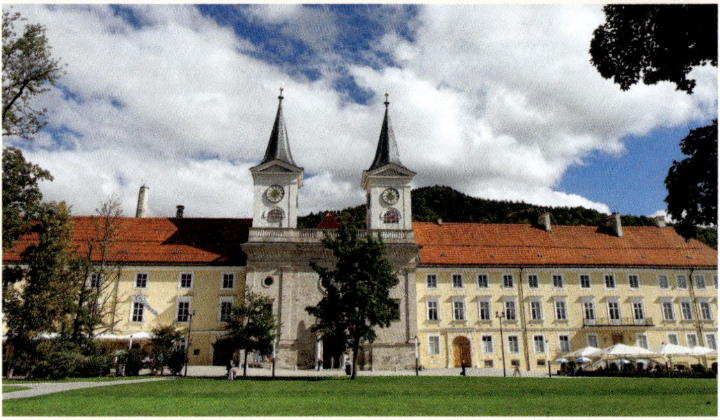

»Kein Genuss ist vorübergehend.
Der Eindruck, den er hinterlässt, ist bleibend.«

Johann Wolfgang von Goethe

**Schloss und Bräustüberl Tegernsee** Über die lange Bahnhofstraße treffen wir auf die Straße um den Tegernsee und sind dort auch an der Herzoglichen Brauerei Tegernsee angekommen, die in den alten Klosterbauten untergebracht ist. Die Straße etwas nach rechts querend, haben wir unser erstes genussvolles Ziel schon erreicht. Wir stehen jetzt vor dem Tegernseer Kloster mit seiner prachtvollen Kirche und dem berühmten Bräustüberl. Genussvoll ist ein Blick in die Kirche aus der Zeit des frühen Barocks mit Stuck und Deckenfresken von Hans Georg Asam, dem Vater der später berühmt gewordenen Gebrüder Asam. Genauso genussvoll ist der Besuch des urigen Bräustüberls, bei dem es uns höchstens nach dem reichlichen Konsum der deftigen bayerischen Gerichte und des süffigen Tegernseer Gerstensaftes schwerfallen wird, die Wanderung fortzusetzen. Wer wirklich schon aufgeben möchte, tritt die Heimfahrt einfach vom Dampfersteg an oder kehrt zum Tegernseer Bahnhof zurück.

**Großes Paraplui** Für den Weiterweg wandern wir an den See und folgen dem Ufer die wenigen Meter nach links, bis wir wieder an die Seestraße kommen. Diese queren wir und steigen rechts von der Turnhalle des Tegernseer Gymnasiums die Stufen zum Wald hinauf. Dort stoßen wir auf einen quer verlaufenden Wanderweg, dem wir nach rechts folgen. Der Weg öffnet sich zu einer Wiese, wir genießen die Sicht über den See. Am Denkmal für den Dichter Karl Stieler steigen wir links weiter und sehen über uns bereits unser nächstes Ziel, das Große Paraplui, zu dem wir auf

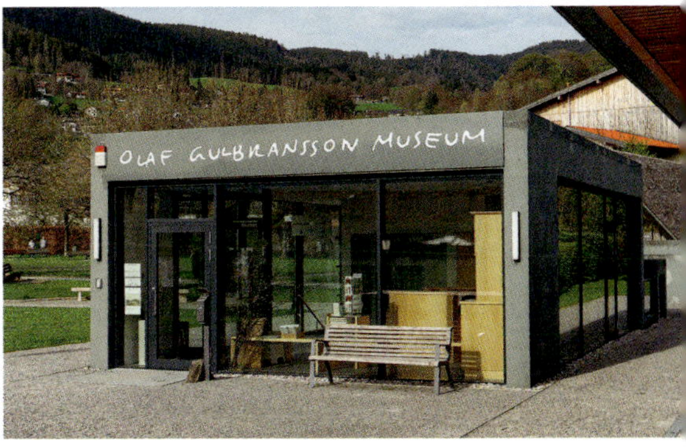


↑ **Das schönste Transportmittel für die Heimfahrt: das Schiff ab Rottach**
↓ **Auf halber Strecke liegt das Kloster Tegernsee.**
→ **Auch das Olaf Gubransson Museum im Ort Tegernsee ist einen Besuch wert.**

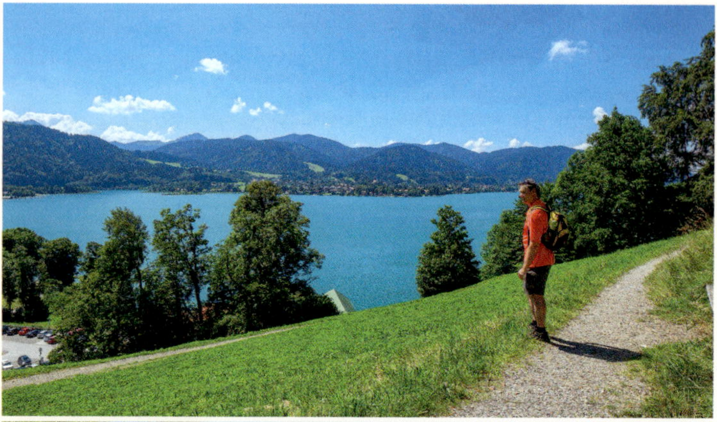

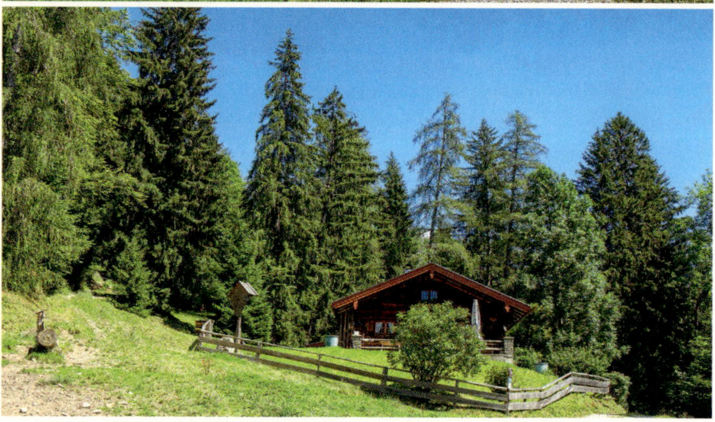

»Die Welt gehört dem, der sie genießt!«

Giacomo Leopardi

einem der vielen Wege aufsteigen. Dieser wunderbare Aussichtspunkt trägt seinen Namen nicht von ungefähr, er sieht wirklich aus wie ein riesengroßer aufgespannter Regenschirm. Von dort können wir weit über den See und auf die Berge blicken. Uns gegenüber liegt Rottach-Egern mit dem Spitzturm der Pfarrkirche St. Laurentius und dem Wallberg, der als Wahrzeichen des Tegernsees gilt. Rechts im Hintergrund über dem Tal von Kreuth stehen die einsamen Blauberge, dann folgt am Seeufer Bad Wiessee.

**Vom Leeberg nach Rottach-Egern** Nach dem Pavillon halten wir uns rechts und erreichen die Häuser in der Ellingerstraße. Dieser folgen wir kurz abwärts und biegen dann jedoch sofort links in die Einfahrt zum Hotel Leeberghof. Als Wanderer dürfen wir ganz einfach den lang gezogenen Parkplatz queren. Wer möchte, kann sich natürlich gleich auf der wirklich sensationellen Aussichtsterrasse des angeschlossenen Restaurants mit Kaffee und Kuchen verwöhnen lassen. Wir wandern weiter und treffen dahinter automatisch auf den Tegernseer Höhenweg, dem wir nun wieder stur folgen. Vorbei an der kleinen Leebergalm, geht es wieder in den Wald hinein. Lücken lassen uns auf den See schauen. An einer Lichtung verlassen wir schließlich den Höhenweg nach rechts und treffen abwärts auf die Riedersteinstraße, der wir entlang vieler Häuser zur großen Bundesstraße folgen, welche den See umrundet. Wir wenden uns nach links, überqueren die Rottach und passieren das Freibad, um unmittelbar danach auf dem Max-Josef-Weg zum See zu gehen.

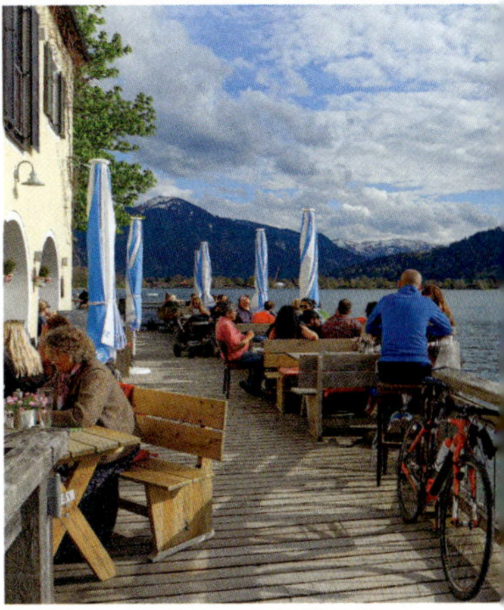

**↑ Auf dem Weg zum Paraplui**
**↓ Die kleine Leebergalm am Panoramaweg**
**→ Uferpromenade im Ort Tegernsee**

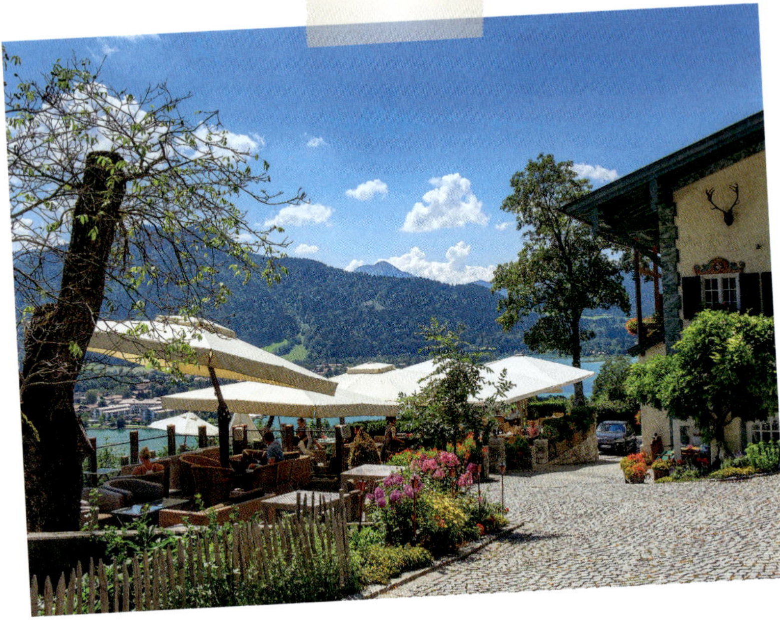

↑ **Auch im Hotel Leeberghof hoch über dem See können wir einkehren.**

**Wege zurück** Am See finden wir die Anlegestelle der Tegernseer Schiffe, mit denen wir wieder nach Gmund fahren können. Das ist sicher die schönste Möglichkeit, um die Runde zu vollenden. Eine andere Möglichkeit für den Rückweg wäre die Busringlinie, die nächste Haltestelle liegt an der Bundesstraße bei der Rottachbrücke.

## Info

Schloss Tegernsee war einst ein Kloster, gegründet im 8. Jahrhundert. Die Säkularisation beendete jäh das blühende Klosterleben, es wurde verkauft und teils abgebrochen. 1817 erwarb König Maximilian I. Joseph den immer noch respektablen Rest. Seither ist die Klosterkirche eine Pfarrkirche, während sich die anderen Gebäude im Eigentum der Wittelsbacher bzw. des bayerischen Staates befinden.

# AUF EINEN BLICK

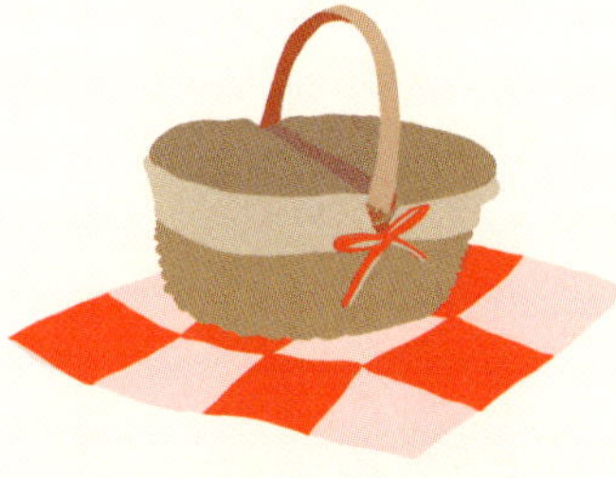

**Tour 24:** Tour für den Genuss

**Dauer:** 3.15 Std.

**Höhenmeter:** 450 Hm

**Länge:** 11 km

**Schwierigkeit:** mittel

**Tourencharakter:** Wanderung mit viel Schatten und zwei kleinen Aufstiegen. Rückkehr von Rottach-Egern mit dem Schiff oder mit dem Bus.

**Ausgangs-/Endpunkt:** Gmund und Rottach-Egern, Schiffsanlegestelle

**Anfahrt:** **Pkw:** Auf der A 8 bis Ausfahrt Holzkirchen, weiter nach Gmund. Parkplatz in der Max-Obermayer-Straße. **Bahn/Bus:** Mit der Bayerischen Oberlandbahn BOB nach Gmund. Vom Bahnhof gehen wir zuerst an der Bahn entlang, dann über den Ludwig-Erhard-Platz zur Bundesstraße und rechts zur Brücke.

**Einkehr:** In Tegernsee und Rottach-Egern zahlreiche Möglichkeiten

**Information:** www.tegernsee.com

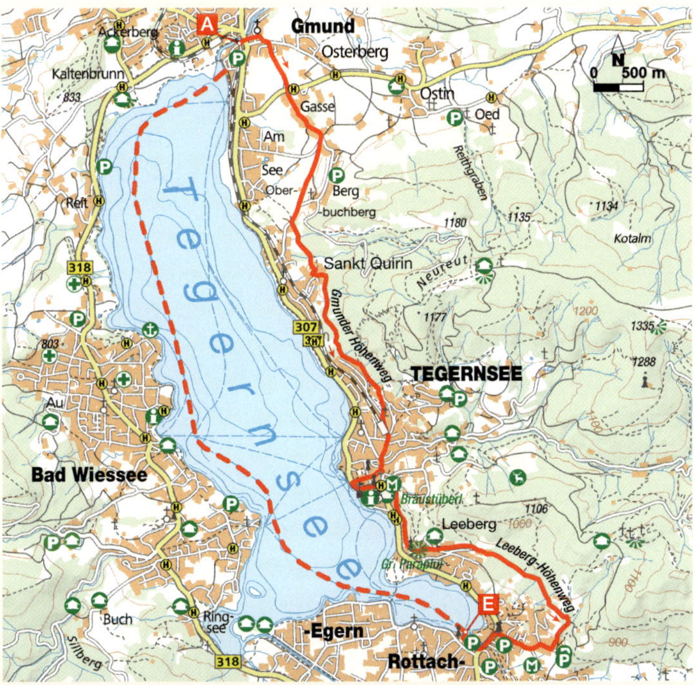

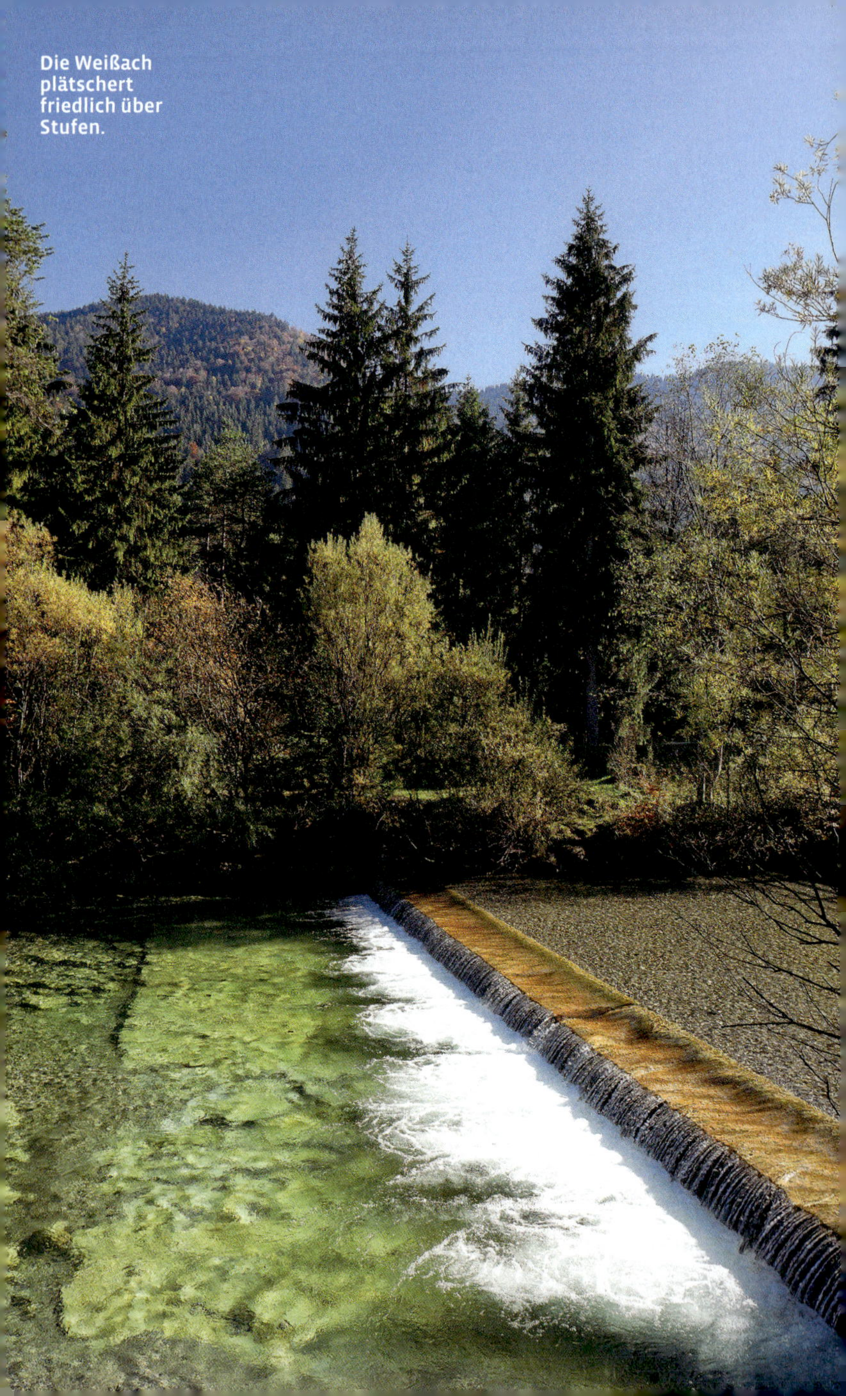

Die Weißach plätschert friedlich über Stufen.

Tour für TOUR 25 die Sinne

# DURCH DIE WEISSACH

## Entspannt am Naturschauspiel Kreuth

Nicht hoch hinauf, dafür umrahmt von Bergen spazieren wir auf dieser Wanderung entlang der Weißach bei Kreuth. Ein unterhaltsamer Themenweg erfreut dabei nicht nur Familien mit Kindern, auch bei Erwachsenen kommt so keine Langeweile auf.

**Bequemer geht nimmer** Zum Glück legen wir bei dieser Wanderung kaum Höhenmeter zurück. So bleibt es bei einer sehr entspannten Tour, die wir mit allen Sinnen genießen können. Wir starten an der Weißachbrücke in der Wallbergstraße bei Rottach-Egern. Für den Hinweg wandern wir – flussaufwärts gesehen – auf dem rechten Flussufer. So folgen wir dem Wanderweg entlang der Weißach mit dem Fluss zu unserer linken Seite. Die ersten zehn Gehminuten sind ohne Stationen und führen zum Anfang des Themenweges an der Pförner Brücke. Hier beginnt das »Naturschauspiel Kreuth«, ein Wassererlebnisweg für alle Sinne. Wir wollen natürlich alle Stationen abklappern, studieren, ausprobieren, rätseln, entdecken und dabei die Natur genießen. Zum Glück finden sich entlang des Weges immer wieder herrliche Rastplätze und bequeme Liegebänke, die wir ausgiebig testen. Kinder hingegen sind kaum von den Kiesbänken der Weißach wegzubringen.

**Erlebnisweg für alle Sinne** Aber es gibt auch viel zu tun: Wie fühlt sich ein Bär, der seinen Rücken an Bäumen kratzt? An den Massagestämmen können wir es ausprobieren. Wir hören Vogelstimmen und ordnen Tierspuren zu. Schließlich erreichen wir die Pointner Brücke, auf der wir den Fluss queren. Hier liegt auch die Weißachalm, unsere einzige Einkehrmöglichkeit, die jedoch auf halber Strecke unseres Weges liegt. Für den Rückweg bleiben wir auf der Flussseite der Weißachalm. Natürlich geht es munter mit spielerischem Forscherdrang weiter. Wir erschnuppern den Duft der Weißachauen und erfahren, wie ein Alpenstrudelwurm aussieht.

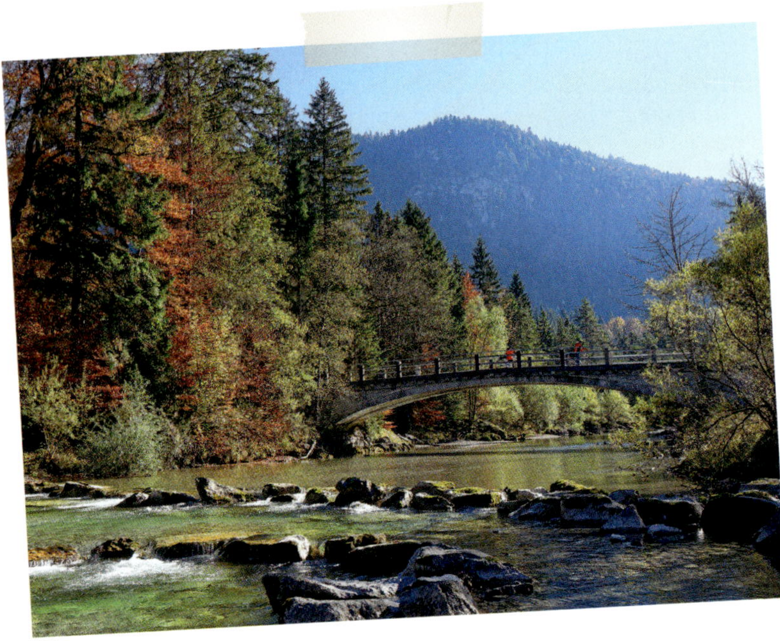

↑ **An der Pointer Brücke über die Weißach**

Dann erreichen wir wieder die Pförner Brücke, die wir vom Hinweg kennen. Von dort ist es nicht einmal mehr einen Kilometer zurück bis zu unserem Ausgangspunkt in der Wallbergstraße. Wer jetzt Hunger auf Blaubeer-Topfenstrudel oder Heumilchkäsespezialitäten hat besucht zum krönenden Abschluss die nahe Tegernseer Naturkäserei.

## Tipp

Barfuss im Bach: Einmal wieder Kind sein und die Kraft des Wassers hautnah erleben. Das kühle Nass zwischen den Zehen spüren und die runden Bachsteine unter den Fußsohlen. Schuhe und Socken wandern dafür in den Rucksack, schon kann es losgehen. Wenn es länger nicht geregnet hat, ist die Weißach ein herrlich ruhiger Gebirgsbach, der sich gut barfuß durchwandern lässt!

# AUF EINEN BLICK

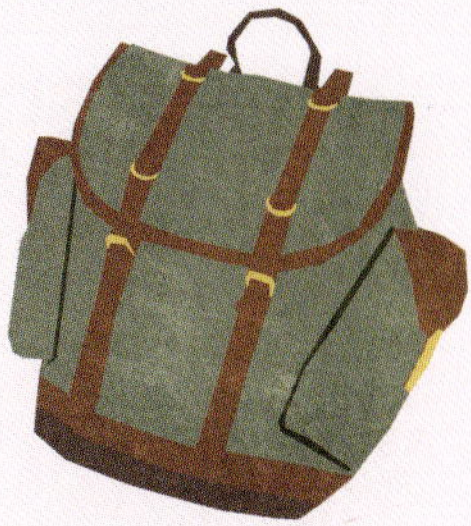

**Tour 25:** Tour für die Sinne

**Dauer:** 2.30 Std.

**Höhenmeter:** –

**Länge:** 4,8 km

**Schwierigkeit:** leicht

**Tourencharakter:** Wanderung auf ebener Strecke, kinder- und rollstuhlgeeignet. Im Sommer Badesachen einpacken!

**Ausgangs-/Endpunkt:** Weißachbrücke in der Wallbergstraße bei Kreuth

**Anfahrt:** **Pkw:** Auf der A 8 bis Ausfahrt Holzkirchen, weiter auf der B 318 zum Tegernsee, über Bad Wiessee und Rottach-Egern in Richtung Kreuth. An der Naturschaukäserei links in die Wallbergstraße in Richtung Wallbergbahn. Über die kleine Brücke der Weißach, dann entlang der Straße Parkplätze suchen.
**Bahn/Bus:** Mit der Bayerischen Oberlandbahn BOB nach Gmund oder Tegernsee, weiter mit dem Bus bis Kreuth

**Einkehr:** Direkt am Weg liegt die gemütliche Weißachalm (Mo, Di Ruhetag). Oder die nahe Tegernseer Naturkäserei, wo man ebenfalls hervorragend einkehren kann.

**Information:** www.kreuth.de

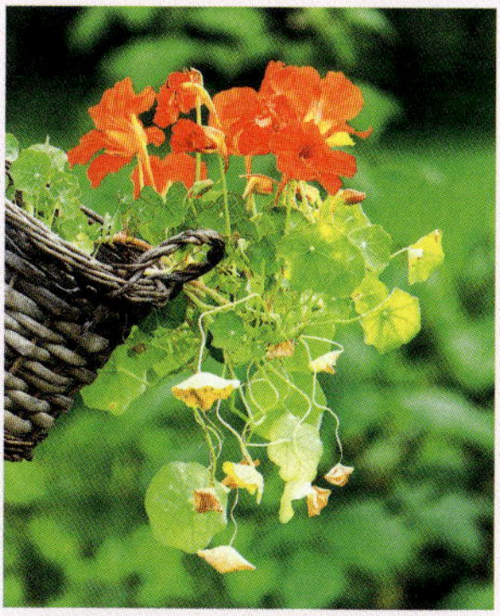

↑ **Im Bauerngarten der Tegernseer Naturkäserei**

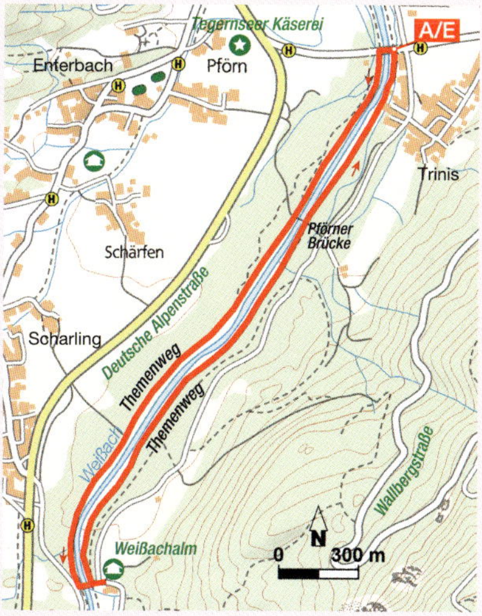

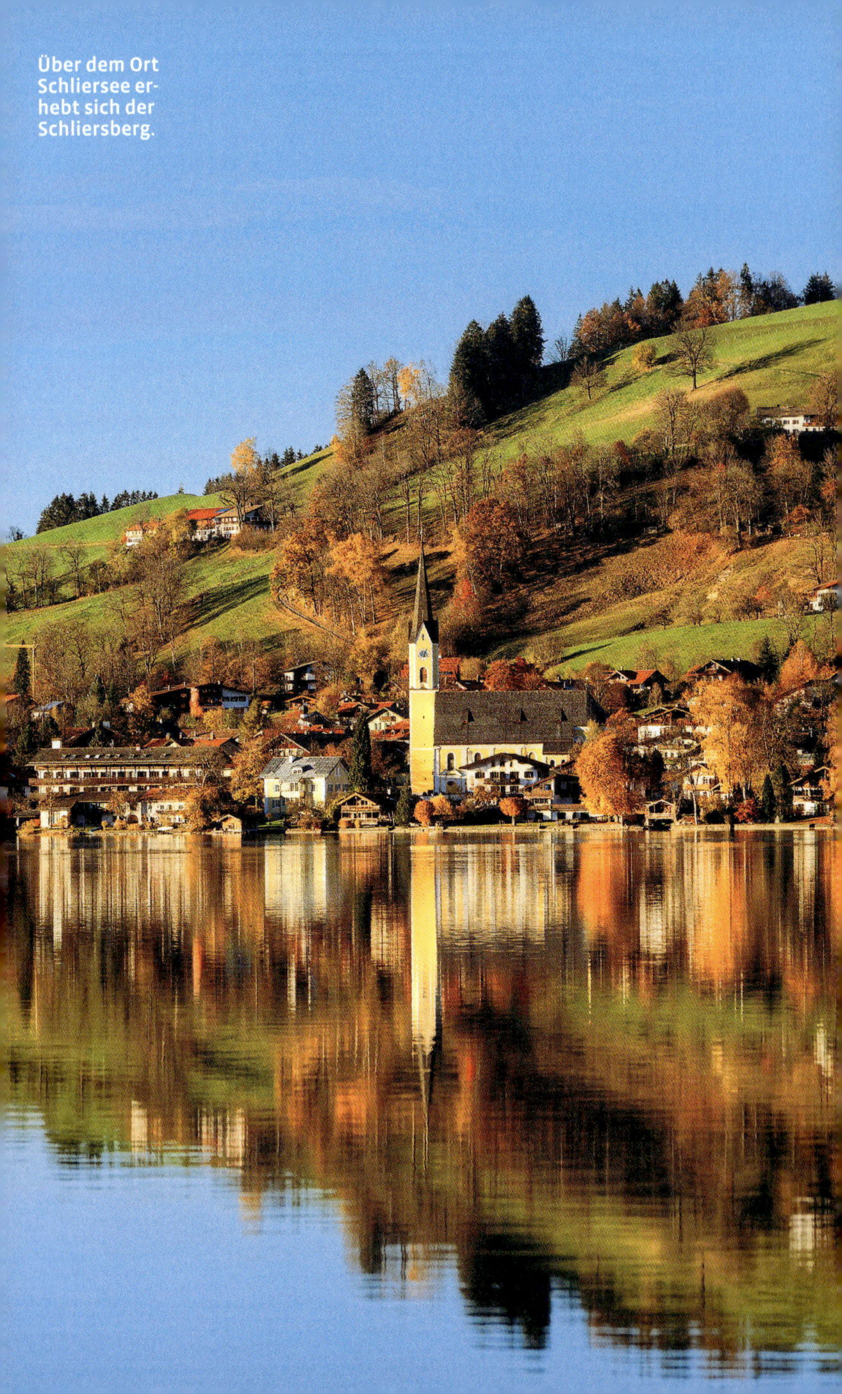

Über dem Ort Schliersee erhebt sich der Schliersberg.

# UM DEN SCHLIERSEE

Tour
TOUR 26
ohne Uhr

## Kunst und Kultur rund um den See

Sanfte Bergkuppen umranden den Schliersee. Sie gleichen bewaldeten Hügeln, nur im Süden setzen die Spitzingseer Berge einen deutlichen Akzent. So harmoniert die Seenlandschaft mit den hübschen Bauernhäusern und dem netten Ort Schliersee.

**Eine Runde mit viel Zeit** Bei unserer bequemen Umrundung des Schliersees stoßen wir auch auf einige Sehenswürdigkeiten am Wegesrand. Deshalb sollten wir viel Zeit mitbringen, vor allem im Sommer, wenn wir die Wanderung noch mit einigen Badestopps verbinden wollen. Die Tour ist denkbar einfach und lässt sich sogar mit dem Schiff abkürzen, was vor allem dann praktisch ist, wenn wir unterwegs die Zeit vergessen haben.

**Gemütlich zur Rixner Alm** Los geht es im Kurpark an der Uferpromenade unterhalb des Schwimmbads Vitalwelt Schliersee. Dort wandern wir mit Blick auf den See nach rechts. Der Kurweg bringt uns mit etwas Abstand zum verbauten Seeufer über den kleinen Fluss Schlierach. Nach der Brücke geht es sofort nach links, wir kommen am Vereinsheim des Eisklubs vorbei und erreichen die Bahngleise. Ohne sie zu queren, biegen wir links ein und ab jetzt übernehmen die Gleise bis zum Südende des Sees die Führung. Dabei passieren wir den Schlierseer Campingplatz, dann taucht im See die kleine Insel Wörth auf. Das ist das Signal, dass der erste große Badeplatz nicht mehr weit ist. Nach dem Badeplatz wendet sich die Bahn etwas vom See ab, wir bleiben aber direkt am Seeufer und können an der beschaulichen Rixner Alm einen ersten Stopp einlegen. Kurz dahinter haben wir das Südufer erreicht.

**Wasmeier-Museum** Jetzt machen wir einen Abstecher zum Bauernhof- und Wintersportmuseum der Skilegende Markus Wasmeier. Dazu biegen wir nach dem ersten Haus rechts in die Fischhauser Straße ab und folgen

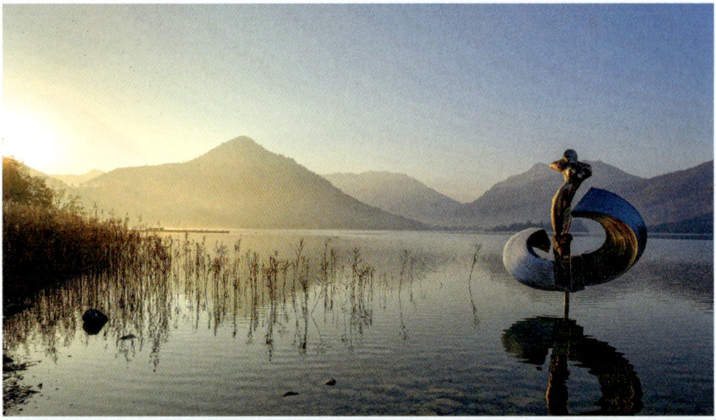

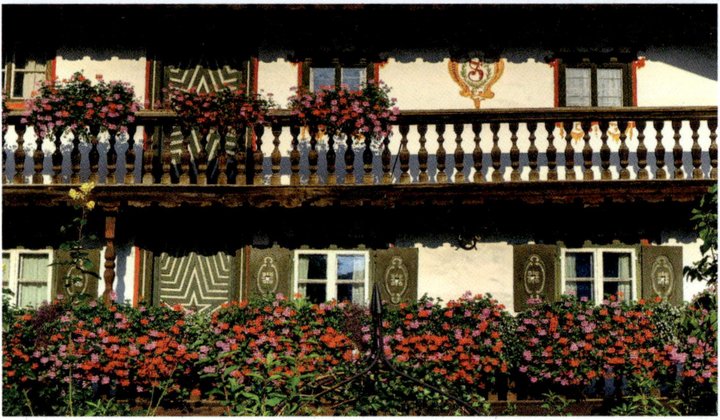

»Es gibt keinen Weg zum Glück,
glücklich sein ist der Weg.«

Buddha

ihr geradeaus über die Wiesen. Gleich an den nächsten Bauernhöfen verzweigt sich der Weg. Nach links kommen wir wieder an »unsere« Gleise. Wir folgen ihnen gut 300 Meter, queren sie und gehen am Bahnhof von Neuhaus entlang zur Bundesstraße. Links gegenüber liegen der Parkplatz und der Museumseingang. Nach dem Besuch wandern wir auf dem Fußweg neben der Straße zunächst zur Wallfahrtskirche St. Leonhard. Sie ist alljährlich am ersten Sonntag nach Allerheiligen das Ziel der Wallfahrt zu Ehren des heiligen Leonhard, Schutzpatron des Viehs. Die Wallfahrer in ihrer aufwändigen Festtagstracht, die geschmückten Pferde und dekorierten Wagen bezeugen die große Tradition dieser Wallfahrt. Wir passieren die Kirche und erreichen bei den Häusern von Fischhausen wieder das Ufer. Hier gibt es noch einmal eine schöne Badestelle und wer sich lieber noch schwimmend verausgaben möchte, kann dann den Rest der Tour mit dem Motorschiff abkürzen. Den Bootssteg dazu finden wir, wenn wir ein Stück nach rechts weiterwandern. Das ist auch der Weg für all diejenigen, die die Rundtour vollenden möchten.

**Pfarrkirche Sankt Sixtus** Der Weg ist bis nach Schliersee hinein durch Büsche von der Bundesstraße getrennt. Wenn wir zurück sind, besichtigen wir noch die Pfarrkirche, die dem heiligen Sixtus geweiht ist. Sie wurde im frühen 18. Jahrhundert anstelle einer baufällig gewordenen gotischen Vorgängerkirche gebaut. Den Neubau ließen sich die Schlierseer etwas kosten. Denn für die Deckenfresken und den Entwurf des Hochaltars gewannen sie Johann Baptist Zimmermann, einen der teuersten Künstler seiner Zeit. Aus der Vorgängerkirche wurden aber schon damals einige Figuren übernommen, die man zu Recht zur Weltkunst zählen kann.

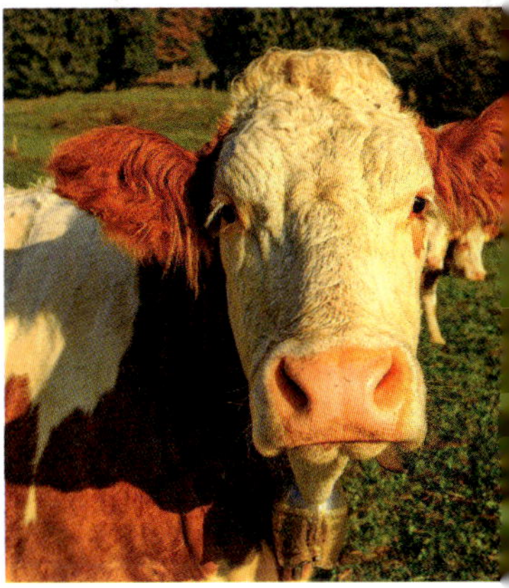

↑ **An der Uferpromenade in Schliersee**
↓ **Geranienpracht in Schliersee**
→ **Bayerns schönste Flecken: das Fleckvieh**

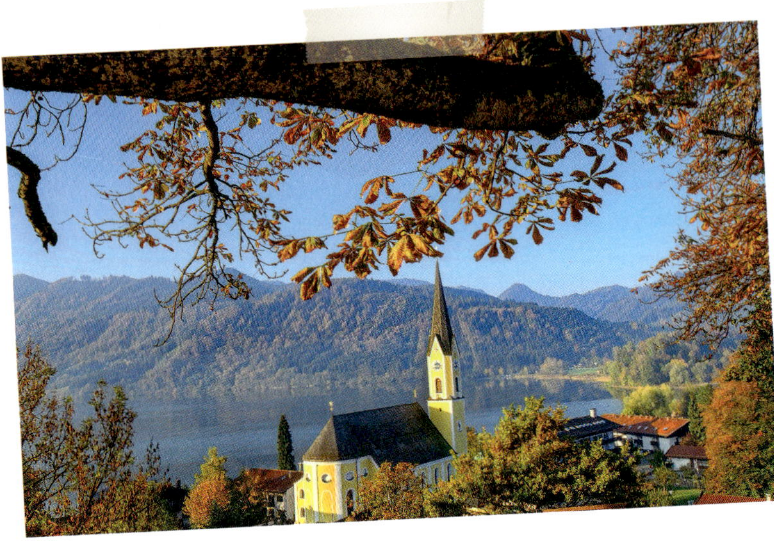

↑ **Pfarrkirche St. Sixtus vom Weinberg in Schliersee**

Wir sehen an der Südwand einen Gnadenstuhl, der von dem Münchner Schnitzer Erasmus Grasser stammt. Ebenso bedeutend ist das Tafelbild einer Schutzmantelmadonna, gemalt von Jan Pollack. Die Figur des Kirchenpatrons Papst Sixtus II. hat ein anderer Künstler aus der Zeit der Spätgotik geschaffen, der Meister von Rabenden, der zwar namentlich nicht bekannt ist, dessen Werke aber im südöstlichen Teil Bayerns häufig zu sehen sind. Wenn wir die Kirche verlassen, erreichen wir in wenigen Minuten wieder den Kurpark.

## Tipp

Freilichtmuseum Markus Wasmeier: Das Bauernhof- und Wintersportmuseum wurde vom Olympiasieger Markus Wasmeier gegründet.
Der Skirennläufer ist gelernter Maler und Restaurator, der Erhalt alter Bauernhäuser ist seine Herzensangelegenheit. In dem nachgebauten altbayerischen Dorf mit seinen historischen Bauernhäusern erleben wir 300 Jahre Geschichte (www.wasmeier.de).

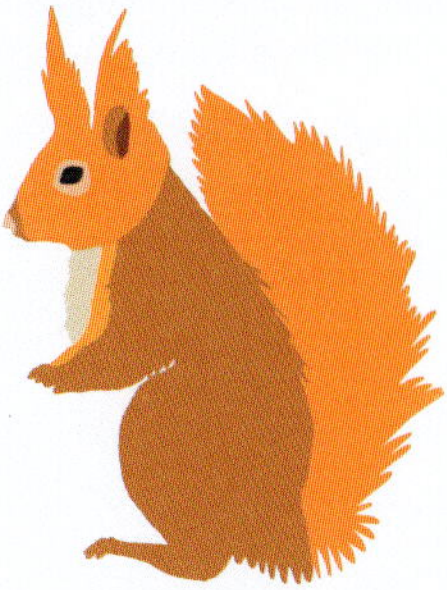

# AUF EINEN BLICK

**Tour 26:** Tour ohne Uhr

**Dauer:** 2.30 Std.

**Höhenmeter:** 300 Hm

**Länge:** 9,5 km

**Schwierigkeit:** leicht

**Tourencharakter:** Rundwanderung mit wenig Schatten, dafür aber im Sommer reichlich Gelegenheit zum Baden. Am Westufer bequeme Straße, die jedoch für den öffentlichen Verkehr gesperrt ist. Am Ostufer Fußweg neben der Fahrstraße.

**Ausgangs-/Endpunkt:** Kurpark in Schliersee

**Anfahrt: Pkw:** Auf der A 8 bis Ausfahrt Weyarn, weiter nach Miesbach und über Hausham nach Schliersee. Parkplätze im Bereich des Bahnhofs.
**Bahn/Bus:** Mit der Bayerischen Oberlandbahn BOB nach Schliersee

**Einkehr:** Zahlreiche Gasthöfe und Cafés in Schliersee und in Neuhaus

**Information:** www.schliersee.de

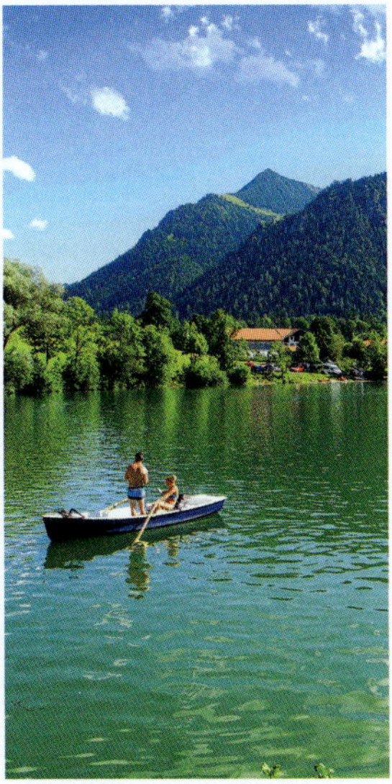

↑ Badesachen nicht vergessen!

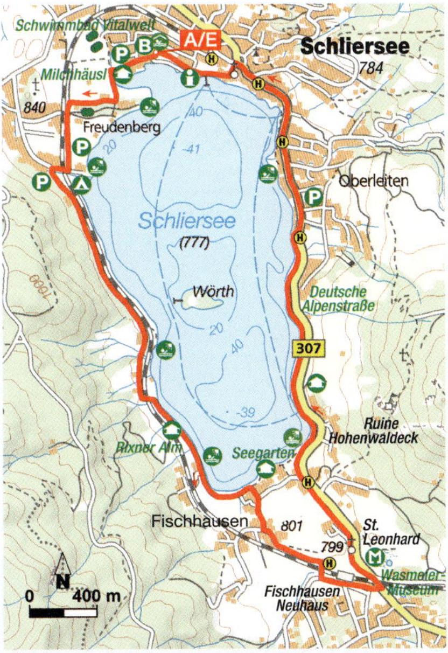

Über die Almwiesen
zur Albert-Link-Hütte

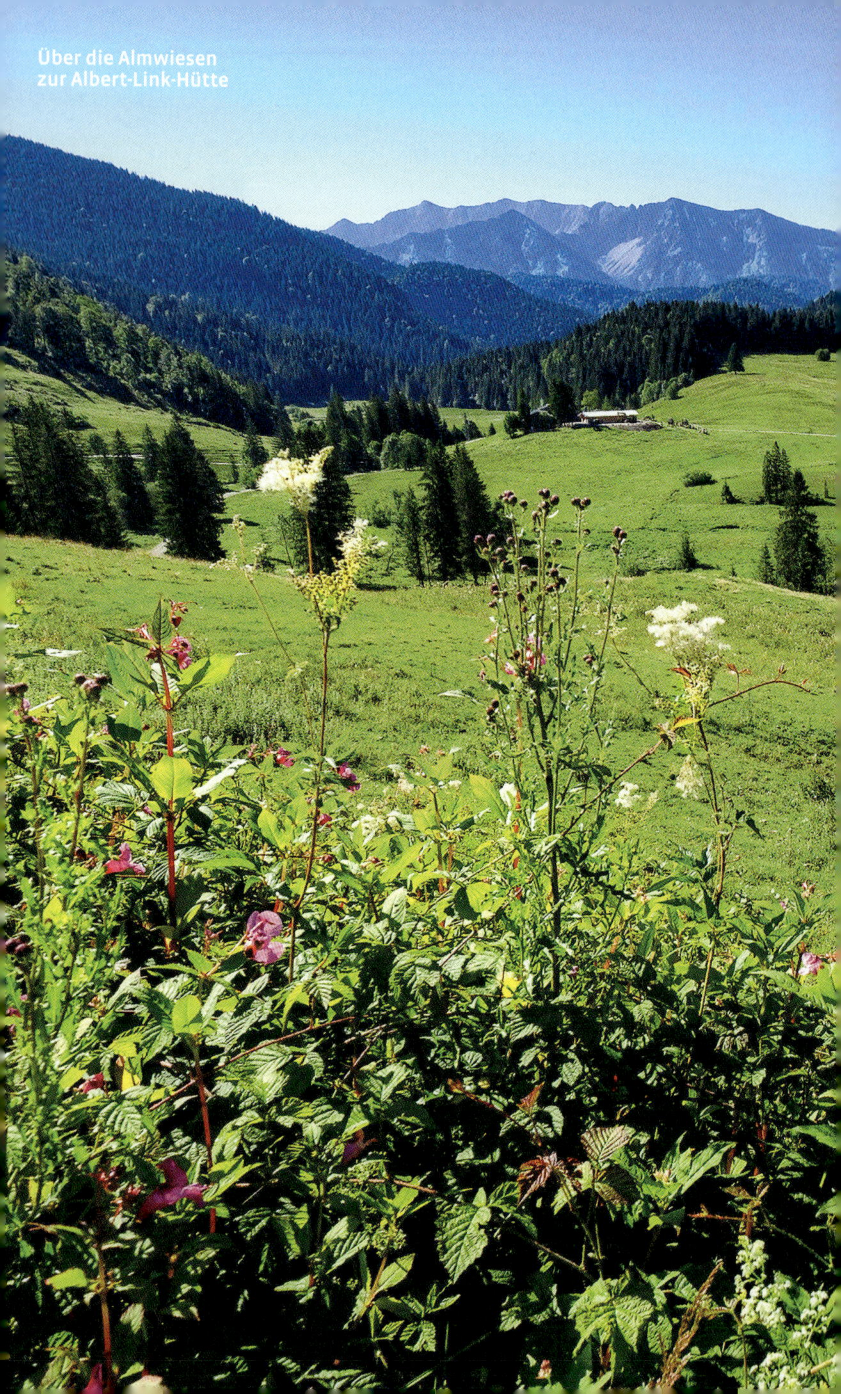

# VOM SPITZINGSEE ZUR ALBERT-LINK-HÜTTE

Tour für TOUR 27 den Genuss

## Gustostückerl mit Weitblick

Die reizvolle Landschaft am Spitzingsee ist eine Symphonie des Glücks. Kombiniert mit der beliebten Albert-Link-Hütte, einer tollen Einkehrmöglichkeit, die wir über den historischen Bockerlbahnweg erreichen, erleben wir einen gelungenen Tag.

**Ort Spitzingsee** Wir queren am Spitzingsattel die Straße; auf der anderen Seite beginnt nach links ein Fußweg, der uns bergab zum Spitzingsee führt. Wie ein dunkles Juwel leuchtet uns der 28,3 Hektar große Bergsee in intensiv blaugrünen Farben entgegen. Wir wollen ihn umrunden und halten uns rechts am See entlang. An einer Feuchtwiese werden wir ein Stück vom Ufer weggeleitet, dahinter wandern wir über den Firstgrabenbach in einem lichten Wald und sind gleich wieder in Ufernähe. Schnell erreichen wir das Südufer und am Ruder- und Tretboot-Verleih die ersten Häuser vom Ort Spitzingsee. Dort stoßen wir auf eine Teerstraße.

**Auf dem Bockerlbahnweg** Jetzt geht es für wenige Meter nach rechts, dann links in den Roßkopfweg. Die Albert-Link-Hütte und der Bockerlbahnweg sind ausgeschildert. Der Weg steigt leicht an und führt aus dem Wald hinaus. Jetzt flanieren wir auf einem Panoramaweg mit herrlicher Aussicht in einem großen Bogen um die grünen Almwiesen. Die Strecke verläuft fast eben, sodass wir völlig in die eindrucksvolle Natur eintauchen können. Je nach Jahreszeit sind die Wiesen voller bunter Blumen oder es duftet bereits nach sommerlichem Heu. Im Süden liegt der Schinder, von rechts grüßen der Stümpfling und der Stolzenberg, im Winter beliebte Ziele der Skifahrer. Wir sind nun auf der ehemaligen Trasse der Bockerlbahn unterwegs. Informationstafeln erklären, warum hier mit großem technischem Aufwand einst eine Bahn betrieben wurde.

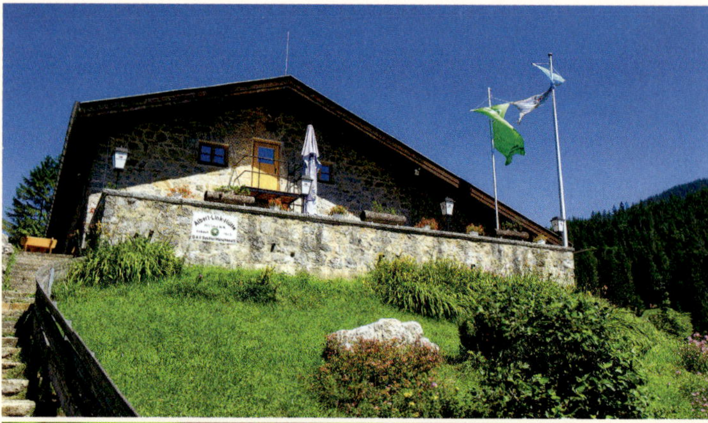

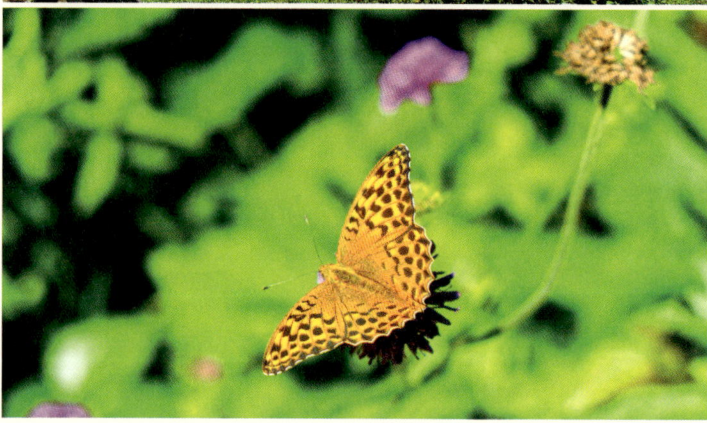

»Kunst ist die Wiedergabe dessen,
was die Sinne in der Natur
durch den Schleier der Seele erkennen.«

Edgar Allan Poe

**In Richtung Blecksteinhaus** Schließlich zweigt nach links ein Almweg zur Albert-Link-Hütte ab. Wer abkürzen möchte, kann sie auf direktem Weg ansteuern. Ansonsten bleiben wir dem Bockerlbahnweg treu und folgen der Beschilderung in Richtung Blecksteinhaus. Durch einen Felsendurchbruch sind wir wieder im Wald, wo wir in einer Spitzkehre nach links wandern. Nach rechts ist ein Abstecher zum Blecksteinhaus möglich. Ansonsten folgen wir einfach dem breiten Weg, der uns bald über den Bach Rote Valepp zu einer kleinen Teerstraße bringt. Auf dieser gehen wir links und bestaunen das fröhlich mäandernde Almflüsschen. Leicht bergauf erreichen dann auch wir eine Abzweigung zur Albert-Link-Hütte, deren Ruf zur Einkehr wir nun allzu gern folgen. Schnell ist die sonnige Terrasse erreicht und ein Plätzchen gefunden.

**So schmecken die Berge** Die Albert-Link-Hütte ist ein echtes Aushängeschild unter den Berghütten. Das Pächterpaar setzt auf eine naturbewusste Verarbeitung heimischer Produkte. Alles kommt ganz frisch auf den Tisch und die Knödel sind sicherlich noch handgedreht und nicht aus dem Fertigbeutel. Seit Jahren nehmen sie an der Alpenvereins-Kampagne »So schmecken die Berge« teil. So erfolgreich, dass daraus ein Direktvertrieb der eigenen Produkte geworden ist. Denn auf der Albert-Link-Hütte wird Brot gebacken. So können wir uns – sofern es noch nicht ausverkauft ist – gleich mit einem Vorrat für zu Hause eindecken. Oder auf der sonnigen Terrasse die Spezialität Zwiebelleberkäse im Brotmantel testen. So viel Herzblut für bodenständiges Essen schmeckt man einfach!

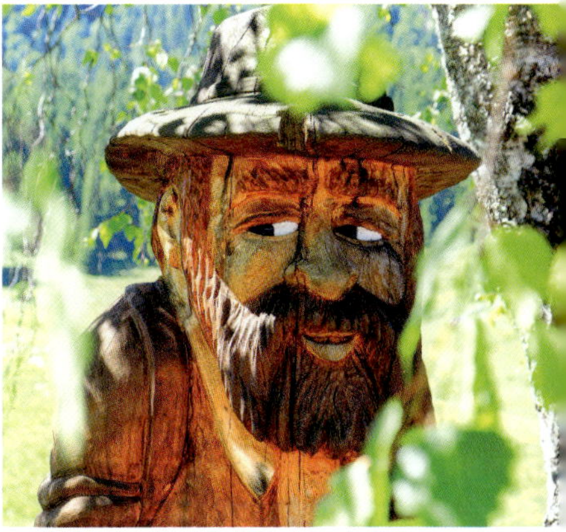

↑ **Albert-Link-Hütte**
↓ **Der Kaisermantel liebt die feuchten Wiesen an der Roten Valepp.**
→ **Holzmännchen auf der Terrasse**

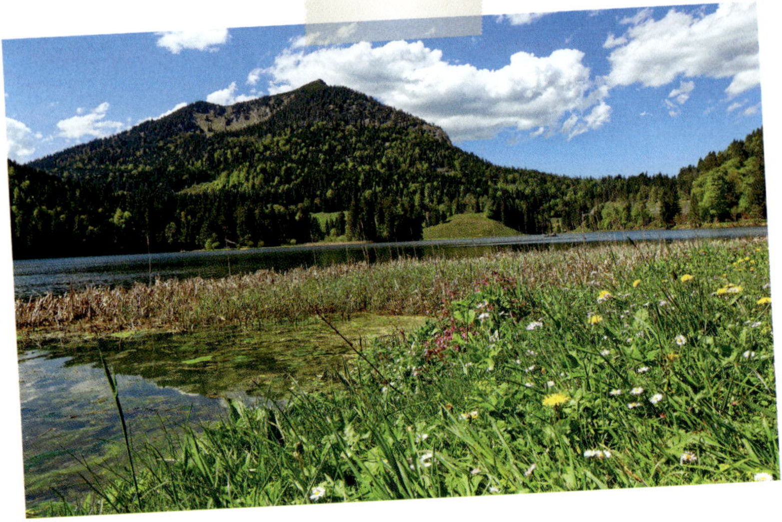

↑ **Die Brecherspitze hinter dem Schliersee**

**Zum Sattel zurück** Aber irgendwann müssen wir dann doch den Heimweg antreten. Wir wandern zur kleinen Teerstraße zurück und folgen dieser nun für den letzten Kilometer zurück zum Schliersee, den wir am Gasthaus Alte Wurzhütte wieder erreichen. Wer jetzt im Sommer sein Badezeug dabeihat – und mutig ist angesichts der doch frischen Wassertemperaturen –, kann gut ins Wasser springen. Ansonsten folgen wir einfach dem Seerundweg, der uns wieder mit schönen Aussichten direkt am Ufer nach Norden führt. Bald erreichen wir die Stelle, die wir vom Hinweg schon kennen. Nun geht es nur noch kurz bergauf zurück zum Spitzingsattel.

## Info

Die Bockerlbahn wurde 1919 nach einem verheerenden Sturm, der fast 300 000 Bäume umwarf, in Rekordzeit erbaut. Das Holz musste so schnell wie möglich ins Tal transportiert werden und die Spitzingseestraße existierte noch nicht. Über einen Höhenunterschied von 320 m und eine Strecke von knapp 12 km wurden die Baumstämme mit der Dampflok ins Tal gebracht.

# AUF EINEN BLICK

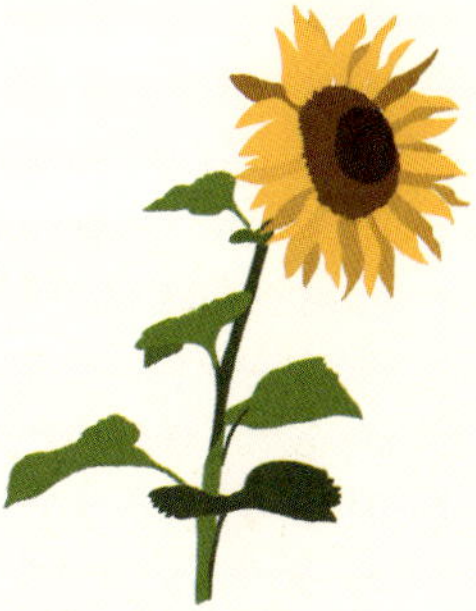

**Tour 27:** Tour für den Genuss

**Dauer:** 3 Std.

**Höhenmeter:** 250 Hm

**Länge:** 8 km

**Schwierigkeit:** leicht

**Tourencharakter:** Rundwanderung mit wenig Steigung zu einer Berghütte, die jedoch fast eben erreichbar ist. Durchgehend auf breiten Wanderwegen und einer kleinen Nebenstraße, die nur vom Wanderbus und von den Bauern befahren werden darf. Die Tour kann abgekürzt werden und ist auch gut für Familien mit Kindern geeignet. Im Sommer Badesachen nicht vergessen!

**Ausgangs-/Endpunkt:** Spitzingsattel

**Anfahrt:** **Pkw:** Auf der A 8 bis Ausfahrt Weyarn, weiter über die Staatsstraße 2072 und B 307 zum Schliersee. Von dort nach Neuhaus, dann rechts der Straße hinauf zum Spitzingsee folgen. Gleich oben am Spitzingsattel, also noch vor dem See, gibt es einige Parkplätze.

**Bahn/Bus:** Mit der Bayerischen Oberlandbahn BOB nach Neuhaus/Schliersee, dann weiter mit dem Bus, Haltestelle Spitzingsattel.

**Einkehr:** Albert-Link-Hütte mit tollem Spielplatz, Blecksteinhaus, Alte Wurzhütte

**Information:** www.schliersee.de

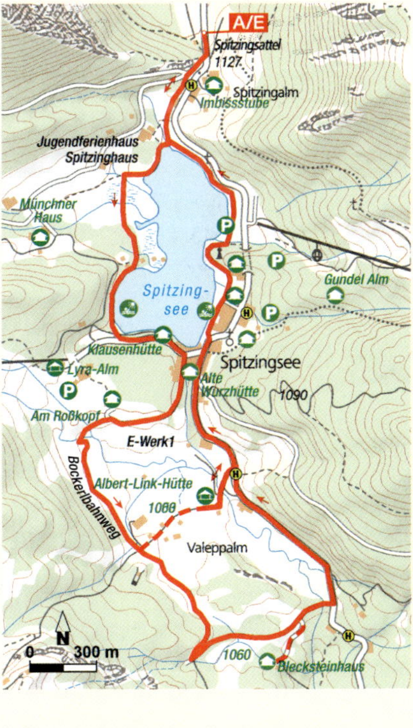

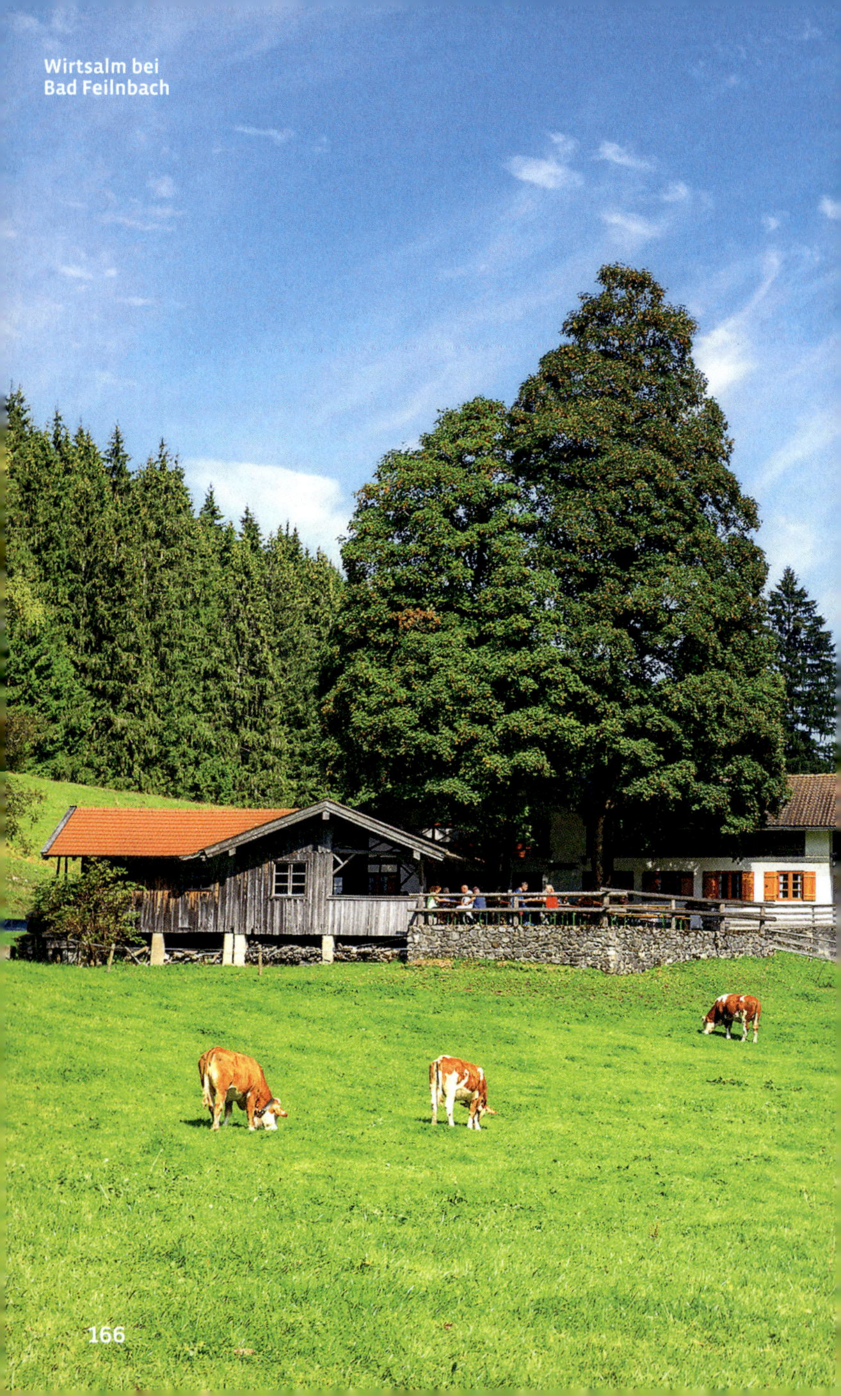

Wirtsalm bei
Bad Feilnbach

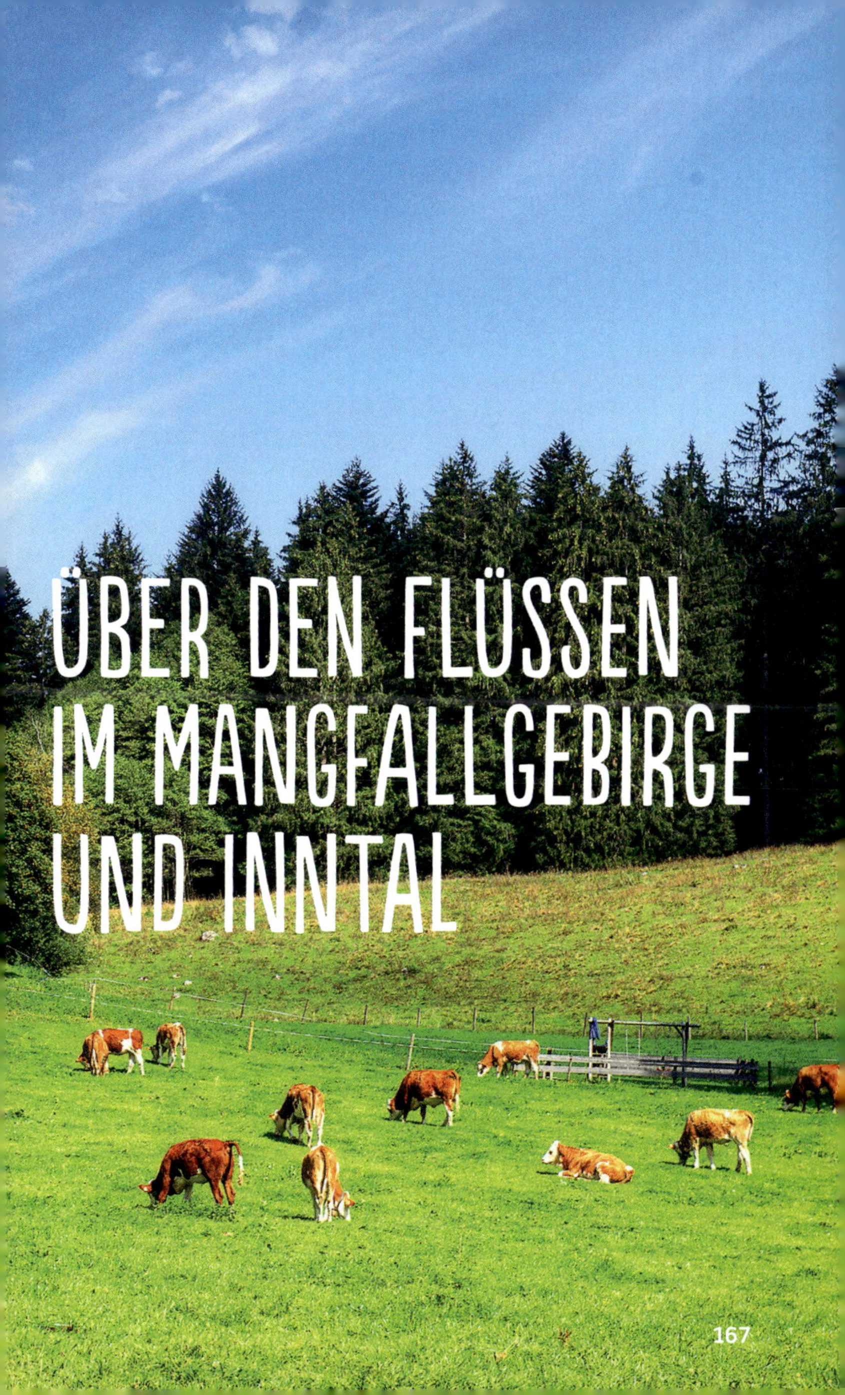

# ÜBER DEN FLÜSSEN IM MANGFALLGEBIRGE UND INNTAL

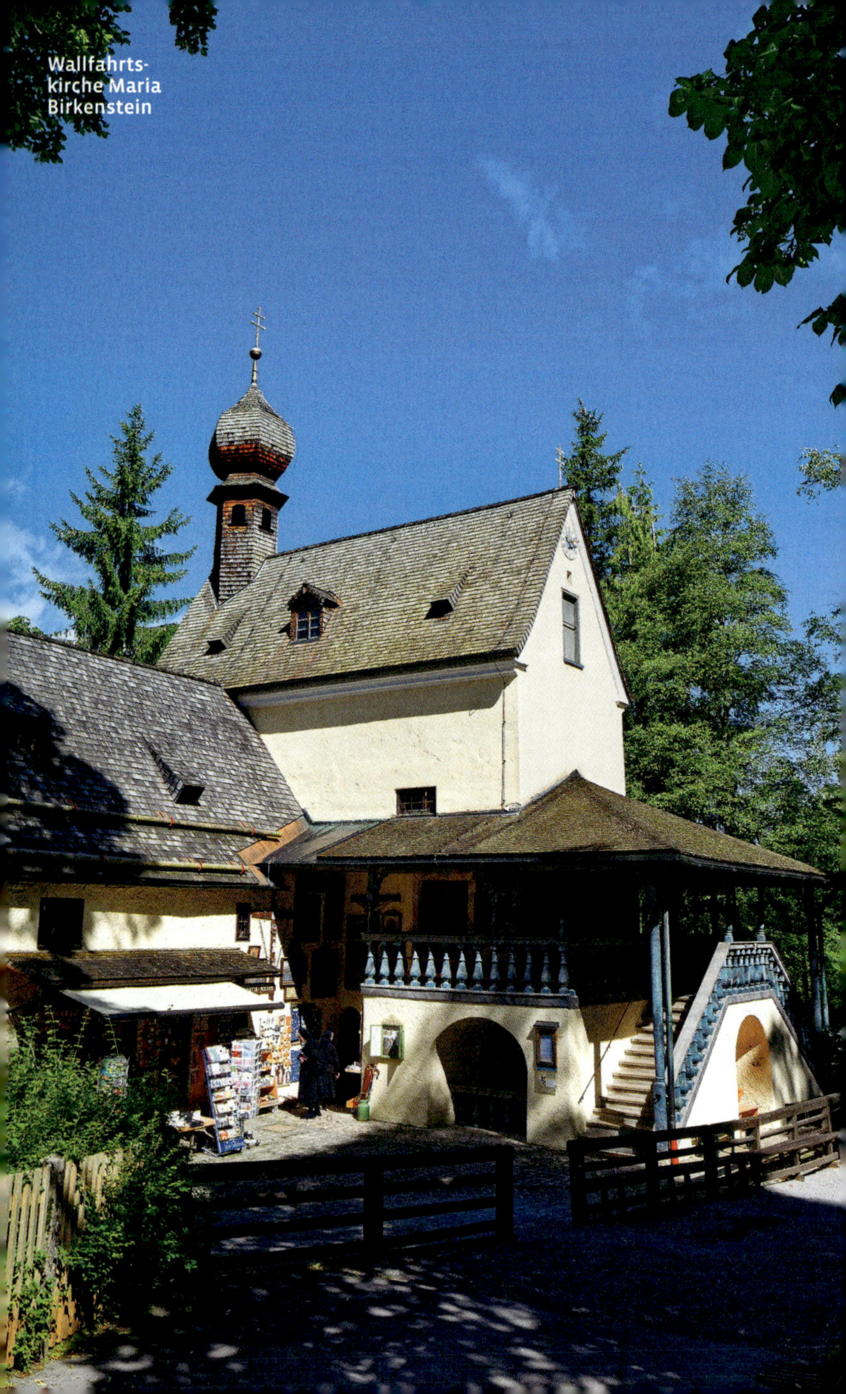
Wallfahrtskirche Maria Birkenstein

# BERGBLICKE IM LEITZACHTAL

Tour für TOUR 28 den Genuss

**Premiumweg für Genießer**

Landschaftlich äußerst abwechslungsreich präsentiert sich die Gegend zwischen Fischbachau und Hundham. Im Tal schlängelt sich die Leitzach, einige kunsthistorische Sehenswürdigkeiten säumen die Strecke und dazwischen kann man nett einkehren.

**Wallfahrtskirche Birkenstein** An der Kirche St. Martin wandern wir durch den Klosterhof zur Kurve an der Straße. Auf der anderen Seite beim Bäcker geht es in den Wolfseeweg, dann links in den Weiherweg. Hinter dem Sägewerk führt ein Wiesenpfad leicht bergauf und bald über den Kalvarienberg nach Birkenstein. Der Weg ist hervorragend ausgeschildert. Wenn wir stets dem Symbol »Leitzachtaler Bergblicke« folgen, kann nichts schiefgehen. Vom Kreuzweg geht es hinunter und gleich wieder bergauf zur Wallfahrtskirche, die wir natürlich besichtigen. Im Anschluss wandern wir über den Bach weiter zum Berggasthof Schwaigeralm. Dort locken die erste Einkehr und die Aussicht über das Leitzachtal. Aber beidem begegnen wir noch öfter auf unserem Weg, was für ein Glück!

**Schmankerl satt** Wir marschieren weiter in Wanderrichtung. Die Häuser von Buchberg umrunden wir nach rechts und wandern über einen Wiesenweg nach Durham, wo wir kurz danach den Ellbach queren. Wieder durch Wald und über Wiesen, kommen wir so in den Weiler Greisbach, wo uns im urigen Gasthof Kirchstiegl ein deftiger Schweinsbraten empfängt. Wer jetzt einen vollen Bauch hat, kann beruhigt sein. Der Weg führt bergab, vorbei an einigen Höfen hinunter ins Leitzachtal. Wir queren den Fluss und biegen direkt dahinter auf einen romantischen Wiesenweg ein. Nun folgt ein wahres Schmankerl. Neben uns rauscht die Leitzach, umgeben von saftigen Wiesen genießen wir die Blicke auf den Wendel- und Breitenstein

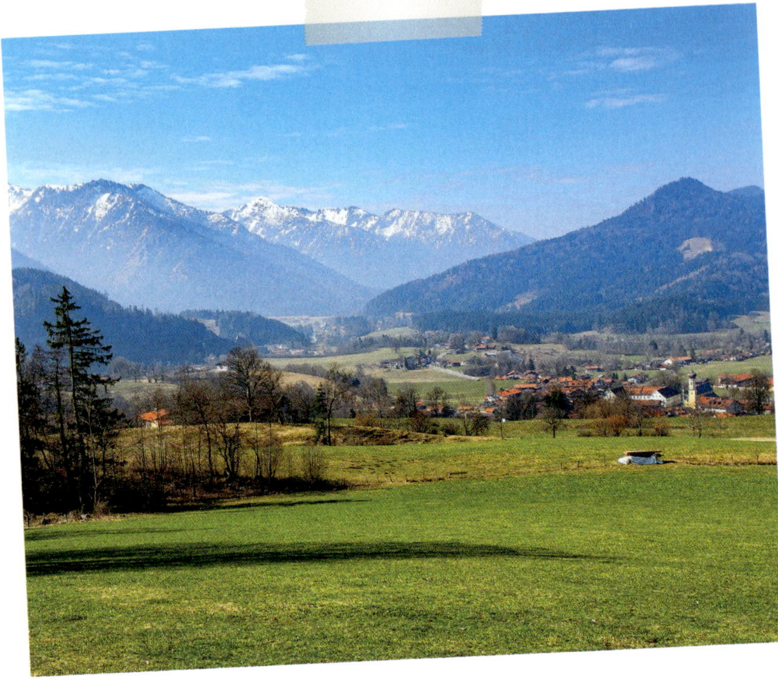

↑ **Von den Wiesen der Schwaigeralm blicken wir über das Leitzachtal.**

und ein paar Weidenzweige senken ihre Blätter zu uns herunter. Außer dem Fluss ist fast nichts zu hören und wir wandern idyllisch einsam dahin in südlicher Richtung, bis uns die Schilder nach links den Weg zurück nach Fischbachau weisen.

## Info

Die Wallfahrtskirche Maria Birkenstein wurde nach dem Vorbild der Casa Santa in Loreto/Italien über zwei Stockwerke angelegt. Das »Heilige Haus« soll die exakte Nachbildung des Wohnhauses Mariens darstellen. So wird zumindest vom Original in Italien berichtet. Im oberen Stockwerk befindet sich das Gnadenbild, der Raum ist im Stil des Rokokos gestaltet.

# AUF EINEN BLICK

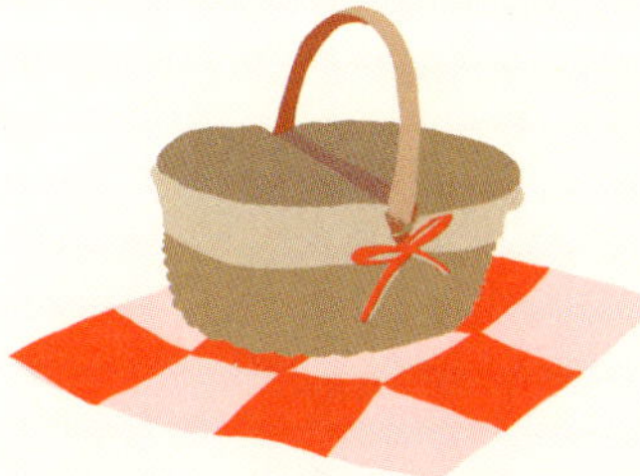

**Tour 28:** Tour für den Genuss

**Dauer:** 3.30 Std.

**Höhenmeter:** 250 Hm

**Länge:** 13,5 km

**Schwierigkeit:** mittel

**Tourencharakter:** Unkomplizierte, bestens ausgeschilderte Wanderung, die nur wegen ihrer Länge als mittelschwer einzustufen ist

**Ausgangs-/Endpunkt:** Kirche St. Martin in Fischbachau

**Anfahrt:** **Pkw:** Auf der A 8 bis Ausfahrt Weyarn, weiter über die Staatsstraße 2072 und die B 307 nach Fischbachau. Rund um die Kirche gibt es einige Parkplätze. **Bahn/Bus:** Mit der BOB nach Hammer, weiter mit dem Bus nach Fischbachau

**Einkehr:** Schwaigeralm, Gasthaus Kirchstiegl, Gasthaus Klosterstüberl

**Information:** www.fischbachau.de

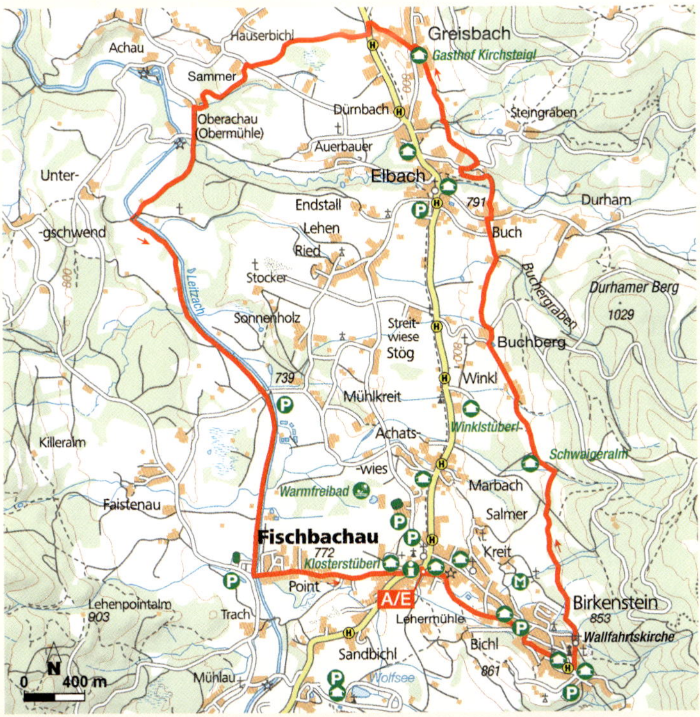

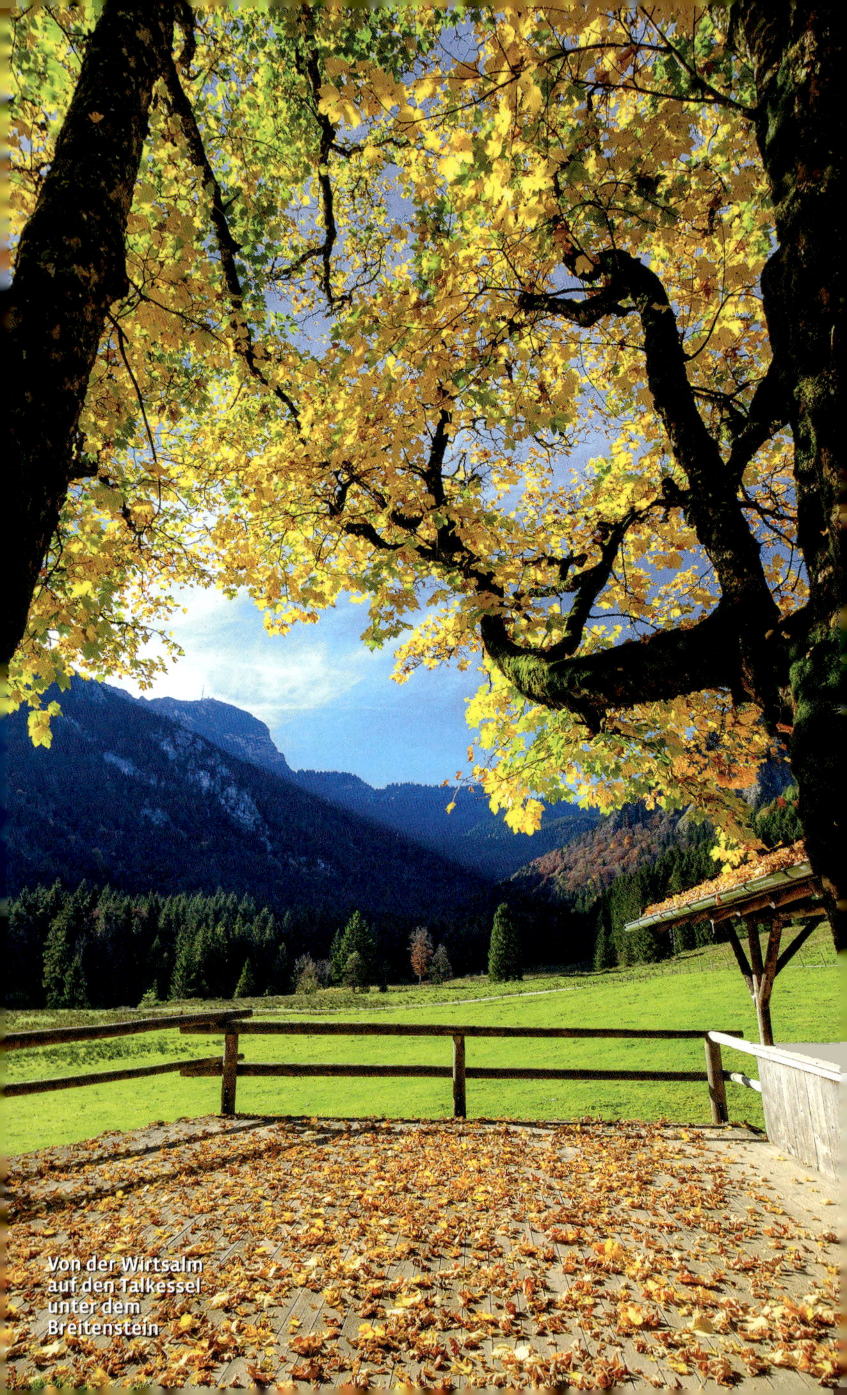

Von der Wirtsalm auf den Talkessel unter dem Breitenstein

Tour
TOUR 29
ohne Uhr

# DURCH DAS JENBACHTAL ZUR WIRTSALM

## Wasserwege ins Almenglück

Auf der Nordseite des Wendelsteins liegt in einem kleinen Talkessel die Wirtsalm. Schöne Aussichten auf die umliegenden Berge wie den Breitenstein, Farrenpoint oder den Mitterberg sind garantiert. Der Weg dorthin führt durch das Jenbachtal.

**Jenbachparadies** Wir starten die Wanderung am Parkplatz Unteres Jenbachtal, der in der Wendelsteinstraße liegt. Für die Tour bleiben wir auf der Bachseite und folgen dem Weg flussaufwärts entlang des Jenbachs. Der Weg nennt sich auch »Jenbachparadies« und paradiesisch wird es schon auf den ersten Metern. Das Wasser rauscht, die Luft ist klar und feucht, ein paar Wasseramseln hüpfen über Steine und blühendes Mädesüß und Springkraut verströmen einen süßen Geruch. Gleich zu Beginn verführt ein kleiner Stausee mit einem hölzernen Steg zu einer Rast. Danach folgen Staumauern, an denen das Wasser einem Schleier gleich abfällt. Je weiter wir steigen, umso enger wird das Bachbett.

**Klamm nach oben** Schließlich führt der Weg steiler bergauf und wir erreichen das untere Ende der Jenbachklamm. Neben dem Bach beginnt ein schmaler Steig, der stellenweise über Felsen, Stufen, Gitterroste und Holzbohlen aufwärtsführt. Wer sich hier unsicher fühlt, kann nach rechts zur kleinen Straße hinaufsteigen, um diesen Wegabschnitt zu umgehen. Er ist aber überschaubar kurz und schwierig ist es nur, wenn die Felsen nach einer Regenperiode nass sind. Neben uns zwängt sich der Bach in ein immer enger werdendes Bachbett und umspült gewaltige Felsen. Tiefgrüne Gumpen haben sich gebildet, die Kraft des Wassers kann man förmlich spüren. Schnell stehen wir an einem kleinen Wasserfall und der Zauber ist vorbei. Nun müssen wir steil nach rechts bergauf steigen, bis

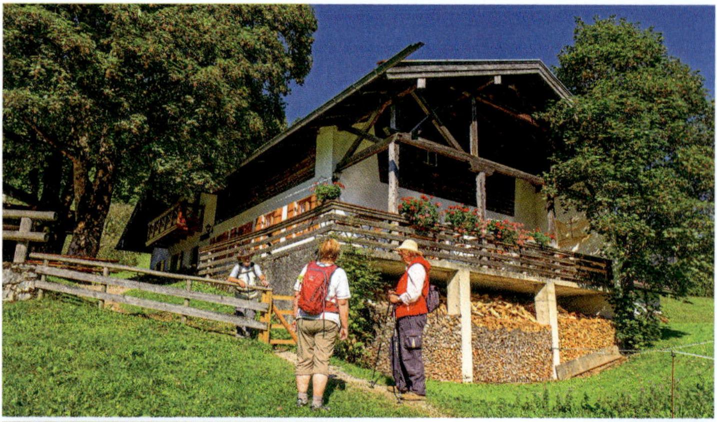

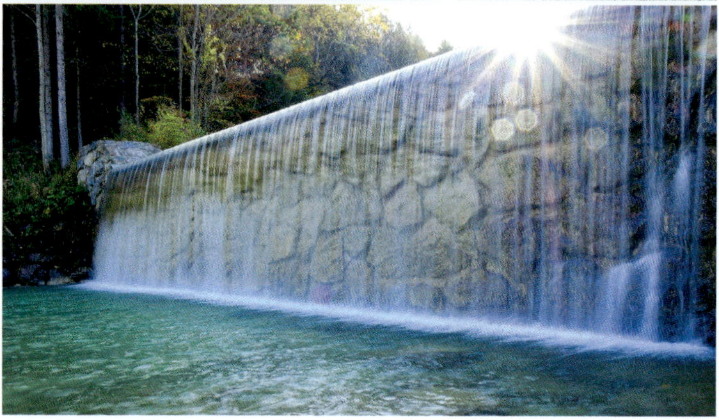

»Es ist nicht zu wenig Zeit, die wir haben,
sondern es ist zu viel Zeit, die wir nicht nutzen.«

Seneca der Jüngere

wir am Waldrand unweit des Parkplatzes Oberes Jenbachtal Almwiesen erreichen.

**Sonnenreiche Wirtsalm** Wir folgen der Almstraße ein kurzes Stück, dann teilt sie sich und wir halten uns rechts. Zur Abwechslung wandern wir nun in der Sonne und die ersten Aussichten auf die umliegenden nahen Gipfel stimmen uns froh. Das Glück ist perfekt, wenn wir kurz darauf in einem weiteren Waldstück dem Pfad rechts zur nahen Wirtsalm folgen. Fünf Minuten später haben wir die Alm erreicht und genießen eine Pause auf der nach Süden ausgerichteten Terrasse. Zwei mächtige Ahornbäume spenden im Sommer etwas Schatten. Mit Kaffee und Kuchen verwöhnt, registrieren wir einmal mehr: Wasser, Berge und eine Alm machen schlichtweg glücklich.

**Ausklang im Moor** Aber irgendwann müssen wir schweren Herzens unsere Plätze räumen und verlassen mit Blick auf den Wendel- und Breitenstein die Wirtsalm auf ihrer Zufahrtsstraße. So kommen wir in einem Bogen zurück zur Almstraße, der wir nun nach links, bald wieder auf bekanntem Weg, zurück folgen. Am oberen Parkplatz können wir entscheiden, ob wir auf gleichem Weg zurückwandern oder einfach die kleine Auffahrtsstraße (Vorsicht, etwas Verkehr ist möglich) bergab laufen. Wer möchte, kann den Tag sonnig im Moor bei Bad Feilnbach ausklingen lassen. Viel Spaß macht

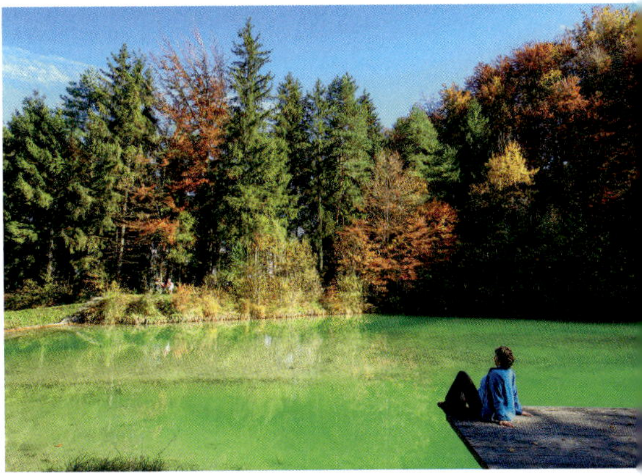

- ↑ **In der Wirtsalm können wir gut einkehren.**
- ↓ **Wie ein Schleier fällt das Wasser hinunter.**
- → **Entspannung gibt es am Jenbach.**

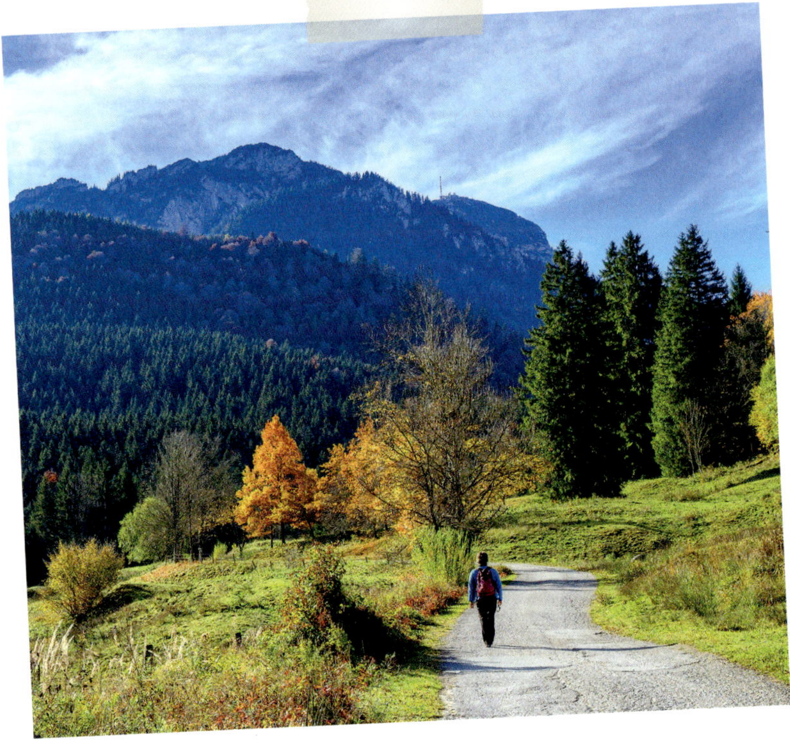

↑ **Nur unter der Woche ist es hier so einsam und ruhig.**

ein Besuch des Erlebnisrundwegs der nahen Sterntaler Filze bei Wiechs. Einen kulinarischen Ausklang bietet die Moosmühle, die ebenfalls mitten im Moor an einem Fischweiher liegt. Sie brilliert mit guter Küche und toller Aussicht auf die nahen Berge.

## Tipp

Variante: Das Gute liegt manchmal ganz nah. Die Wirtsalm wäre noch viel schneller ab dem Wanderparkplatz Oberes Jenbachtal zu erreichen. Dann allerdings gleicht die Wanderung nur noch einem behaglichen Spaziergang.

# AUF EINEN BLICK

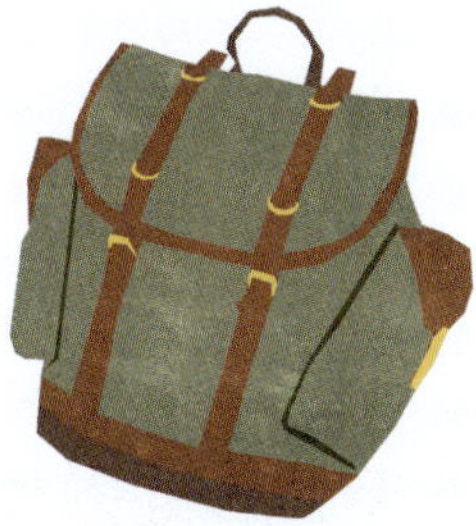

**Tour 29:** Tour ohne Uhr

**Dauer:** 3.30 Std.

**Höhenmeter:** 330 Hm

**Länge:** 10 km

**Schwierigkeit:** mittel

**Tourencharakter:** Längere Wanderung mit viel Schatten. Der Rückweg erfolgt auf dem Hinweg oder über eine kleine Nebenstraße. Etwas Trittsicherheit und Schwindelfreiheit sind im oberen Teil des Jenbachtals nötig, die Stelle lässt sich aber umgehen.

**Ausgangs-/Endpunkt:** Wanderparkplatz Unteres Jenbachtal, Bad Feilnbach

**Anfahrt:** **Pkw:** Auf der A 8 bis Ausfahrt Bad Aibling/Kolbermoor, weiter nach Bad Feilnbach. Am Ortsbeginn rechts in die Ortsmitte einbiegen und nach der Überquerung des Jenbachs links in die Wendelsteinstraße bis zum gebührenpflichtigen Wanderparkplatz Unteres Jenbachtal fahren. Für die kurze Variante rechts halten auf die kleine Almstraße zum Wanderparkplatz Oberes Jenbachtal. **Bahn/Bus:** Mit der Bahn nach Bad Aibling, weiter mit dem Bus nach Bad Feilnbach, Haltestelle »Ortsmitte«. Zusätzliche 20 Minuten Anmarsch aus der Ortsmitte entlang des Jenbachs

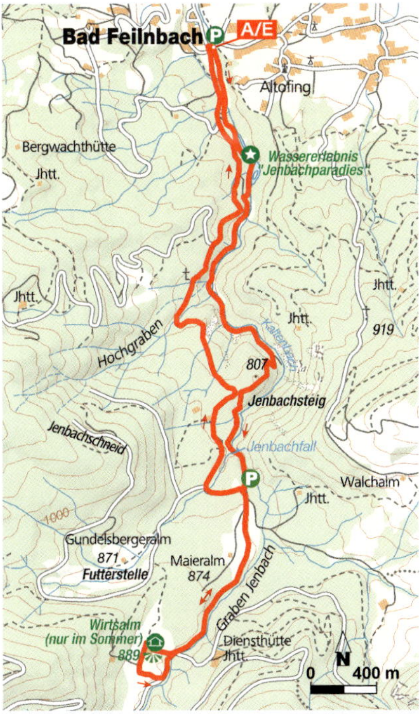


**Einkehr:** Wirtsalm (von Mai bis Okt. Di Ruhetag)

**Information:**
www.bad-feilnbach.de

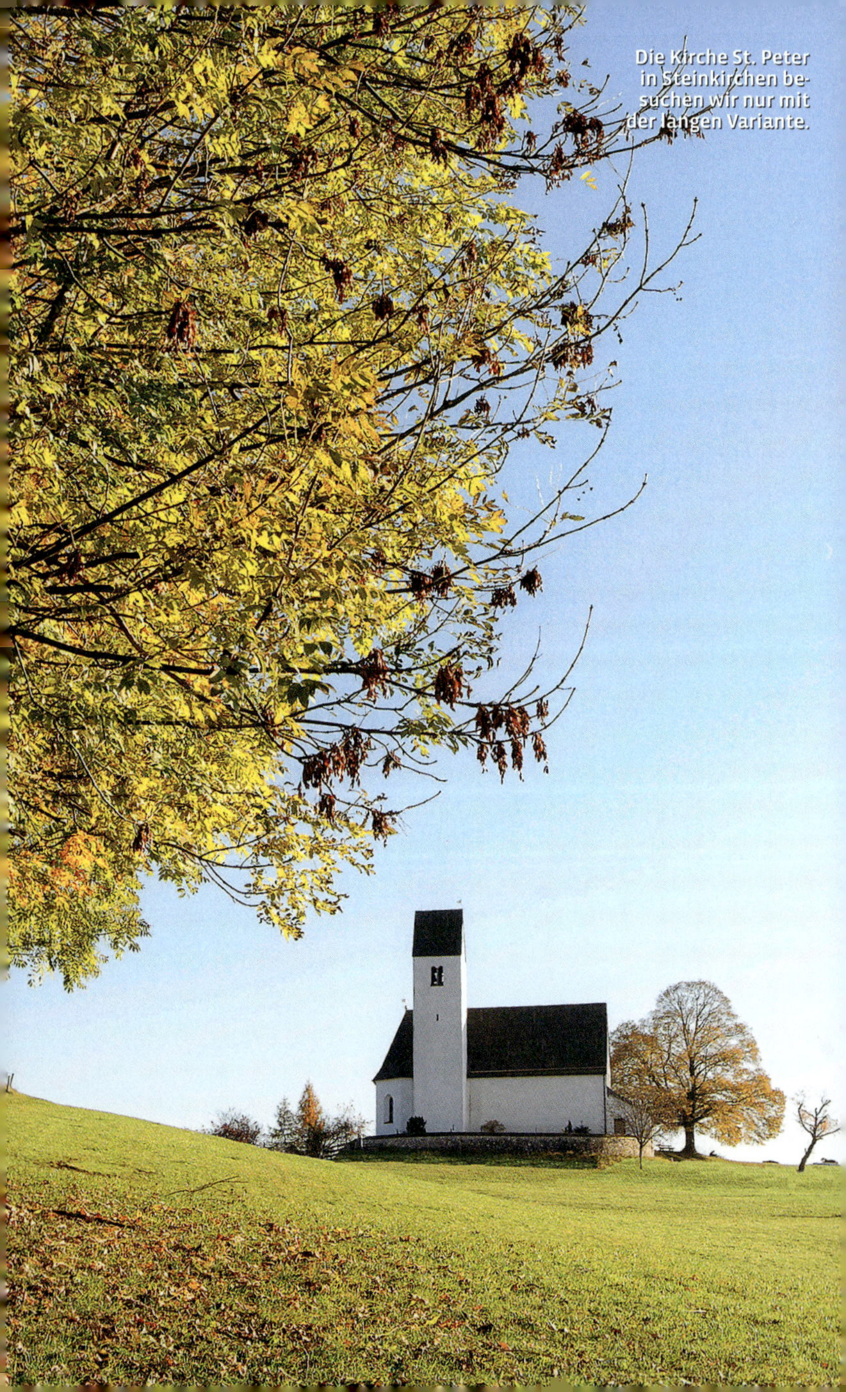

Die Kirche St. Peter in Steinkirchen besuchen wir nur mit der langen Variante.

Tour für
TOUR 30
den Genuss

# ZUR DANDLBERGALM

## Inntalblick leicht gemacht!

Nur einen Katzensprung von dem kleinen Roßholzen, genießen wir einen fantastischen Blick über das weitläufige Inntal mit den Bergen rund um den Brünnstein. Im Hintergrund sehen wir die Hohe Asten und den majestätischen Wendelstein.

**Panoramareiches Ausflugsziel** Der Weg zur paradiesischen Berggaststätte, wo die schöne Alpenkulisse gratis serviert wird, ist ganz einfach zu schaffen. Egal ob mit Kind und Kegel oder der Großfamilie einschließlich der Groß- und Urgroßeltern, die nicht mehr meilenweit zu Fuß laufen wollen. In gemütlichen 30 Minuten ist die Dandlbergalm am Samerberg schnell erreicht. Der Weg führt von der kleinen Kirche in Roßholzen zunächst auf einem Wiesenweg zum Weiler Schilding und von dort auf der ansteigenden Anwohnerstraße in den Wald. Wenn dieser sich lichtet, liegt die Dandlbergalm schon vor uns. Die Aussicht nach Westen ist fabelhaft. Die schönste Zeit für diese Wanderung ist sicherlich der späte Nachmittag. Dann senkt sich die Sonne langsam hinter den Bergen auf der anderen Seite des Inntals und der Fluss selbst glänzt als rötliches Band im letzten Abendlicht.

**Varianten** Da der Rückweg auf dem Hinweg verläuft und ungefährlich ist, können wir den Tag bis zur Schließzeit der Dandlbergalm ausdehnen. Und wer noch länger bleiben möchte, nimmt sich einfach seine eigene Brotzeit mit und setzt sich ein Stück weiter des Weges auf eine der Aussichtsbänke unter den Funkmasten. So kann der Abend genussvoll beginnen und enden. Wem das insgesamt zu kurz für eine echte Wanderung ist, der marschiert von Roßholzen zunächst in Richtung Steinkirchen. Kurz vor Steinkirchen, im Weiler Dorfen, geht es dann links auf einem Höhenweg über den Dandlberg. So kommen wir erst am Ende der Tour zur Dandlbergalm und können die Einkehr durch den erhöhten Kalorienverbrauch noch ausgiebiger genießen.

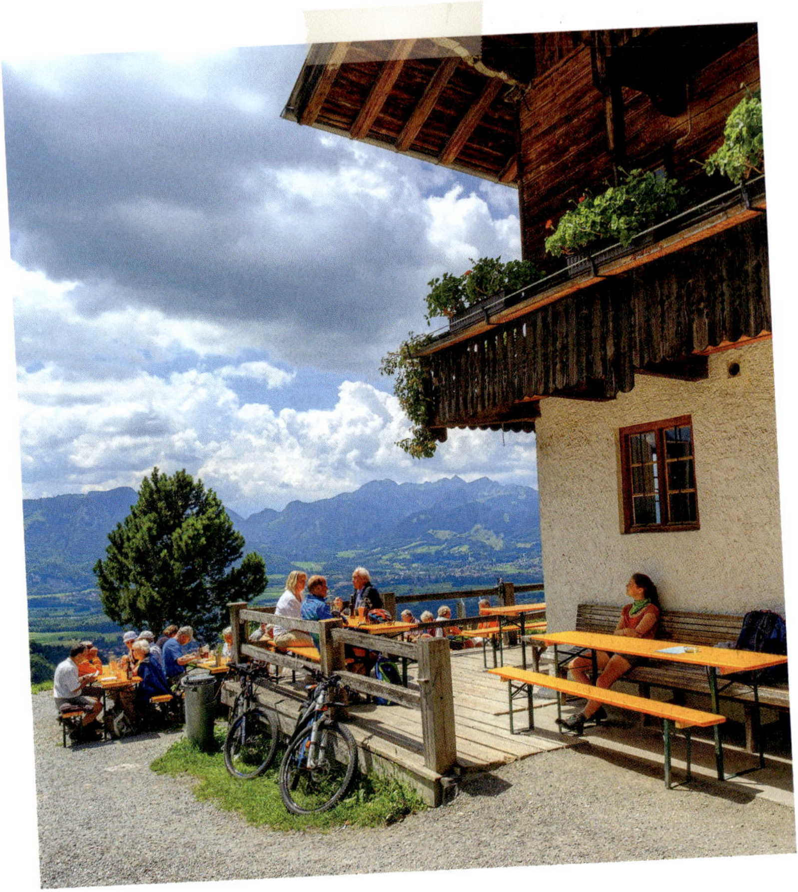

↑ **Auf der Dandlbergalm**

## Info

Der Samerberg ist ein den Bergen vorgelagerter Hügelzug. Seinen Namen hat er von den Säumern, die über viele Jahrhunderte mit ihren Tragpferden das kostbare Salz von Salzburg nach Westen brachten. Viele der Tragpferde wurden am Samerberg gezüchtet; das Führen der Tiere war ein begehrter Zusatzverdienst zur Landwirtschaft.

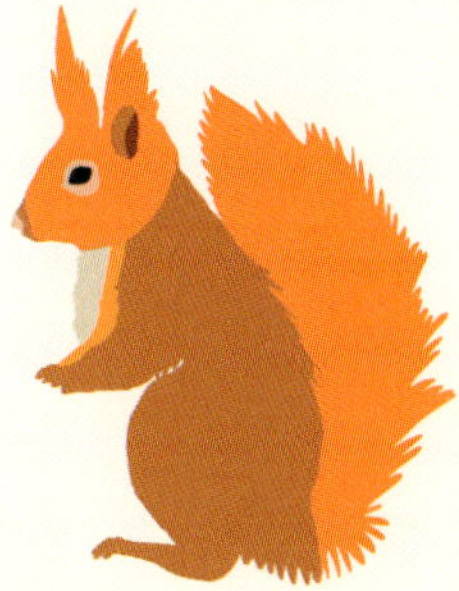

# AUF EINEN BLICK

**Tour 30:** Tour für den Genuss

**Dauer:** 1.10 Std.

**Höhenmeter:** 100 Hm

**Länge:** 3 km

**Schwierigkeit:** leicht

**Tourencharakter:** Sehr kurze Wanderung auf einer kleinen Anliegerstraße. Hin- und Rückweg sind gleich. Wer die längere Variante als Rundweg über den Weiler Dorfen wandern möchte, rechnet mit 2 Std., 180 Hm, 6 km.

**Ausgangs-/Endpunkt:** Pfarrkirche St. Bartholomäus in Roßholzen

**Anfahrt:** **Pkw:** Über die A 8 auf die Inntaler Autobahn A 93 bis Ausfahrt Brannenburg. Weiter über Nußdorf, dort links Richtung Neubeuern, dann rechts hinauf auf den Samerberg nach Roßholzen. Dort Parkplätze am Ortsrand.
**Bahn/Bus:** Mit der Bahn bis Rosenheim oder Brannenburg, weiter mit dem Bus bis Roßholzen

**Einkehr:** Dandlbergalm (geöffnet ab 11 Uhr, Mo, Di Ruhetag)

**Information:** www.samerberg.de

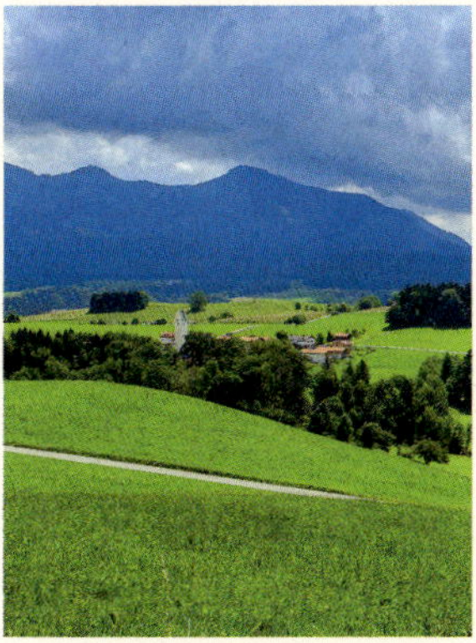

↑ **Von Schilding bei Roßholzen auf die Hochries**

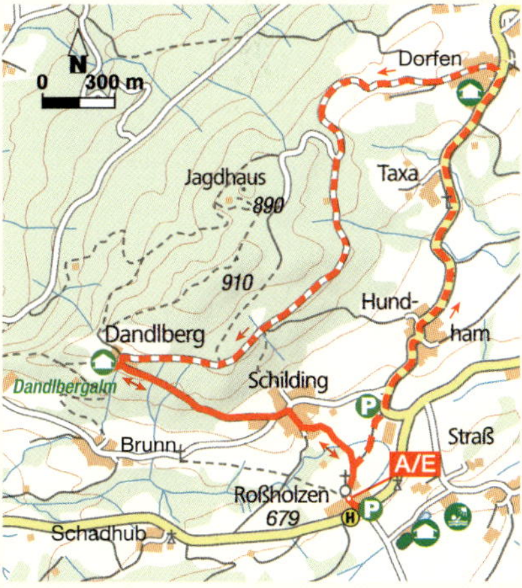

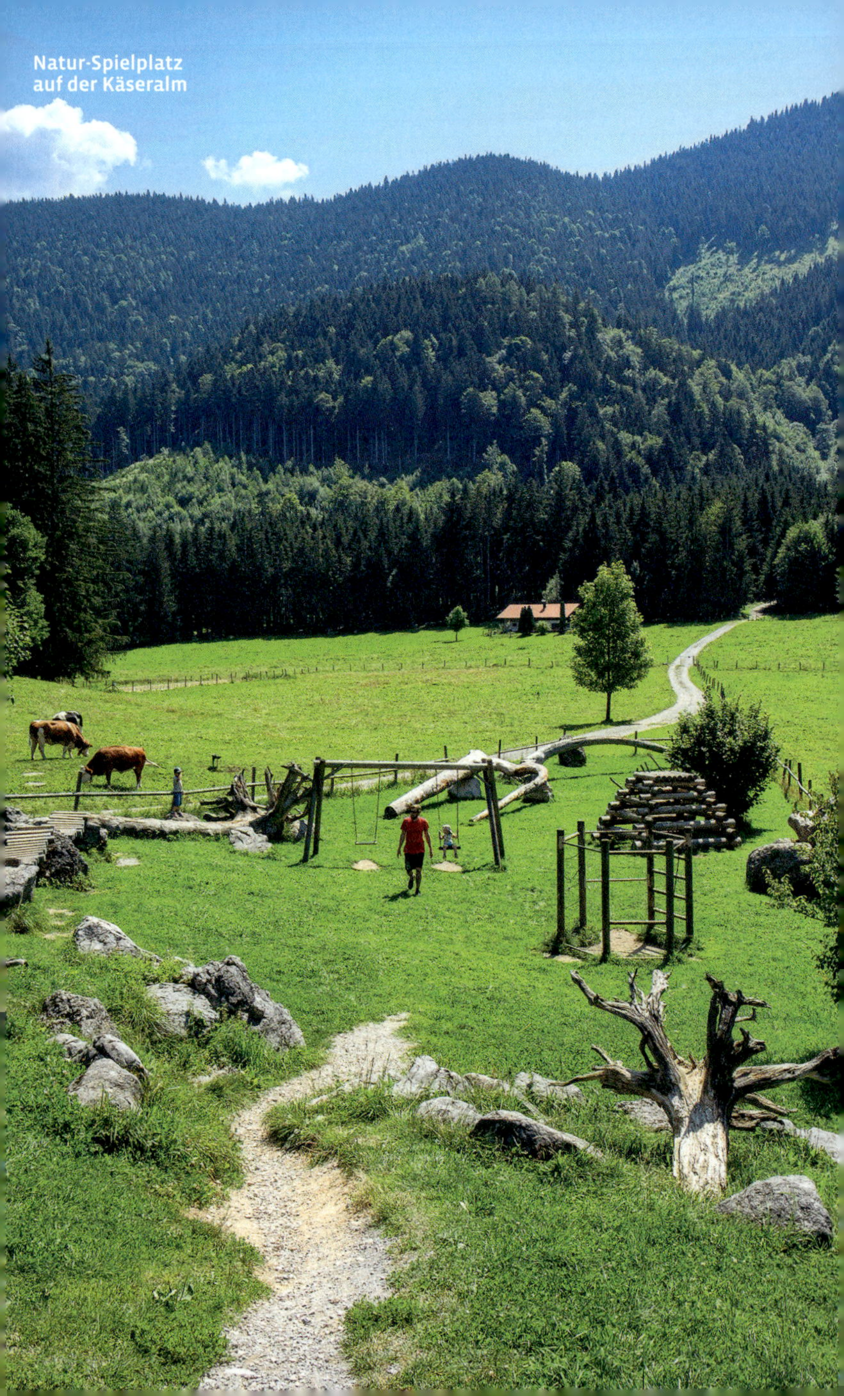
Natur-Spielplatz auf der Käseralm

Tour für
TOUR 31
den Genuss

# ÜBER DIE KÄSERALM

## Kräuterwiesen unter der Hochries

Üppige Almwiesen mit duftenden Kräutern und verlockende Rastmöglichkeiten an kleinen und größeren Almen erwarten uns bei dieser mühelosen Wanderung am Fuße der Hochries. Obendrein winkt eine glänzende Sicht auf den Samerberg.

**Abstecher Moserboden** Wir beginnen auf der linken Seite des Parkplatzes der Hochriesbahn und folgen ein Stück der geteerten Almstraße aufwärts. Diese führt normalerweise auf direktem Weg zur Mittelstation und somit zur Käseralm. Das ist uns jedoch zu langweilig und so biegen wir auf halber Strecke nach links auf einen Pfad über die Almwiese ein. Dabei passieren wir die kleine Pallauf-Alm. Der Pfad ist kaum zu sehen, aber wir steuern in südwestlicher Richtung auf den Waldrand zu. Dort wird der Weg breiter; wir folgen ihm links aufwärts, der Beschilderung zum Moserboden nach. So stoßen wir auf eine größere Forststraße, zum Moserboden geht es nach rechts, zur Mittelstation nach links. Ein Abstecher zum Moserboden lohnt wegen der gleichnamigen Almwirtschaft und der schönen Sicht über den Talkessel.

**Käseralm und Kräuteralm** Ansonsten halten wir uns links und erreichen auf fast ebenem Weg die Mittelstation der Hochriesbahn und dahinter die Käseralm mit ihrem großen Spielplatz. Wir freuen uns über den herzlichen Service, die gute Küche, die grasenden Pferde und die sonnige Terrasse. Nach der Einkehr folgen wir an der Weggabelung auf der Nordseite der Alm dem Weg 72 entlang des Waldrands. Er führt uns abwechslungsreich durch Wald und Wiesen zur großen Kräuterwiese. Dort stoßen wir auf eine weitere Almstraße, der wir vorbei an dem Gebäude der Kräuteralm nach links folgen. Gleich nach der kleinen Brücke biegen wir wieder nach links und treffen im Wald an eine weitere Weggabelung. Nun nach rechts, noch einmal kurz ansteigend und dann beschwingt abwärts führt unsere

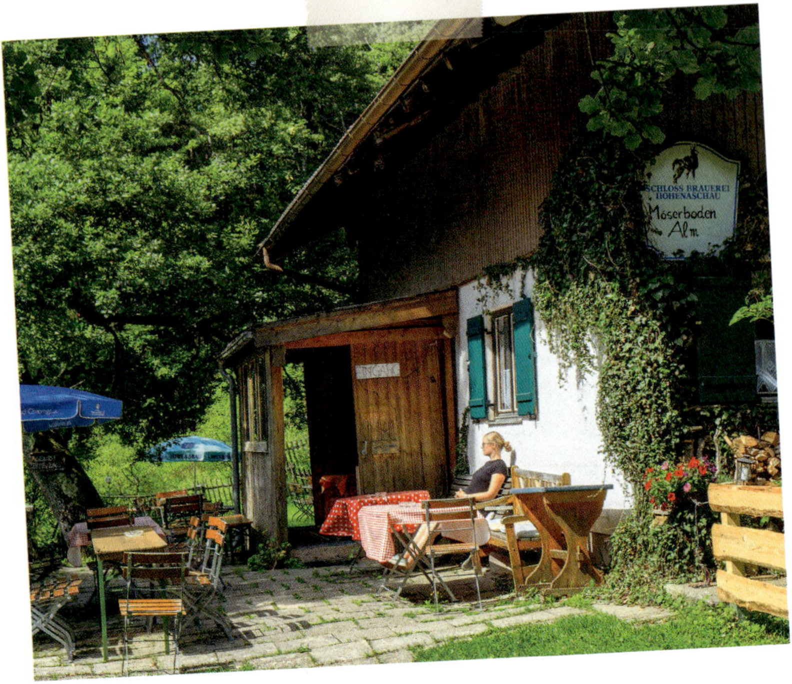


↑ **Die kleine malerische Moserbodenalm ist einen Abstecher wert.**

Wanderung in einem Linksbogen an den Häusern von Ried und Lochen vorbei nach Grainbach. Im Dorf halten wir uns links, die Hochriesbahn ist ausgeschildert. Ein klein wenig müssen wir dorthin ein letztes Mal an Höhe gewinnen, aber dann haben wir unseren Ausgangspunkt wieder erreicht.

## Tipp

Hochriesbahn: Auf die aussichtsreiche Hochries führt eine Seilbahn. Genau genommen handelt es sich um zwei Bahnen. Bis zur Mittelstation bringt ein Sessellift Wanderer und Mountainbiker mit Downhill-Ambitionen auf den Berg. Den größeren Höhenunterschied bewältigt dann die Hochries-Gondel, der Gipfelbesuch ist eine Fahrt wert!

# AUF EINEN BLICK

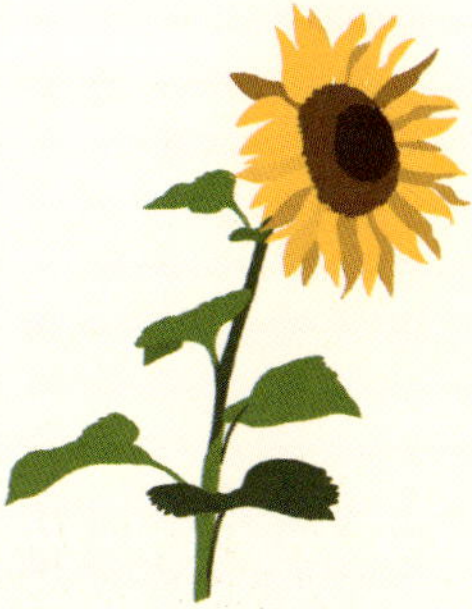

**Tour 31:** Tour für den Genuss

**Dauer:** 3 Std.

**Höhenmeter:** 300 Hm

**Länge:** 8,5 km

**Schwierigkeit:** leicht

**Tourencharakter:** Rundtour vorwiegend auf bequemen Wanderwegen und einem kleineren Pfad. Anfangs ansteigend. Abkürzungsmöglichkeit mit der Hochriesbahn, wenn man die Bahn bis zur Mittelstation nutzt.

**Ausgangs-/Endpunkt:** Talstation Hochriesbahn in Grainbach

**Anfahrt:** **Pkw:** Auf der A 8 bis Ausfahrt Achenmühle. Über Achenmühle in Richtung Törwang bis Grainbach. Dort der Beschilderung zur Hochriesbahn folgen.
**Bahn/Bus:** Mit der Bahn bis Rosenheim, dann weiter mit dem Bus bis Grainbach und die Tour von dort beginnen

**Einkehr:** Käseralm (geöffnet Mai bis Okt. tgl. außer Mo und Di, Dez. bis April nur Fr bis So und feiertags)

**Information:** www.samerberg.de

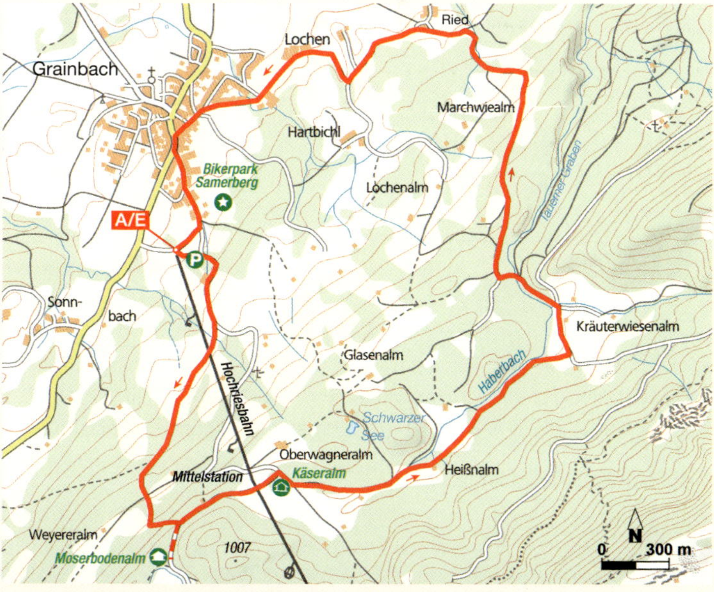

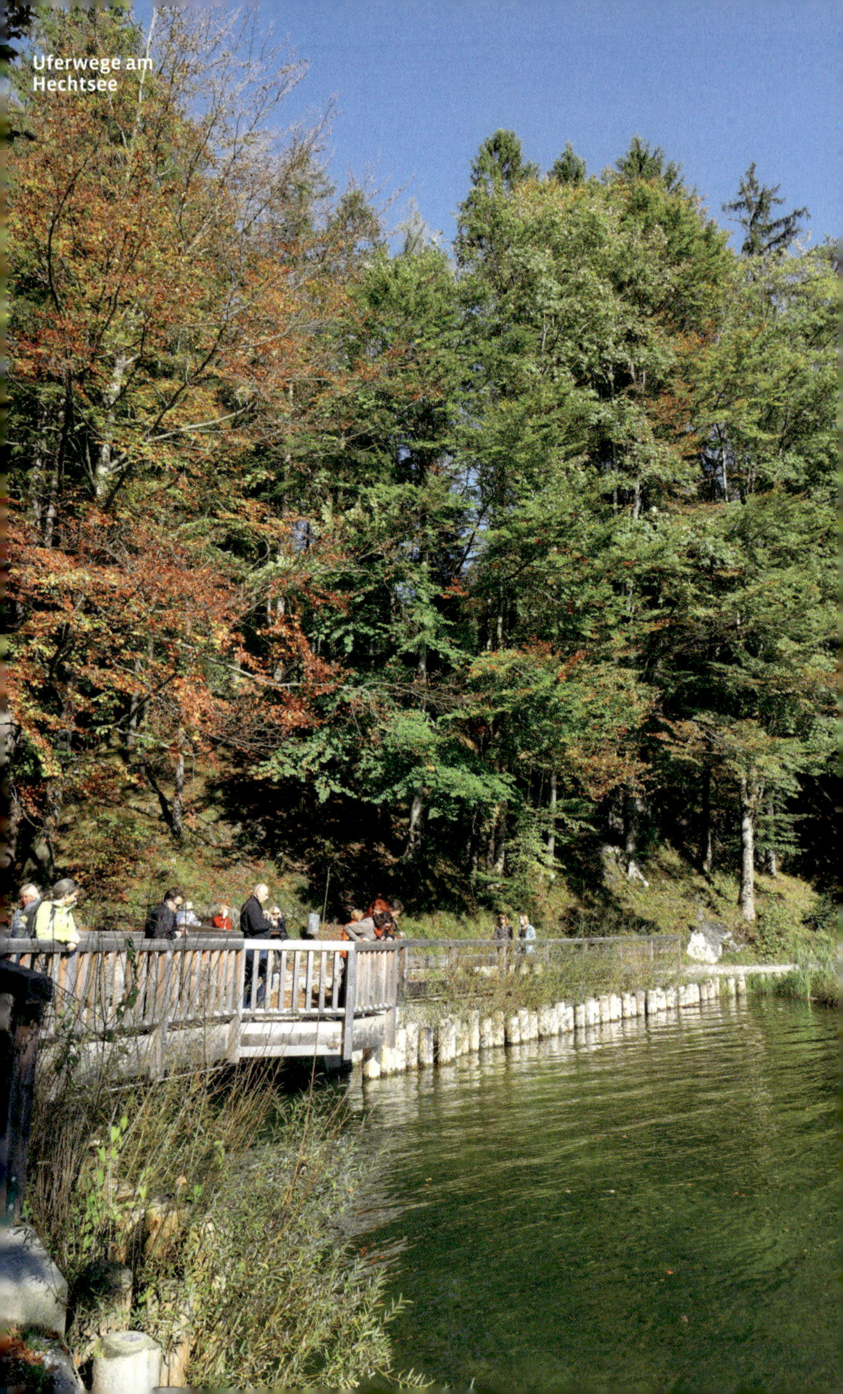
Uferwege am Hechtsee

Tour für
TOUR 32
die Sinne

# VOM HECHTSEE ZUM THIERSEE

## Grenzenlose Seenwanderung

Über die Grenze hinweg wandern wir vom Hechtsee zum Thiersee nach Tirol. Beide Seen sind sehr idyllisch und besitzen die wunderbaren charakteristischen Farben eines Bergsees. Weitere Pluspunkte sind die Bergblicke und die Einkehrfreuden.

**Auf nach Tirol** Vom Parkplatz queren wir den Kieferbach, halten uns rechts und steigen über den »stinkenden« Wasserfall zum Hechtsee hinauf. Dem Uferweg folgen wir nach rechts und verlassen ihn wieder nach rechts an der Abzweigung mit der Beschilderung »Längsee«. Jetzt geht es entlang des lauschigen Hechtbaches leicht aufwärts durch den Wald. Über eine Forststraße erreichen wir mit einem Abstecher den Längsee und dahinter die große Thierseestraße. Dieser folgen wir ein Stück nach rechts, dann leiten uns die gelben Wanderwegschilder über die Marblinger Höhe und das Gewerbegebiet hinab in den Ortsteil Wachtl bei Thiersee. Dort halten wir uns links an die Beschilderung zum See. Leicht bergauf geht es nun durch den Wald und vorbei am Hof Drachen mit schönster Aussicht nach Vorderthiersee. Mit viel Genuss umrunden wir den See und lassen uns von der Natur, dem wogenden Schilf und der Farbe des Wassers beeindrucken. Glücklich ist, wer seine Badesachen dabeihat und wer sich dort im Bistro verwöhnen lässt.

**Nach Bayern zurück** Der Rückweg ist bis Wachtl derselbe und diesmal kehren wir im urigen Gasthaus Wachtl ein. Nach ausgiebiger Rast mit Tiroler Schmankerln wählen wir dahinter den rechten Steig (Schild »Kiefersfelden«) und überqueren auf einer Brücke den rauschenden Kieferbach. Links von uns liegt das große Steinbruch-Areal, zu dem die Wachtlbahn führte. Die Schmalspurbahn beförderte das abgebaute Gestein zum

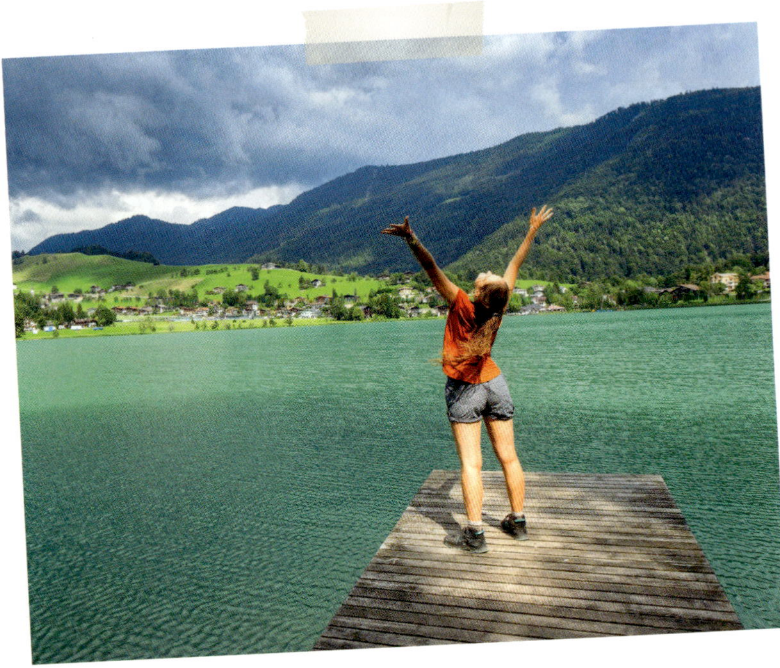

↑ **Glücksmomente am Thiersee**

Zementwerk nach Kiefersfelden. Als es 2002 stillgelegt wurde, diente die Bahn eine Zeit lang als nostalgisches Transportmittel; mittlerweile ist sie eingestellt. Gleich hinter dem Bahnhof sind wir wieder in Bayern. Nach rechts folgen wir dem Kieferbach flussabwärts und erreichen unseren Ausgangspunkt.

## Tipp

Hollywood der Alpen: Das kleine Bergdorf Thiersee war Schauplatz zahlreicher Filmproduktionen, etwa vom »Doppelten Lottchen« oder »Blaubart«. Sicherlich nicht nur für Kinofans spannend sind die zehn Stationen des Erlebniswegs »Tiroler Traumfabrik« entlang des Thiersee-ufers. Der Themenweg beginnt am Passionsspielhaus.

# AUF EINEN BLICK

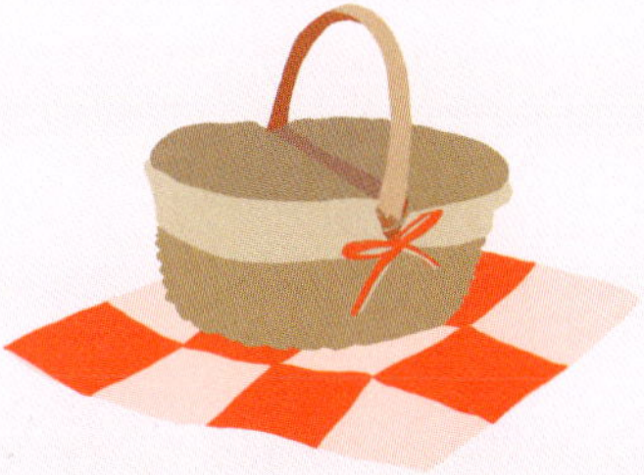

**Tour 32:** Tour für die Sinne

**Dauer:** 4 Std.

**Höhenmeter:** 500 Hm

**Länge:** 13 km

**Schwierigkeit:** mittel

**Tourencharakter:** Etwas längere Rundwanderung mit Bademöglichkeit. Auf kleinen Wanderwegen, Steigen und Nebensträßchen.

**Ausgangs-/Endpunkt:** Parkplatz Hechtsee

**Anfahrt:** **Pkw:** Über die A 8 und die A 93 in Richtung Kufstein, Ausfahrt Kiefersfelden. Richtung Ortsmitte fahren, aber noch vor der Brücke über den Kieferbach rechts in die Thierseestraße; dieser ortsauswärts bis zum Parkplatz Hechtsee (Höhe Kurzenwirt) folgen.

**Bahn/Bus:** Mit der Bahn bis Kiefersfelden. Dann über den Hechtseeweg an das Südende des Hechtsees steigen und dort die Wanderung nach links beginnen.

**Einkehr:** Unterwegs im empfehlenswerten Gasthaus Wachtl (Do, Fr Ruhetag). Es liegt etwas schattig, aber der Apfelstrudel ist köstlich. Sonniger und sehr modern ist die »Blaubart Bistro Thiersee Lounge« am Strandbad, wo es neben Kaffee und Kuchen auch Burger gibt.

**Information:** www.kufstein.de

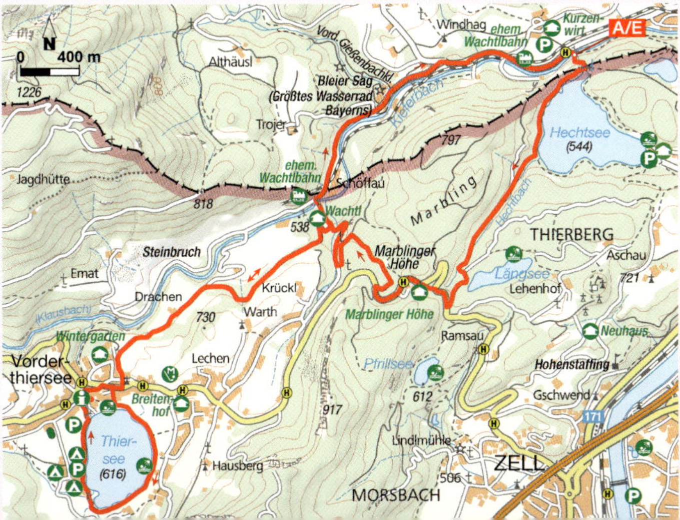

# REGISTER

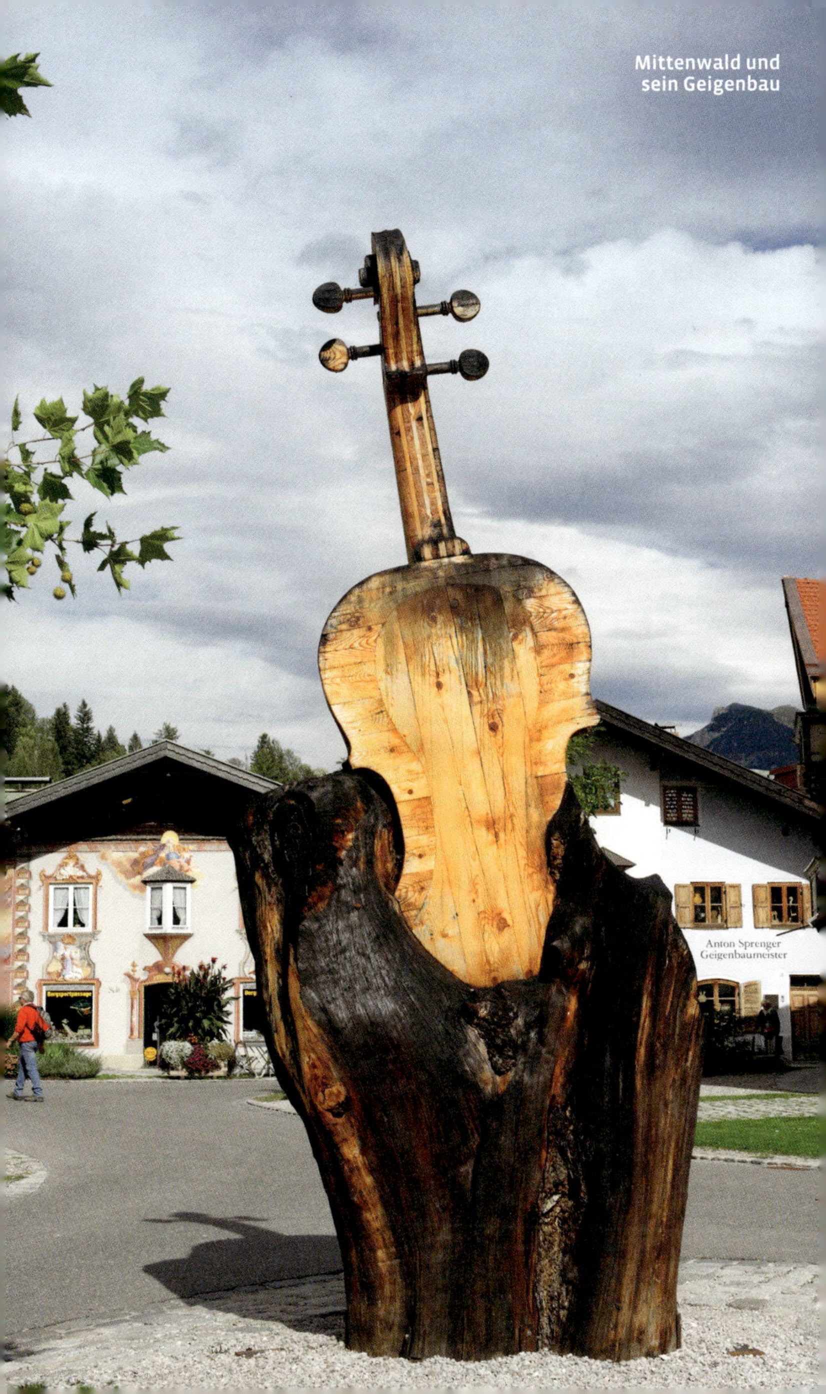

Mittenwald und sein Geigenbau

# IMPRESSUM

Produktmanagement: Stefanie Krüger
Lektorat: Michaela Zelfel
Layout: Elke Mader
Umschlaggestaltung und Illustrationen: Eva Wünsch
Kartografie: Bruckmann Verlag GmbH, Heidi Schmalfuß
Repro: Cromika
Herstellung: Stephanie Schlemmer
Printed in Slovenia by Florjanic

★★★★★

**Sind Sie mit diesem Titel zufrieden? Dann würden wir uns über Ihre Weiterempfehlung freuen.** Erzählen Sie es im Freundeskreis, berichten Sie Ihrem Buchhändler oder bewerten Sie beim Onlinekauf. Und wenn Sie Kritik, Korrekturen oder Aktualisierungen haben, freuen wir uns über Ihre Nachricht an Bruckmann Verlag, Postfach 40 02 09, D-80702 München oder per E-Mail an lektorat@verlagshaus.de.

Unser komplettes Programm finden Sie unter www.bruckmann.de



In diesem Buch wird aus Gründen der besseren Lesbarkeit das generische Maskulinum verwendet. Weibliche und anderweitige Geschlechteridentitäten werden dabei ausdrücklich mitgemeint, soweit es für die Aussage erforderlich ist.

**Autorenempfehlung:**
Sie sind auf der Suche nach weiterführender Literatur? Dann empfehlen wir Ihnen den Titel »Genusswandern Bayerische Hausberge«. Oder Sie werfen einen Blick in die Zeitschrift »BERGSTEIGER«. Hier werden Sie bestimmt fündig.

**Bildnachweis:**
Alle Fotos stammen von Lisa und Wilfried Bahnmüller.

Die Deutsche Nationalbibliothek verzeichnet diese Publikation in der Deutschen Nationalbibliografie; detaillierte bibliografische Daten sind im Internet über http://dnb.d-nb.de abrufbar.

2. aktualisierte Auflage

Infanteriestraße 11a
80797 München

ISBN 978-3-7343-1376-9